いまこそロールズに学べ

仲正昌樹 著
Masaki Nakamasa

JOHN RAWLS

「正義」とはなにか？

春秋社

ジョン・ロールズ (1921-2002)

アメリカ合衆国、ボルティモア生まれ。冷戦の対立のなかで、自由と平等の両立を掲げた「正義論」を展開し、リベラリズムを世界中に広めた、20世紀を代表する哲学者。

主な著書に、『正義論』、『政治的リベラリズム』、『万人の法』、『哲学史講義』などがある。

いまこそロールズに学べ

目　次

第2章　自由と平等の両立をめざして――「正義論」の世界

第3章 ロールズの変容――『正義論』への批判をうけて

第4章 「正義」の射程はどこまでか――「政治的リベラリズム」の戦略

いまこそロールズに学べ

「正義」とはなにか？

序章

「正義」と〈Justice〉

似て非なるもの

「正義」をめぐる勘違い

二〇一〇年に、アメリカの政治哲学者マイケル・サンデル（一九五三―　）の『これからの「正義」の話をしよう』（二〇一〇、早川書房）――原題は〈Justice：What's the Right Thing to Do?（正義――為すべき正しいことは何か？）〉――が六〇万部を超えるベストセラーになったのをきっかけに、「正義」というタイトルを付けた本や雑誌の特集がやたらと増えた。ちょっとした〝政治哲学＋正義論〟ブームが何となく続いている。

しかしながら、ジャーナリズムやブログ・ツイッター論壇のレベルでは、日本語の「正義」と、英語の〈justice〉の根本的な違いが十分に理解されないまま、安易に〝正義〟という言葉が使われているふしがある。一番中核的な概念のイメージがズレているせいで、ひどく見当外れの議論が横行している。大学で曲がりなりにも「政治思想史」を教えている私には、結構気になるところがある。

日本語で「正義」と言う時、私たちは先ず最初に何を連想するだろうか。多くの人は、「正義の味方」を思い浮かべるだろう。「正義の味方」から連想されるのは、月光仮面、ウルトラマン、仮面ライダーなどの子供向け特撮やアニメのヒーローとか、刑事・犯罪ドラマの主人公など、「みんな」のため、強い意志をもって、命がけで巨大な悪と闘う英雄たちである。彼らは、特別な存在であり、ウルトラマンがそうであるように、人間でないことさえ多い。

因みに、「正義の味方」という表現が一般的に使われるようになったきっかけは、一九五八年から五九年にかけてテレビ放映された、実写版の『月光仮面』の主題歌における「月光仮面のおじさんは正義の味方よ、よい人よ〜」というフレーズであり、意外と歴史は新しい。ただ、この言葉がごく当たり前のように使われるようになったのは、「正義」と、特別な使命を帯びた、強い「ヒーロー」のイメージが、日本の言語文化の中で違和感なく結び付くからだと考えられる。

では、英語で「正義の味方」のことを、何と言うか。直訳すれば、〈a friend of justice〉になりそうだが、これは英語として不自然な言い回しであり、あまり使われない。使われたとしても、日本語の「正義の味方」とはかなり異なった意味合いになる。普通の英語では、〈hero〉あるいは〈superhero〉としか言わない。スーパーマンやバットマンなどのスーパーヒーローは、不正（injustices）が横行しているこの世界の中で〈justice〉を実現することを期待されているが、彼ら自身が、〈justice〉の味方とか化身とかエージェントなどと呼ばれることはあまりない。スーパーマン、バットマン、ワンダーウーマン、グリーンランタンなどのアメコミのヒーローたちがチームを組んで闘うという設定の『ジャスティス・リーグ Justice League』というシリーズがあるが、これは当然、「正義」のために悪と闘う（と自称する）ヒーローたちを、（金と名誉のために――各人自分のメンツに拘りながら――闘う）スポーツ・チームに準えたふざけたネーミングである。

「正義」と〈justice〉、その違い

日本語の「正義」の「義」は、義理、大義、忠義などの「義」でもあり、そのせいか古風な響き

があり、武士道的にイメージされる傾向がある。ヒーロー＝「正義の味方」が、名誉や潔さを重んじる武士の末裔だと考えると、彼らが、「正義」の名の下に、卑怯な巨悪に対して正々堂々と闘いを挑むのは、当然のような気がする。実際、時代劇のヒーローが「正義の味方」と呼ばれることがある。

それに対して、英語の〈justice〉は、英和辞典を見れば分かるように、「公正」「公平」「報い」「司法」「裁判」「判事」などの意味も含んでいる。〈justice〉**はもともと、「法」「権利」「正義」の三つの意味を兼ね備えていたラテン語の〈ius〉から派生した言葉であり、「法」との結び付きが強い。**この〈ius〉から、「審判」あるいは「裁判官」を意味する〈judge〉も派生している。スポーツなどの競技会の「審判」役に期待されるのが、「公正さ」という意味での〈justice〉だということを念頭に置くと、〈justice〉と日本語の「正義」のニュアンスの違いが分かりやすくなる。

「審判」の「公正さ」は、主観的なものではない。「審判」は、自分の直感や信念で〈judge〉することは許されない。試合をしているいずれの側にも〝味方〟することなく、予め決められたルールに従って、個々のプレーの是非について淡々と〈judge〉しなければならない。それが「審判」にとっての〈justice〉である。同様に、法廷における「裁判官 judge」は、原告、被告のいずれにも〝味方〟することなく、「法」に従って公平に〈judge〉する。それが法廷における〈justice〉である。争っている当事者のいずれが善人でいずれが悪人であるか、それぞれがどういう価値観や信仰を持っているか、いずれがより同情に値する境遇か、いずれが勝訴した方が世の中のためになるか、といったこととは関係なく、「法」の定めるところに従って双方の主張の論点を客観的に評価し、最終的に〈judge〉するのが「裁判官」の仕事である。〈judge〉が下す〈justice〉は、敵／味方の区別を知らないはずである。「〈justice〉の味方」というのは、撞着語法である。

そのように厳格に法やルールに適合することを目指す〈justice〉と違って、（日本の）「正義の味方」の〝正義〟は極めて主観的である。「正義の味方」は、悪の言い分をいちいち聞いて、虐げられている弱者のそれと比較考量したりするようなことはせず、自分の信じるところに従って、〝正義〟を実現すべく闘い続ける。闘いの過程では、法律やルール、社会的慣習をしばしば無視する。公共施設や個人の住宅を破壊することもあるが、法に基づいて損害賠償しているようにも見えない。彼の目指す〝正義〟が、そうした細かい事柄における〝正しさ〟を圧倒しているからである。「正義の味方」は、ルールへの適合性という意味での「公正さ」を超越していなければならないのである。

現代の英米系の政治哲学の中心的なテーマになっている「正義」というのは、言うまでもなく、日本語の日常語として使われている、自らの信念にコミットして勇ましく突き進む〝正義〟ではなく、全ての当事者

英米圏の〈Justice〉→　ルール・制度の範囲内
客観的

日本の「正義」　→　ルール・制度の範囲を超えて
主観的

を一般的ルールに従って公正に扱う〈justice〉のことである。「正義論」と呼ばれる分野では、「正義」の本質である「公正さ」はいかにすれば達成されるのか、個別の領域における諸「正義」を相互に矛盾がないように体系化することは理論的に可能か、万人が合意できるような「正義」の原理はあるのか、「正義」の原理に基づいて法や政治の制度を構築することは各人の「自由」と両立するのか、といったことが議論される――混迷する世界の中で人々に、進むべき道を指し示してくれる〝真の正義〟のようなものを探究するわけではない。

「正義論」はなにをめざすのか

このように、**極めて現実的で、**（「正義の味方」的な人たちから見て）**細かいことに理論的に拘る「正義論」の原型を作ったのが、アメリカの哲学者ジョン・ロールズ（一九二一―二〇〇二）である。**ロールズ以前の英米系の倫理学・政治哲学では、普遍的に通用する「正義」の原理を探究し、それを中心に社会制度を構想することは、それほど積極的に試みられていなかった。その理由を敢えて一言で言えば、様々な価値観・世界観を持ち、異なる幸福を追求する不特定多数の人が共存する自由な社会において、万人が納得するような形で「正義」を厳密かつ具体的に定義するのは困難だから、ということになるだろう。

何とでも解釈できるように曖昧に定義したのでは、ほとんど意味がない。かといって、解釈の余地が全くないほど具体的にその中身を規定すると、反発する人が多くなり、社会的合意を得にくくなる。例えば、「身体は本人の所有物なので、全体的あるいは部分的に売買の対象にしようと、薬物や銃器などで痛めつけようと、遺伝子操作やサイボーグ技術などで改造しようと、（親族も含めて）他人は一切干渉することができない」というルールが、そこから一義的に導き出されてくるような「正義」の原理を設定すれば、自己所有をめぐる一連の論争にはっきりした〝答え〟を出すことはできる。しかし、そうした原理を、社会を構成する基本原理、メタ憲法的原理として採択することについてコンセンサスを得るのは困難だろう。

分かりやすい「正義」の原理を掲げても、分かりやすい分だけ反発する人が多く出て、合意が得られないとすれば、現実に存在する自由主義社会の多くがそうしているように、個々の問題をケース・バイ・ケースで——問題領域ごとに慣習的に形成されている〝正義〟の基準に従って——解決するための法的制度を整備するだけに留めておいた方がいい、ということになる。そうした現実的な発想をすれば、哲学的な「正義論」にできることはあまりないように思われる。二〇世紀前半の英米系の倫理学では、「正義」の問題に限らず、社会規範を具体的に規定し、制度化を念頭において体系化するような議論（＝規範倫理学）は概して低調で、「善 good／悪 bad」「正 right／不正 wrong」「〜べき ought」といった倫理に関連する言葉や文、あるいは「倫理的」と一般的に見なされる態度や素質、評価の意味するところを厳密に分析する議論（＝メタ倫理学）が主流になっていた。

「正義論」は
具体的な制度を志向する

そうした状況の中でロールズは、現代正義論の古典とも言うべき『正義論』（一九七一）を著し、**「自由」と「平等」の両立を可能にする体系的な「正義」論を構想したうえで、合理的**（rational）**な人ならば、それを受け入れるであろうことを——彼独自の理論的な前提の下で——証明してみせた。**東西冷戦の真っただ中にあり、社会主義諸国との対抗関係を意識せざるをえなかった当時のアメリカを始めとする西側の諸国の知識人たちにとって、各人の「自由」を侵害することなく、経済格差の緩和を可能にする（ように見える）ロールズの構想は極めて魅力的に見えた。[1] 加えて彼の議論は、**抽象的に「正義」を定義するだけにとどまらず、法や政治の具体的な制度の構築に応用可能な形で展開されたため、法学や経済学、政治学など、実証性が要求される社会科学からの諸分野からも注目されることになった。**[2]

ロールズ『正義論』のインパクト

本書でこれから見ていくように、ロールズの正義論は極めて体系的かつ論理的に明晰であったので、それに賛成して個別の問題領域で応用・展開しようとする論者や、それに対抗する別の〝正義〟論を呈示する論者が数多く現われ、七〇年代から八〇年代半ばにかけて正義論ブームが続いた。正義論は、倫理学や政治哲学で最も関心を持たれるホットな領域になった。

ロールズの理論を好意的に受容し、自らの議論に取り込もうとしたのは、新しいタイプの人権を擁護すべく司法積極主義を提唱する法哲学者のロナルド・ドゥウォーキン（一九三一―二〇一三）や、社会的正義に基づく自由主義国家の構成＝憲法原理を探求する憲法学者のブルース・アッカーマン（一九四三－　）、道徳的判断における公平＝非党派性（impartiality）の基準を追求する哲学者のトマス・ネーゲル（一九三七－　）など、リベラル左派系の論者たちである。

ロールズ批判者たちは大きく分けて、七つのグループに分類することができる。

①功利主義原理（＝最大多数の最大幸福）をベースにした経済・社会政策を構想する厚生経済学者たち
②国家が財の再分配を行うことに反対するリバタリアン（自由至上主義者）たち
③普遍的正義の存在を否定し、共同体ごとの価値（善）をより重視するコミュニタリアン（共同体主義者）たち
④ロールズの〝平等〟論は資本主義社会の構造的不平等を正当化するものだと批判するマルクス主義左派
⑤ロールズの〝平等〟論はジェンダー的不平等を隠蔽していると批判するラディカル・フェミニスト
⑥ロールズの正義論は西欧的な〝自由〟や〝平等〟を普遍的なものと見なす西欧中心主義の発想に基づいていると批判するポストモダン左派
⑦④～⑥の陣営とは逆に、ロールズの正義論を、アメリカの古き良き伝統を破壊する左派思

想の表面上は穏健な偽装形態と見て攻撃する保守主義者たち

④〜⑦の四陣営は、ロールズ自身への批判というより、アメリカ的な「自由主義」全般に対する批判を、その代表的な論客であるロールズの名前に集約しているきらいが強く、議論の土俵が根本的に異なっているように思われる。ロールズも、彼らに対してはあまり応答していない。それに対して、①〜③の三陣営は、広義の「自由主義」の土俵のうえで、ロールズ流のそれとは異なった「自由」「正義」「民主主義」に対する見方を示そうとしており、ロールズにとって学問的に無視できない論敵である。

サンデルは、③のグループに属する。彼は、ロールズ正義論を真正面から哲学的に批判する『**リベラリズムと正義の限界**』（一九八二）を出したことで、代表的なコミュニタリアンとして知られるようになった。詳しくは後で述べるが、彼は、価値中立的なルールの形を取って現われてくる「正義」よりも、各共同体において共有されている共通の価値観（＝共通善）を重視する立場を取っている。『これからの「正義」の話をしよう』の第九章をちゃんと読めば分かるように[3]、彼はどちらかというと、反「正義」論の人である――普遍的な「正義」を目指すロールズ流の正義論に代わって、よりローカルな〝正義〟の理論を目指しているという意味では、「これからの〝正義〟」の人と言えないことはない。

本書の構成

本書は、現代の英米系の政治哲学を学ぶうえで避けて通れない原点とも言うべき、ロールズの政治哲学への概説書である。言うまでもなく、日本語で読めるロールズ哲学の概説書・研究書は既に何冊か出されており、(4)ロールズの方法論の特徴や、「格差原理」「反省的均衡」「貯蓄原理」「世代間正義」「公共的理性」といった個別の論点について詳細に論じた論文はかなりの数に上る。それらに書かれていることを、圧縮したうえで箇条書き的に紹介するだけの単調な概説書を出すことにさほど意味があるとは思えない。多少論点を省くことになったとしても、焦点を絞って紹介した方がいいだろう。

そこで、本書では、**思想史的な面から、ロールズ哲学の特徴を浮かびあがらせることに力を入れることにした。**最初にロールズが取り組んだ哲学的課題や彼の政治哲学を構成する主要概念を、英語圏を中心とする西洋の近代政治思想史の中に位置付け、『正義論』がどのような歴史的課題を、どのような方法でクリアしようとしたのか明らかにする。次いで、それを踏まえたうえで、アメリカの政治哲学の中心に位置するようになった後期のロールズが、次々と現われてきた論敵たちにどのように応答する中で、そのスタンスを微妙に変化させていった経緯を見ていくことにする。彼の思想戦略の背景として、同時代のアメリカの政治・社会史を見ておくことも重要だが、あまり拘ると、ロールズ哲学に固有の問題系に焦点を当てにくくなるので、本書では、必要に応じて最小限に

言及するに留めることにする。(5)

第一章では、『正義論』以前のロールズの初期の論文のいくつかを参照しながら、それらがどのような既成の理論や思想と格闘し、どのような問題を解決しようとしたか、ピンポイントで確認していく。それによって、彼の問題意識を、英米の政治哲学・倫理学の中に位置を付ける。第二章では、『正義論』の方法論と、そこで論じられている主要ポイントを紹介し、第一章との対比で、ロールズの「正義」論が何を目指していたのか明らかにする。第三章では、『正義論』に対するリバタリアン、コミュニタリアン、厚生経済学者などによる批判や代替案と、それらに対するロールズの応答、それに伴う彼の戦略の微妙な変化を見ていく。第四章では、後期の主要著作である『**政治的リベラリズム**』（一九九三）と『**万民の法**』（一九九九）で示された新たな方向性と、その現代的意義を——サンデルやハーバマス（一九二九－　）などと対比しながら——論じることにする。最終章では、全体を振り返って、ロールズの正義論が現代の法・政治哲学、ひいては、哲学・思想状況全般に与えたインパクトについて改めて考える。

第*1*章

なぜ「正義」を問題にしたのか

1　メタ倫理学からはなれて

メタ倫理学とはなにか

序で既に述べたように、二〇世紀前半の英語圏の倫理学では「メタ倫理学 metaethics」が主流になっていた。(1) メタ倫理学というのは、簡単に言うと、具体的な行動や選択の場面において「何をすべきか」を論じるのではなく、倫理的な価値を表す「善」「正」「義務」などの概念を厳密に分析や、（科学的判断や他の価値判断と対比される）倫理的判断の性格付けを試みる倫理学の分野である。

起点になったのは、英国の哲学者ムーア（一八七三―一九五八）の『**倫理学原理**』（一九〇三）である。この著作でムーアは、功利主義や進化論的倫理学などの従来の倫理学が、①私たちの倫理的判断にとって最も中心的な意味を持つ「善（い）good」という概念を正確に把握しないまま、「善」を快楽、欲望、欲求、健康、進化、超感覚的実在など、他の概念から導き出そうとしてきたこと、②「善」を実現するための手段と、「善」それ自体を混同してきたことを批判し、「善」という概念それ自体を分析することの必要性を強調した。(2) プラトンから功利主義に至るまでの伝統的な倫理学を方法論的に退け、基本概念の厳密な分析を起点として倫理学を論理的に体系化しようとするムーアのアプローチは、当時彼のケンブリッジ大学の同僚であるラッセル（一八七二―一九七〇）を中心に形成されつつあった「分析哲学」の問題意識と通じるところが多かったことから、分析哲学の一翼を担う形で、次第に倫理学のメインストリームになった。分析哲学は、言語や概念を厳密に分析し、論理的に再構成することで、私たちが世界を解明することを目指す、二〇世紀の英語圏の哲学の最大の流派である。(3)

メタ倫理学がポピュラーになった時代的背景として様々な要因が考えられるが、敢えて簡単にまとめると、一九世紀以降、欧米社会の道徳的価値の基礎になっていたキリスト教の衰退と、各国ごとのナショナリズムや、マルクス主義やニヒリズム等の無神論的世界観の台頭、及び、非西欧的文化との遭遇などによって、価値の混沌が拡がった、ということになるだろう。哲学者たちは、特定の宗教や世界観と強く結び付いた価値を前提として、倫理学的な議論を展開しにくくなる。長年にわたって自明の理として通用してきた規範や常識を、根本から疑ってかかる、価値相対主義的なスタンスを取らざるをえなくなる。(4)哲学者は宗教家や革命家ではないので、自らのイニシアティヴでゼロから新しい価値を創出することもできない。そういう風潮の中で倫理学の研究に従事しようとする人たちにとって、特定の具体的な価値観を前提とし、その実現を目指してポジティヴな議論を展開する〝前〟に、先ず「善」や「正」などの概念を――数学を思わせるような厳密な論理によって――分析し、倫理的命題の意味するところを明らかにしようとするメタ倫理学的なアプローチは、非常に魅力的に見えたと思われる。価値をめぐる「神々の闘争」に巻き込まれることなく、〝客観的〟に倫理について語ることができるからである。

「善」から「正義」へ

ロールズは、メタ倫理学が次第に優勢になり、全盛期を迎えつつあった三〇年代末から四〇年代にかけて――第二次世界大戦での軍隊経験を挟んで――倫理学を学び、専門の研究者になったわけであるが、彼の最初に公刊された論文**「倫理上の決定手続の概要」**（一九五一）[5]は、メタ倫理学のように道徳的価値を表示する概念を分析するのではなく、日常生活における具体的な「行為の正義 justice of actions」に照準を合わせた内容になっている。[6] それも、**個人の内面における選択ではなく、複数の人間が相互に競合する「利害＝関心 interests」を有する状況にあって、いずれの「利益＝関心 interest」を優先すべきか、理に適った仕方で決定するにはどのような手続を経るべきかを問題にしている。**[7] この場合の「利害＝関心」というのは、「何らかの善に対する必要、欲求ないし好み」[8]を指す――「善」が〈the good〉のことであり、宗教的・世界観的な意味合いを必ずしも含んでいないことに注意が必要。

この論文でロールズは、何が「善」という概念の本質であるかというメタ倫理学的な問いは括弧に入れたままで、議論を進めている。つまり、「善」の本質から見て、誰の主張する「利益＝関心」が優先されるべきであり、その実現のためにどう行為するのが「正しい」のか――哲学者の視点から――演繹的に導き出すのではなく、**異なった「利益＝関心」を持つ人々の間での、各人の経験を踏まえた理性的な議論を通して決定することを前提に、問題設定しているわけである。**

これは、メタ倫理学にはなかった発想である。（行為の「正／不正」に関しては功利主義的な見解を取る）ムーアは、その「行為」がもたらすであろう「結果」から、つまりどれだけの「善 good／悪 evil」が帰結するかによって、「行為」の「正 right／不正 wrong」が客観的に決定されるという立場を取っており、[9] 異なる関心を持つ人たちの議論を通しての決定ということは想定していない。当然、「善」の本質は何で、ある事態の「善／悪」を測定するための尺度は何かという大元の問いに解答が与えられない限り、「行為」の「正／不正」を決めることはできない。

ロールズは、人々の「善」に対する見方、あるいは「関心＝利益」が異なっており、「行為」の「正義」をめぐる対立が生じる余地があることを認めたうえで、どの立場を取るべきか――「善」や「正」についてメタ倫理学的考察を続ける哲学者ではなく――当事者たちが決めるための合理的なやり方を探究しようとしたのである。論文の中でロールズ自身が明示的に語っているわけではないが、この問題意識は、人々の価値や選好（preference）の多様性と各個人の自由や権利の尊重を大前提にしたうえで、人々を集団的に拘束する政治的決定を行うに際しての正統な手続とその制度化の可能性を探求する、現代民主主義論、特に、九〇年代以降「熟議的民主主義 deliberative democracy」と呼ばれて注目されている理論の系譜のそれと通じている。手続的正義をめぐるロールズの議論が、熟議的民主主義論の主要な理論的源泉の一つと見なされていることを念頭に置くと、初期の段階で既に、**民主主義論に直接繋がるような形で倫理学の新たな方向性を模索していた**と見ることができよう。

正義の原理の探求へ

このような形で、倫理学的探求の焦点を「善」（の本質から）から（複数の人々の間の議論によって決定される）「正義」へとシフトさせたロールズにとって、「正義に適った事態 a just state of affairs」とは、優先されるべき「利益＝関心」の決定に際して、（道徳上の判断能力がある人が受け容れることのできる）「正義」の諸原理が適用された結果として実現される事態である。[10]

ロールズはそうした「正義」の原理の候補として、以下の七点を挙げている。[11]

① 対立する諸要求は、同じ原理によって評価されるべきである

② いかなる要求も、その充足の可能性を理由なく否定されるべきではない

③ ある要求が充足された場合、他の要求の充足が妨げられることが合理的に予見できない限り、他の要求のために否定されたり限定されるべきではない

④ 対立する要求が存在する場合、できるだけ多くの要求が実現できるよう、両立させることを試みるべきである

⑤ ある利益を実現するために取られる手段は、その利益を確保するものであることが合理的に論証できるものであるべきである

⑥ 諸要求はそれ自体の強さ、つまり要求者の必要、欲求、好みによって順序付けられるべき

である

⑦　その強さにおいて対等な諸要求は、可能な限り平等に充足されるべきである

ロールズ自身が示唆しているように、これらの原理は、近代国家あるいは市民社会を特徴付ける現実の法や政治の制度に対応している。例えば、①は、「法の下での平等」に対応しているし、③は、言論の自由が制約されるのは、実質的害悪（＝他の要求の充足の妨害）を引き起こすことが現時点において明白である時に限られる、という「明白かつ現在の危険 clear and present danger」の基準に対応している。[12] ②と③を組み合わせて思想や言論等の「自由」の問題に適用すると、現実に受け容れ可能であり、かつ現実に受け容れられている正義のルールが導き出されると考えられる。[13] また、⑥は、食糧などの財の配分に関わる公共政策の原理として採用できると考えられる。

この段階でのロールズは、後の『正義論』での議論のように、財の分配や公正な機会均等に関する実体的な原理を明示しているわけではなく、決定までの手続きにおいて考慮されるべき価値中立的な原理のいくつかを例示するに留めている。しかし、「善」などの基本概念の分析に拘りすぎて、実体的な行為規範を示すことができなくなっていたメタ倫理学的袋小路から脱出すべく、**現実の「制度」を支えている「正義」**[14]**や、民主的決定の手続にモデルを求める、という基本的な方向性は既にはっきりと現われている**ように思われる。

ロールズとほぼ同時期に、英国の哲学者でスティーヴン・トゥールミン（一九二二―二〇〇九）も

『倫理における理性の位置の検討』（一九五〇）で、倫理的概念の分析に拘るのではなく、道徳的推論・討論において、当該の行為を正当化するための「適切な理由 good reasons」を——道徳的見解や利害関係、欲求が異なる他者に対して——示すことができるかどうかに焦点を当てる、新たなアプローチを提唱している。[15] ロールズは書評論文で、トゥールミンのアプローチの基本的方向性には賛同しているが、その一方で、トゥールミンが「道徳的推論 moral reasoning」全般についてやや抽象的に語っており、日常的実践や現実の法的制度に即して、妥当な推論（valid reasoning）のためのモデルを十分具体的に示していないことに不満を表明している。[16] そうしたスタンスからも、ロールズが分析哲学的な思考の枠から離れて、現実の制度に根ざした正義論を模索していたことが伺える。

2　功利主義の検討

功利主義の歴史

「倫理上の決定手続の概要」は、メタ倫理学の限界を超えるべく、現実の法・政治制度をモデルとする「正義」論を志向する論考だったわけであるが、その四年後に『フィロソフィカル・レヴュー』に掲載された論文**「二つのルール概念」**（一九五五）は、功利主義に対するロールズの微妙なスタンスを示す内容になっている。『正義論』は、反功利主義のスタンスを取っていることで知られているが、「二つのルール概念」では、むしろ功利主義を擁護し、その良さを救い出すことを試みている。論点を分かりやすくするために、功利主義の歴史を簡単に振り返っておこう。

周知のように、功利主義は、英国の法学者で急進的な社会改革・議会制改革運動の指導者でもあったベンサム（一七四八―一八三二）が、立法と道徳の原理として「最大多数の最大幸福」を掲げたことに始まる。「最大多数の最大幸福」をもたらすことを立法の目的として設定することで、ベンサムは、（それまで裁判官による裁量の余地が大きかった）「法」から恣意性・主観性を排し、民主化を進めようとした。(17)「幸福」の基準は、客観的に測定可能な（ものとして想定される）「快楽 pleasure」である。「結果」として快楽をもたらす「行為」にのみ道徳的価値があるとする、「功利性 utility」の原理を軸に展開するこの理論は、行為の正しさの基準は、各人にアプリオリに備わっている道徳的直観によって獲得されるとする直観主義（intuitionism）や、帰結と関係なくそれ自体として正しい行為の基準があるとする義務論（deontology）と対立することになる。(18)

その後、快楽の「量」だけでなく「質」も重視するミル（一八〇六―七三）によって、功利性の原理に修正が加えられた。民主主義が次第に定着するに伴って、その弊害も顕在化しつつあった一九世紀半ばの英国に生きたミルは、「多数者の専制 tyranny of the majority」から諸個人の「自由」を保護するための仕組みを確立する必要性を強調した。民主的決定によって統治されるべき領域と、個人の自己決定に任せるべき領域を原理的に区別することを試みたミルは、現代自由主義における公／私二分論や自己決定権論の元祖と位置付けられることも多い。(19) 更に、一九世紀後半になると、シジウィック（一八三八―一九〇〇）によって、行為の正しさについての直観的諸原理や自由意志、利他主義／利己主義の関係をめぐる問題なども組み込む形で、「倫理的快楽主義」が精緻に理論化され、功利主義は哲学的に最盛期を迎える[20]――ロールズも『正義論』で、自らの正義論の特徴を明らかにするため、功利主義代表としてのシジウィックの議論を批判的に参照している他、彼の講義録である**『政治哲学史講義』**（二〇〇七）で取り上げられている思想家八人の中にミルとシジウィックが入っている[21]。

しかし二〇世紀に入ると、メタ倫理学の台頭と反比例するかのように、具体的な行為規範を呈示することを目指す実践的倫理学としての功利主義はあまり流行らなくなった。ただし、立法政策のための分かりやすい基準を掲げる功利主義、特にベンサム流の功利主義の基本的発想は、西欧諸国の政策形成の原理として定着するようになった。一九世紀以降、財政・金融政策によって経済成長を促進すると共に、公共・福祉政策という形で財の再分配を行うことが、国家の役割として認識されるようになったからである。特定の集団に肩入れすることなく、できるだけ中立な――あるいは、そう見える――仕方で、社会的財を有効活用しようとすれば、政策決定者たちが意識すると否とに関わらず、「最大多数の最大幸福」という発想を取らざるをえなくなる。

ミル[22]やシジウィック[23]は自らも功利主義的な視点からの経済政策論を展開すると共に、マーシャル（一八四二―一九二四）、エッジワース（一八四五―一九二六）、ピグー（一八七七―一九五九）など、「ケンブリッジ学派[24]」と呼ばれる英国の「新古典派経済学」に思想的・理論的な影響を与えた[25]。ピグーによって創始された「厚生経済学 welfare economics」という分野は、「最大多数の最大幸福」を基本原理にしていることで知られている。[26]「厚生経済学」は、限りある資源を——各個人の福利（well-being＝幸福の度合い）の総和を最大化するという意味で——効率的に活用するには、どのように配分したらいいかを探究する経済学の分野であり、第二次大戦後、アメリカで飛躍的に発展した。ケインズ派の経済学者であるハロッド（一九〇〇-七八）も、功利主義にコミットし、功利主義を現代的に修正することを目指した論文**「修正された功利主義」**（一九三六）を著している。[27]

功利主義へのスタンス

制度論的な「正義」を志向していたロールズにとって、結果としての「最大多数の最大幸福」を〝正義〟——ベンサム流の功利主義では、ルール適合性という意味での「正義」に固有の役割は設定されていない——の基準とし、現実的な政策科学として影響を及ぼすようになっていた功利主義に対してどういうスタンスを取るかというのは、避けて通れない問題であった——『これからの「正義」の話をしよう』でサンデルが、最初に功利主義を批判的に取り上げているのも、ロールズと功利主義との対決をなぞっているからだと見ることができる。

「最大多数の最大幸福」を志向する功利主義は、時代遅れになった慣習や党派的な論理による恣意的統治を排除して、社会全体にとって有益な政策の立案には有用だが、ミルが指摘していたように、少数派の権利を切り捨てる恐れがある。加えて、その時々の多数派の欲求に従って、全面的な自由放任主義（＝経済的自由主義）、あるいは、徹底した社会統制（＝社会主義）の両極のいずれにも大きく振れる可能性があり、制度的に安定した「正義」の原理を確立しにくい——それは、特に問題でないと考える功利主義者もいる。

「二つのルール概念」でロールズが論じているのは、**諸ルールの体系としての制度、特に法的制度を、功利主義との関係でどう考えるか**、という問題である。[29] 何故、功利主義との関係が問題になるかと言えば、結果中心に物事を評価する功利主義は、私たちの行為に制約をかける「ルール」を軽視する、場合によっては、完全に無視するように思われるからである。

通常の意味での「ルール」は、正／不正を判定する安定した基準であり、制度的な「正義」と強く結び付いている。「ルール」を遵守することから帰結する人々の幸福の総和よりも不幸の総和が上回る可能性もあるが、それでもいったん決まった「ルール」は遵守すべきだと考えるのが、ごく普通の「ルール」理解である。それに対して、功利主義は、幸福に繋がらない、むしろ不幸を生みだすことが分かっている「ルール」であれば、その都度の幸福計算に従って、破ってもさしつかえない、という判断をしそうである。

ロールズは、「ルール」という概念を再検討することを通して、功利主義的な視点からの「ルール」遵守があり得ることを明らかにしている。彼は先ず、法的ルールの違反に対して取られる措置としての「刑罰」の正当化（justification）に関して、**応報的見解**（retributive view）と、**功利主義的見解**（utilitarian view）という二つの見方があることを指摘する。応報的見解というのは、悪行はそれ自体として刑罰に値するものであり、悪事を犯した人間は、自分の悪事に比例して苦痛を受けるべきである、という見方である。それに対して、功利主義的見解では、過去は過去のことであり、刑罰はそれが社会秩序維持の装置として有効に機能し、社会の利益を増大させる場合にのみ正当化される。ロールズはこの二つの見方にそれぞれ説得力があるとしたうえで、**前者は、個々の事例に対してルールを適用、執行する裁判官の視点に対応し、後者は、社会的利益の増進のためのメカニズムとして刑事法の体系を採用する立法者の視点に対応する**、と整理する。[30] 二つの視点は時として対立するが、基本的には、相互補完関係にある。個別事例に対する適応可能性、正義の実現を視野に入れることなく、社会の利益を増進するための立法が行われることはありえない。

功利主義は、諸ルールの体系としての制度が正当化されうるのはそれが社会の善を効果的に促進することが証明されうる場合のみであると強調することによって、制度の運用の仕方に制約を課そうとしているのである。歴史的にみれば、それは刑事法の気まぐれで効率の悪い運用方法に対する抗議である。それは、道徳的に卑劣な行動に苦痛を対応させるという不適切な──罰当たりではないとしても──任務を刑罰諸制度にあてがうことを思いとどまらせようとするものである。他の人々と同じく功利主義者達も、人間の能力の範囲で可能なかぎり、法を破る人々のみが法の手によって裁かれるように刑罰諸制度を工夫しようとしている。[31]

先に述べたように、裁判官の裁量による法の恣意的運用を排し、民衆の利益に適う法制度を構築することがベンサムの原点であった。ロールズはそこに立ち返ることで、制度における「正義」に焦点を当てる功利主義が、必ずしも、ルール軽視に繋がるものではなく、むしろ、法を始めとするルールの体系（制度）とその運用をより正義に適った（just）ものにすることを目指していることを強調する。「約束を守るべきか？」という問題についても、ロールズは、人々の行動に制約を課し、相互に調整して、お互いに将来の見通しを得やすくする、「約束」の社会的機能に鑑みて、功利主義が「約束を守る」というルールを重視する可能性が高いことを示唆している。(32)

功利主義の二つのルール観

このように具体的な問題に即して、功利主義が必ずしも「ルール」一般に敵対的ではないことを示したうえで、ロールズは、「ルール」観の違いによって、功利主義とルールの関係についての見方が異なることを指摘する。大きく分けて、**「要約的見方** summary view**」**と**「実践的見方** practice view**」**がある。両者は、「ルール」という言葉に含まれる二つの異なった意味に対応する。

「要約的見方」は、「ルール」を、人々がこれからどう行為すべきか決定する際に援用する、過去の経験に基づく指針や補助物と見なす。過去において成された類似の諸事例における合理的諸決定のエッセンスを抽出し、定式化しておくことで、迅速に決定できるようにしておくわけである。そうした経験則に基づく格率としての「ルール」に従うことは、功利主義の原理と合致する可能性が高いが、そうでない場合もある。そこで行為者は、当該のルールに従うことが、真に功利主義の原理に適っているか自ら判断することになる。[33]

「実践的見方」は、「ルール」を、「実践」を明確にし、特徴付けるものと捉える[34]――この場合の「実践」とは、「職務、役割、処置、弁明等を明確に規定し、活動に構造を与える諸ルールの体系によって細かに規定された活動のあらゆる形態」という意味である。[35] 野球などスポーツのゲームの「実践」と、それを支える「ルール」の関係で考えると分かりやすい。「ルール」によって割り当てられた役割に従って、各人がプレーするという前提がないと、スポーツ自体が成り立たない。スポーツに参加する大前提として、「ルール」に従わねばならない。参加していながら、個々のプレーにおいて、決まったルールに従うか否かをいちいち考えて決める、ということはありえない。法律や道徳のように、その社会に属する人一般を拘束する「ルール」も、その延長で、社会生活の中の各種の道徳的あるいは法的実践を輪郭付け、制度的に成り立たしめる役割を果たしているものと見ることができる。

ロールズによれば、**哲学者が功利主義と「ルール」の関係について考える時、二つの「ルール」観が混同され、そのせいで両者が敵対関係にあるかのような外観を与える、間違った問題設定が成されてきた**。はっきりと制度化された形での「実践」が営まれているわけではなく、みんな「要約」的な意味での「ルール」を参考に行為しているだけであれば、個々の場面でその「ルール」に従うべきか否か功利主義的に判断することに意味はある。それに対して、はっきりと制度化された

「実践」が成されている場合、少なくとも、個別の行為について、「実践」的な意味での「ルール」に従うべきか否かを功利主義的に判断することは許されない。両者を混同すれば、おかしなことになる。

例えば、現に野球をやっている人や、商法の規定に基づく取引を現に行っている人が、当該のゲームの枠内での具体的な行為の選択に際して、予め定められている（「実践」的な意味での）「ルール」に従うか否かを、自分や周囲の人々の幸福の増大という側面から個別に判断するのはナンセンスである。個別に判断していたら、そのゲームは成立しなくなる。

ロールズは、二つの「ルール」概念を明確に区別したうえで、「ルール」と功利主義の関係について再考すべきだと提案する。「実践」的な意味での「ルール」については、個別の行為の選択に際して「ルール」に従うべきかどうか功利主義的に判断することはできないが、その「実践」を構成する「ルール」の体系全体を、功利主義的に評価し、改善を試みることはできる。野球というスポーツを構成しているルールの体系や、刑法、民法、商法などの法的ルールの体系を全体として再検証し、当該のゲーム（実践）に従事している人々の幸福や利益の増大に繋がっているのか、より大きな幸福に繋がるよう、全体的に改定する余地はないのか、功利主義の視点から論ずることには意味がある。

このロールズの問題提起は、彼がこの論文を発表した前後に、功利主義陣営内部で展開された、**「行為功利主義 act utilitarianism」**と**「ルール功利主義 rule utilitarianism」**の間の論争の争点と密接に関連していると見ることができる。[36]「行為功利主義」は、個々の行為の直接的帰結に功利性原理を適用しようとする立場で、英国生まれのオーストリアの哲学者Ｊ・Ｊ・Ｃ・スマート（一九二〇－二〇一二）[37]に代表される。「ルール功利主義」は、個々の行為ではなく、人々が社会的ルールを守ることの社会的帰結に功利原理を適用しようとする立場で、アメリカの道徳哲学者リチャード・ブラント（一九一〇－九七）[38]に代表される。前者の方がベンサム流の功利主義に近く、後者は、ミルの修正功利主義に近いとされる。英国の分析哲学者で、アリストテレス哲学の研究でも知られるＪ・Ｏ・アームソン（一九一五－二〇一二）が、論文**「Ｊ・Ｓ・ミルの道徳哲学の解釈」**で、ミルが個々の行為の正／不正の判定基準は、その直接的な帰結ではなく、（良き帰結に繋がる）道徳的ルールとの適合性であるという見方を示していた、という解釈を示したことが、論争のきっかけになったとされている。[39]

「二つのルール概念」でのロールズの議論は、一見すると、「ルール功利主義」に有利になる問題設定をしているように見える。ただ、**制度的な「実践」の中にある人々に対する「ルール」の——功利主義的評価に論理的に先行する——内的拘束力に着目している点で、もはや功利主義の枠には収まらない、実践的正義もしくは制度的正義を模索しているとも言える。**それは、法的な意味での正義にかなり近いものだと思われる。この方向性は、次の論文でより鮮明になる。

3　「公正としての正義」とは

正義の二つの原理

「二つのルール概念」の三年後に発表された**「公正としての正義 Justice as Fairness」**（一九五八）は、『正義論』の原型とも言うべき性格を持った論文であり、**「社会契約」の形で、各種の社会的ゲームもしくは協力関係を可能にする――功利性の原理とイコールではなく、固有の実践的な意味を持つ――「正義」の原理を見出す、という基本的な着想が既に示されている。**

ロールズは先ず、この論文で自分が問題にしている「正義」というのは、社会的諸制度あるいは、ロールズ用語で言うところの「実践」の一つの徳性（virtue）である、と明言している[40]――この場合の「徳性」とは、当該の制度や実践に内在的に備わっている、優れた性質、美点というような意味合いである。

彼が探究する「正義の諸原理 principles of justice」は、社会を構成する「実践」に従事する人の地位や職務を規定し、それらに権限や責任、権利や義務を割り当てるに際しての制約（restrictions）を定式化したものである。[41]分かりやすく言えば、野球であれ、商取引であれ、複数の人が参加する何らかのゲーム（実践）を組織化すべく諸ルールを制定、確定、改訂する際に、大元のルール、原ルールとして参照すべき基準である。憲法が大元のルールとして、個々の法律や政府の命令を拘束していることとの類比で考えれば、更に分かりやすくなるだろう。

当然、そうした意味での「正義の諸原理」は、**具体的に制度化された「実践」の枠を超え、無条件に全ての人間を拘束するようなものではない**。また、それらの原理は、**「善き社会 good society」を構成する理想像の一部にすぎず、それらが充足されたからといって、「善き社会」の理想が実現されたことにはならない**。再び憲法との類比で説明すると、どんなに素晴らしい理念の憲法でも、その理念を受け入れていない他国の人にまで規範的拘束力を及ぼすことはできないし、憲法の理念として掲げられている諸理想が全て充足されたからといって、全ての市民が幸福になるわけではない。ただ、憲法的な理念が、その国の市民の間で全く共有されていなかったり、あってもほとんど無視されているようだったら、秩序が形成されず、幸福とは程遠い状態になる、と予想できる。

そうやって、少し控え目に問題設定したうえで、ロールズは自らが視野に入れている、主要な「正義」の原理を二つ挙げている(42)。

第一に、実践に参加するかそれによって影響を受ける各人は、すべての人々に対する同様な自由と相いれるかぎり、最も広範な自由への平等な権利をもつ。第二に、諸々の不平等は、それらがすべての人の利益となるであろうと期待するのが合理的でないかぎり、また、それらの不平等を伴っていたり、あるいはそれらの原因となりうる諸々の地位や職務が、すべての人々に開かれていないかぎり、恣意的である。これらの原理は、三つの観念、すなわち、自由、平等、交易に貢献するサーヴィスに対する報酬の複合体として、正義を表現している。

第一原理は、実践（ゲーム）に参加している各人には、自由に活動する権利が平等に認められているということだから、分かりやすい。誰かに強制的にやらされている〝ゲーム〟ではなく、各人が自由意志に基づいて参加するゲームであれば、当然のことだろう。

不平等に言及する第二原理は、一見第一原理と矛盾しているようにも見えるが、これは実際にゲームを進めるうえで、役割や権利・義務を不平等に割り当てることが不可欠な場合もあるので、それはどのような場合で、どういう範囲・程度で許容されるのかという問題である。野球であれば、バッター、キャッチャー、ピッチャーなどの異なった役割があり、それらにルールに明記された特権や権限があること、国家の統治のために、大統領、上院議員、知事、裁判官などの職務があり、それらの職務に固有の権利・義務がある。そうしたこと自体に対して、異議を唱える人はあまりいないだろう。(43)

問題は、そうした権利・義務の割り当てによって、権力や富が不平等に配分されることであるが、全ての不平等が許容されないわけではない。不平等があることで、みんなの利益になるのであれば、不平等が許容されることもある。地位に伴う不平等のおかげで、優秀な人材が確保され、その人たちの働きで、全ての当事者の利益が――全員が完全に平等である場合に比べて――増大すると期待できるのであれば、許容されることもあるだろう。

　これは、功利主義的な発想であるようにも思えるが、肝心なところが異なっている。**ロールズが問題にしているのは、「全体としての利益」ではなく、「全ての当事者の利益」である。**通常の功利主義であれば、ある立場の人たちの得る利益が、他の立場の人たちの被る不利益を上回れば、不平等は正当化される。それに対してロールズは、**全ての当事者にとって、不平等のある状態の方が自分にとって有利であると信ずべき根拠があることが不平等の許容される条件である、**との見解を取っている。単純化して言えば、実践の〝功利性〟に注目するという意味では功利主義的な発想をしているものの、各人の自由（自発性）と平等を侵害することがないよう、〝功利主義的な正義〟に大幅な変更を加えるべく、正義の第二原理を設定しているわけである。(44)

　そうした方向での功利主義の修正は、既にミルによって試みられていたが、ミル自身が功利主義の枠内に留まっていたため、不徹底な妥協に終わってしまったきらいがある。ロールズは、人々が社会的実践を通して享受する利益に関わる問題を、第二原理として、第一原理の後に置いたうえ、**「幸福の増大」**それ自体よりも**「不平等の許容」**に焦点を当て

第一原理 → ルールの範囲内における自由を保証。
「自由」を志向。
第二原理 → ルールの範囲内で許される不平等の程度。
「平等」を志向。

ることで、功利主義的な道徳・政治に伴う危険を取り除こうとしたと見ることができる。

加えて、そうした「不平等」が許容されるには大前提として、不平等の元になる地位や職務の割り当てが、最初から特定の人に偏ることなく、全員に開かれていること、具体的には、公正な競争（fair competition）の結果によるものであることが不可欠だ。そうでないと、各人が進んで、その不平等を受け入れるとは期待できない。第二原理にそうした条件を加えることで、平等性が損なわれることを回避しようとするわけである。

正義の原理が受け入れられる根拠とは

では、ロールズは何を根拠に、「正義」の二原理を、人々が受け容れると想定することができるのか。彼は、アプリオリな理性の法則から導き出すのでもなく、直観主義のように「直観によって明らかだ」と断言することもせず、既に「倫理上の決定手続の概要」で示唆されていた、**手続論的な方向での論証を試みている**。ある一定の属性を備えた人間であれば、自発的にこれらの原理を受け入れるであろう、という理論上のシミュレーションに基づく論証である。彼が想定するのは、利己的（self-interested）であるが、合理的（rational）であり、これまで実際に種々の社会的実践に加わった経験のある人間である。この場合の「合理的」とは、自分自身の利害をほぼ正確に知っていると共に、ある一定の実践を採用した場合の帰結も見通すことができ、いったん行動の方針が決定されたら、たとえ自分の短期的利益に反してもその方針を遵守でき、当初想定されていた限度内であれば、自他の間に（自分に不利な）格差が生じても大きな不満を持たない、ということである(45)。

ロールズは「正義」を、諸個人がお互いの間で予め「契約」を結び、それに基づいて自己の利益追求や権利の主張に制約をかけることとして理解する、「社会契約論」的な見方をしていると言える――ただし彼は、政治思想史の伝統的な意味での「社会契約論」の議論の進め方に対しては距離を取っている。この論文の段階でのロールズは、合理的で利己的な諸個人がどのような思考のプロセスを経て「正義」の原理を承認するに至るのか明確に示していない。ただ、人々が利己的であり、利害や権利が対立しており、そのことを各人が把握しているからこそ、「正義」についての合意が成立する可能性が生じてくる、という――『正義論』の特徴となる――着想は既に芽生えている。

ロールズは、利己的な諸個人の間に生じてくる「正義」の基礎になるのは、お互いに対しての「公正（さ）fairness」であると指摘する。それは、「公正な競争」「公正なゲーム fair game」「公正な取引 fair bargain」等と言う場合の「公正（さ）」である。

お互いに他人に対していかなる権威ももたない自由な人々が共同の活動に携わり、その活動を明確にし、その各々の利益や負担の分担を決定するルールを、自分達の間で決めたり承認する場合に、公正の問題が生じるのである。ある実践が、当事者達に公正であるという印象を与えるのは、その実践に参加することによって、当事者達あるいは他の誰かが、彼らが正統だとみなさない要求によってうまく利用されたり、あるいはそのような要求に屈服することを強いら

れているとは誰も感じることがない場合である。(46)

このようにロールズは、**人々が日常的な実践において使っている「フェア（公正な）」という言葉に訴えかけ、その意味するところを「実践」に即して説明する形で、私たちが「公正さ」についての感覚を持っており、それが「正義」の基盤になりうることを明らかにする。**

お互いに自由で対等な関係にある人々が、共同の活動（ゲーム）に従事する時、大事にするのが「フェアである」という感覚である。正統（legitimate）であると思えない要求、簡単に言えば、理不尽な要求に屈するよう強いられることなくゲームを続けることができる時、私たちは「フェア」であると感じる。私たちの多くが共有しているこの感覚を基盤として、「正義」の原理についての合意が形成される。この意味で、ロールズは、自らの正義論を「公正としての正義」と呼んでいるわけである。

ある「実践」の参加者が、そのルールを公正なものとして受け容れ、不満を持たなかったのであれば、自分がそのルールの定めたところに従って行為しなければならない場面で、急にその「実践」の根底にある「正義」に異議を申し立て、当該のルールに従うことを拒否することはできない。これは、明確に契約を結んだ場合は当然のことであるが、ロールズは、明示的な契約や約束がな

正義の基礎 ＝ 公正さ（フェアネス）
→ 「公正としての正義」

くても、公正なものとして承認されている「実践」に従事し、利益を得ている人には、自分の番が来た時にルールに従う責務があるとする。それを彼は、「フェアプレーの義務 duty of fair play」と呼ぶ[47]。

この場合の「フェアプレー」は、単純にルールを守るということだけでなく、ルールの抜け穴や曖昧さに便乗しない、ルールの適用が不可能になる特殊な状況を悪用しない、その逆に、ルールの適用が停止されてしかるべき特殊な状況でその適用をあくまで主張するようなことをしないことなども含まれる。まとめて言うと、**単に個々のルールに形式的に従うだけではなく、「実践」の本来の目的から明らかに逸脱するようなプレー（行為）をすることがないよう心がける**、ということである。「フェアプレーの義務」からすれば、国家や地方公共団体による公共サービスの恩恵を受けていながら、税金を納めることを回避しようとするのは許されない、ということになるだろう。

功利主義との対決へ

私たち一人一人に備わっている「公正さ」の感覚をベースにした「正義」の諸原理を起点として、正義に適った制度や実践を構築しようとするロールズの「公正としての正義」論は、**ベンサムやシジウィック等に代表される古典的功利主義や厚生経済学の〝正義〟論と正面から対立する**。後者の考え方では、「正義」は「慈愛 benevolence」に同化され、その「慈愛」は更に、一般的福祉の増進のために最も効率的な制度の設計に同化されることになる。「正義」は「効率性 efficiency」に還元されてしまう[48]。各人はもっぱら、集計すべき社会的効用や幸福の基本単位とのみ見なされ、お互いの間にいかなる道徳的関係性も想定されない。同じ社会的「実践」に従事する者同士として、お互いに抱くべき「公正さ」の感覚（＝正義感覚）や相互承認を無視する形で、社会的決定が成されたとしても、それが結果的に一般的福祉を効率的に増進する決定であるのであれば、功利主義的には正当化される。

無論、功利主義的な発想で決定が成される場合でも、社会的な効用という観点から、各人に平等に利益を分配する、〝公正〟な仕組みが採用される可能性がないわけではない。現実の政策決定では、そうなることが多いだろう。しかし、ロールズに言わせれば、それは効率性の観点から、たまたまそうなっただけのことなので、不十分である。奴隷制について考えてみよう。功利主義は、奴隷と主人の幸福の総量の計算や効率性の観点から奴隷制を否定するかもしれない。しかし、それは奴隷制を〝不正義〟として絶対的に排除する議論ではない。「公正としての正義」論においては、奴隷制は、第一原理に明らかに反しているし、奴隷の地位が全ての当事者に対して開かれていると も、地位の不平等が奴隷を全員の利益になると期待できるとも考えられないので、第二原理にも反している可能性が高く、正義に適った社会的実践として人々に承認（acknowledge）される可能性がないので、端的に「不正 unjust」ということになる。(49)

この論文においてロールズは、「二つのルール概念」よりもかなり鮮明に、功利主義との対決姿勢を打ち出したわけである。

4　なにが「公正としての正義」を支えるのか

人格に備わった「正義感覚」

「公正としての正義」から五年後の一九六三年に公刊された二本の論文で、ロールズは、「公正としての正義」論を、二つの側面から補完している。**「正義感覚 sense of justice」**と**「憲法＝政治体制 constitution」**――英語の〈constitution〉は、法典化された「憲法」だけでなく、何らかの基本的原理に基づいて「構成 constitute」された国家・政治の体制そのものを意味することもある――の二つである。

論文**「正義感覚」**で、ロールズは、**「正義感覚」は私たちにもともと備わっている性向から自然に発達したものであり、私たちの道徳的人格の中核を成していることを証明することを試みている。**子供の道徳判断の発達に関するスイスの発達心理学者ピアジェ（一八九六－一九八〇）の研究[50]に依拠する形で、権威者としての両親に対して覚える罪の感情（＝「権威の罪 authority guilt」）や、共同の活動に従事する仲間に対するそれ（＝「連合体の罪 association guilt」）が、次第にそうした特定の関係を超えた一般的な（正義の）原理に対する罪の感情（＝「原理の罪 principle guilt」）へと発達し、それが「正義感覚」の基盤になっているのではないか、と示唆する。[51] もう少し分かりやすく言い換えると、何か

〝良くないこと〟をして、親や仲間などの密接な関係にある他者の愛情、友情、信頼を裏切ってしまった時、自らの罪を認め、関係を修復しようとする自然な態度から、常に誰に対してもいかなる状況でもフェアに振る舞おうとする「正義感覚」が発達してくる、ということだ。「正義感覚」を身に付けた人たちは、自らが現に利益を受けている協働のための制度、その基本となる正義の諸原理を受け入れ、その枠の中で自らの行為を制御すると共に、そうした制度や正義が（完全な形で）存在していなかったとしたら、それらを自ら創設したり、改善しようとする。

正義感覚は、まさに友情や信頼という自然的態度と同じく、協働のための機構を存続させるのに役立つ。正義の諸原理を受け容れることは、特別の説明がない場合には、それらに違反するのを回避すること、また、それらに一致せずして得られた利益は無価値であることを承認することを含意している。そして、それにもかかわらず、そうした違反が出来心から生じた場合には、罪の感情が共同の活動を修復するのに役立つであろう。(52)

「正義感覚」が、多くの人が社会化の過程においてごく普通に身に付ける能力であり、制度志向的な性質を有していることを示したうえで、ロールズは、「正義感覚」を備えた人々は、**「原初状態 original position」**において、全員にとってフェアな仕方で、社会的協働を組織化することを可能にする正義の二原理を設定することに合意するだろうと推測する――「原初状態」というのは、後に

『正義論』の核となる重要概念であるが、この論文の段階では単に、まだ実践のための枠組みがなく、各人が（いかなる共通のルールにも縛られず）自由で平等な個人として直接的に対峙し合っている状態を指す[53]。

カントを発展させて

ロールズは更に、この意味での「正義感覚」は、カント（一七二四―一八〇四）の**「善意志 ein guter Wille」**に相当するものであると指摘する。

「善意志」というのは、カント倫理学の独特の概念装置の下で意味を持つ少なからず難解な概念であるが、かなり単純化して説明すると、何らかの現実的な利害や物質的な欲求充足のために行為するのではなく、無条件に「善い」こと――として理性が命じること――をしようとする意志、言い換えれば、義務を義務として尊重し、義務に基づいて自らの行為を定める意志である[54]。**『人倫の形而上学の基礎付け』**（一七八五）でのカントの議論によれば、「善意志」は人間が幸福に値するための不可欠の条件であり[55]、純粋に「善意志」に従って振る舞う主体であれば、（自分と同様に「善意志」の主体であり、理性的な存在である）お互いの人格の尊厳（Würde）を認め合い、自分の利益や物質的欲求を追求するための単なる「手段 Mittel」として利用することはない[56]。

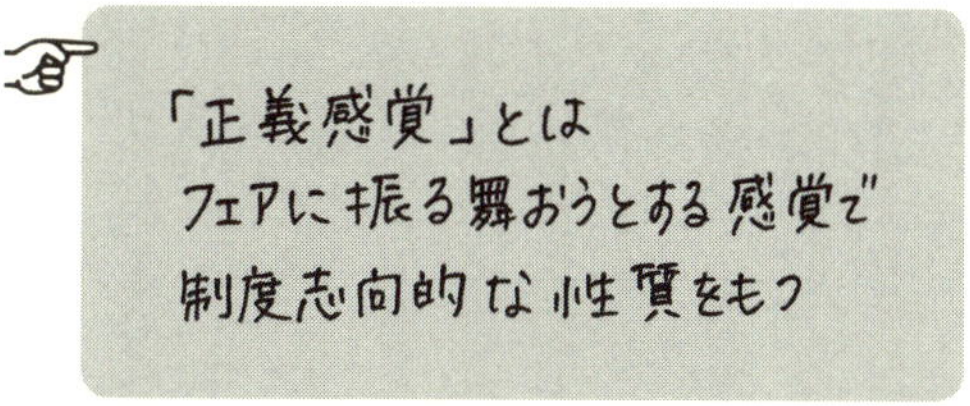
「正義感覚」とは
フェアに振る舞おうとする感覚で
制度志向的な性質をもつ

ロールズは、そうしたカントの「善意志の主体」論をなぞる形で、「正義感覚の主体」を以下のように特徴付ける。

正義感覚は人格の尊厳の不可欠な部分であり、この尊厳ゆえに人格——この場合の人格は、その享楽の能力やその才能の発達を通して他の人々の享楽に寄与する能力とは区別され、かつ、それらに論理的に先行するものである——に価値が置かれると考えてもよいだろう。この尊厳ゆえに、公正としての正義が、以下のような見方をするのは正しい。それは、各人は個としての主権者（individual sovereign）であるという見方、つまり、その関心＝利害（interests）のいずれもが、全体の幸福をプラス・マイナスの正味で増大させるための犠牲にされてはならず、もっぱら、平等な自由という原初状態においてすべての人々が承認しうるであろう諸原理に一致する場合にのみ犠牲にすることが許される存在である、という見方である。[57]

ここでロールズは、各人を快楽あるいは幸福を享受する基本単位、幸福計算のための単位としか見なさない（ように思える）、功利主義的な人間観との違いをはっきりさせるべく、（他の動物にはない、「善意志」あるいは「正義感覚」を備えた）理性的な「人格」それ自体に価値を置く、カント的人間観と自らのそれとの近さを強調している。「人格」それ自体を「手段」ではなく、「目的 Zweck」として扱うことを要請するカントの議論[58]は、具体的にどういう扱いを要求しているのかイメージしにくいが、ロールズはそれを、**各人に固有の関心＝利害を、全員が「原初状態」において承認する**

であろう「正義」の原理に従って、公正に扱うこととして読み替えているわけである。

純粋にカント的な発想をすれば、「人格」それ自体ではなく、無条件に「善い」と言えるかどうか分からない――ほとんどの場合、物資的な欲求によって左右されている――人々の現実的な関心＝利害を尊重するというのは、道徳哲学としておかしな議論ではある。ただ、カントが個人の内面における「意志」を問題にする道徳哲学者であり、ロールズが、正義に適った制度を探究する政治哲学者であり、議論のフィールドが異なる以上、そうしたズレが生じるのは仕方のないことではある。ロールズは、具体的に誰に対してどういう扱いをすることが求められるのかを特定しやすい、個々人の関心＝利害を、「人格」の〝代理〟に見立てることで、議論が分かりやすくなるよう工夫した、と好意的に見ることもできよう。

カントの「善意志」は、人間にアプリオリに備わる理性に起因するものとして想定されているので、社会的発達過程で経験的に獲得されるものとして想定されている、ロールズの「正義感覚」とは、異なったレベルの概念である。しかし、両者とも「人格」の尊厳の根拠であり、私たちの（他の人格に対する）道徳的行為を始動させる起点として想定されているという点で機能的に類似している。**「善意志」の中核的な機能を維持しながら、より現実的で、具体的な制度やルールに適用しやすいように〝実体〟化したものが、「正義感覚」であると見ることができる。**こうした意味で、ロールズは政治哲学における現代的カント主義者である。[59]

「憲法的自由」による平等

もう一つの論文「**憲法上の自由と正義の概念**」では、立憲民主制の国家において、憲法が保障する基本的な諸自由――人身の自由(liberty of the person)、良心の自由、思想の自由、移転の自由、政治的自由、機会の平等――を、「公正としての正義」論の視点から理論的に根拠付けることが試みられている。

憲法上の自由は、第一原理に対応しているが、単に対応関係を確認するだけではあまり意味がない。ロールズは、第一原理によって保障される権利が、個々ばらばらのものではなく、一体となって、その社会の基礎構造を規定していることを指摘したうえで、憲法的な自由もそうした役割を担っているはずであることを示唆する。

立憲民主制下におけるこれらの自由の特徴は、それらが平等な自由であること、つまり、これらの自由に関しては、何人も他人より優遇されることはない、ということである。憲法というものは、社会的政治的構造の土台、他の諸制度を統制する最高位の実定的ルールの体系であるから、憲法上の諸自由は、社会の基礎システム――この基礎システムの中で、各人は自らの場を獲得する営みを開始しなければならない――において、すべての市民に対する平等な自由という最初の状態を規定し確立する。(60)

社会構造は、良く秩序付けられた社会（well-ordered society）の達成のために必要な措置を自由に取りうる許容範囲を用意しているのである。従って、憲法上の諸自由の統一的特徴は、それらが平等な諸自由であるということである。憲法上の諸自由は、平等な市民たる地位の本質的特徴であり、それ自体として、共同性の感覚に必要な仕方で社会構造の第一の主要な部分を明確に規定するのである。[61]

これら二つの箇所でロールズが述べていることは、一見何の変哲もない抽象論のように思えるが、彼固有の見方も含んでいる。それは、**各人の「自由」が「平等」になるよう、「憲法」が社会・政治構造を調整するという想定である。**社会的契約に基づく「実践」（＝ゲーム）の中で各人に割り振られる地位という観点から、「平等」を重視するロールズにとってはごく自然な考え方である。各市民が、立憲民主制という名の一つのゲームをやっているプレイヤーだとすれば、全ての市民＝プレイヤーが「平等」の自由度でプレーできるよう、ゲームの基本原理に相当する憲法によってきちんと制度設計しておくべき、ということになろう。しかしこうした考え方は、憲法論として自明の理ではない。

英米の自由主義系の政治思想では、「憲法」は第一義的に国家権力を抑制することによって、（市民社会の中で既にある程度確立されている）市民の権利を守るものと理解されている。社会の基礎構造に介入し、各人が行使できる「自由」の範囲が、「平等」になるよう「実践」をきちんと制度設計することは、必ずしも期待されない。むしろ、社会構造に介入すれば、かえって、各人の自由を侵害することになりかねないと危惧する議論もある。諸個人の間の交換関係から発達してくる「自生的秩序 spontaneous order」を重視し、国家権力は私人間の関係に干渉するのは可能な限り避けるべき、という前提に立つ経済学者・政治哲学者のハイエク（一八九九－一九九二）は、憲法は統治機構を制約するための基本法であって、それ以上でも以下でもないと見なす。その見方からすれば、行政組織の法にすぎない憲法が、人々の（自由権的）基本権をリストアップするのは好ましいことではない。各人の権利は、「自生的秩序」の中で形成される「正義」――ハイエクは、「正義」が明確な形での社会契約によって設定されるとは考えない――の諸原理に従って確定されるものであって、憲法によって〝上〟から割り振られるものではない[62]。

ハイエクや七〇年代以降に台頭してきた狭義のリバタリアンたちと、ロールズが、第二原理、すなわち、財の（再）分配や格差是正をめぐって対立していることはよく知られているが、第一原理を西欧諸国の自由主義的な憲法の中に読み込んでいる時点で既に、基本的な立場が異なってくるわけである。

「平等な自由」がもたらすもの

では、「平等な自由」を基準に考える場合、どのような理論的帰結が導き出されてくるのだろうか。ロールズは先ず、「人身の自由」の視点から、カースト制度や奴隷制などの身分制の是非について理論的な考察を加えている。

正義の二原理に根差した立憲民主制の下で生きている人々には、協働のために諸々の結社や制度を作る自由がある。そうした結社の自由の延長線上で、カースト制度の方が効率的かもしれないという推測、あるいは、カースト制度のヒエラルキーの中で自分が高い地位を得られるかもしれないという期待から、カースト制度を選ぶ人たちもいるかもしれない。ロールズはそうした願望を抱く人たちが出てくる可能性は認める。しかし、**いったん「平等な自由」を、当該社会の基礎構造の根底に置くと決めた以上、それと矛盾する制度、すなわち身分の違いや隷属状態を固定化し、それを子孫にまで及ぼすことを含意する制度を導入することは許されない**。カースト制度が世代を越えて継続しているとすれば、各人が出発点において、平等に自由な地位を占めているとは言えなくなる[63]。

カースト制度や奴隷制が、憲法上の自由と矛盾するので認められないということは、自由主義的な憲法理解では通常自明の理と見なされる。しかし、最初から自明視されているがゆえに、これらの制度を人々が〝自由意志〟で選択した場合、どうなるのか、という根本的な問題は必ずしもクリアになっていない。ロールズは、第一原理の趣旨を掘り下げて考えることで、カースト制度的なものを排除すべき理由を呈示したわけである。

ロールズは更に、「良心の自由」についても第一原理の視点から検討を加えている。立憲民主制においては各人に「良心の自由」が保障される。しかし、ある人が自らの「良心の自由」に基づいて行う行為が、他の人たちの「良心の自由」を侵害し、「自由」の「平等」性を構造的に脅かすことは許されない。これが通常、「公の秩序」と「良心の自由」の関係として論じられる問題である。(64)

特に問題になるのが、各人が「平等な自由」を有することを認めないような教義を持つ不寛容な宗派の扱いだ。そうした宗派には、どこまで「宗教の自由」が認められるべきか。古典的な社会契約論の完成者であるルソー（一七一二－七八）は、市民的自由を各人に保障する国家は、不寛容な宗派と共存することは不可能である、と明言したが、ロールズはそうした分かりやすい見解からは微妙に距離を取り、不寛容な宗派の「自由」が制限されるのは、その宗派の活動によって「公の秩序」が侵害されると「常識＝共通の認識 common sense」の諸原理に従って確証される時だけだとしている。(65) 不寛容な教義を持っているというだけの理由では、当該の宗派の「自由」を制限することはできない。それだと、その人たちの具体的な行為ではなく、世界観によって平等な扱いを拒否することになり、「良心の自由」という理念に反するからである。

その点を確認したうえでロールズは、不寛容な宗派に対して、（彼らが他者に対して否定しているはずの）「平等な自由」が与えられるべきかという問いを、三つの異なった問いに分けて答えることを試みている。

① 不寛容な宗派は、自分たちに「平等な自由」が与えられない場合、不満を述べる何らかの資格（title）を持つのか

② 寛容な宗派は不寛容な宗派を認容しない権利を持つのか
③ ②の権利があるとして、それを行使すべきか

①の答えは、ノーである。自分たちが否認する原理の適用を要求することはできないからである。②については、当該の寛容な宗派自体が、「平等な自由」を受け容れているとすれば、基本的にノーである。認容しなくていいのは、先に述べたように、自分たち自身の安全と自由の制度の安全に深刻な危険があると——自分たちの教義や世界観ではなく、「常識」によって——確証できる場合だけである。したがって、③の答えがイエスになるのは、そうした危険が確証される場合だが、その場合でも、その行使は、「良心の平等な自由を伴った平等な市民の地位」を全ての人に対して確立するという正義の原理に要請に適った形を取らねばならない。先ず、相手を説得しなければならない。正義の原理にコミットする人は、相手が不正義だからといって、その相手を不正義な形で扱って、正義の制度を脅かすようなことをしてはならないのである。(66)

ロールズの「公正としての正義」に基づく「憲法」は、各人の自由を形式的に認めるだけでなく、人々の利害＝関心や信念が衝突した時に、各人の行動を抑制し、（憲法によって規定される）社会構造の枠内で均衡を保つよう作用するわけである。

5　分配的正義をめぐって

ロールズの経済観

論文「**分配的正義**」（一九六七）でロールズは、正義の二原理、特に第二原理を採用した場合、当該社会の基礎構造はどのような様相を呈するか、その見通しを述べている。この論文には、ロールズの経済思想がかなりはっきりと現われている。

彼は先ず、第二原理（の主要な部分）が充たされている状態、すなわち不平等が「全ての人にとって」利益となる期待される状態とはどういうものか、具体的にイメージ化することを試みている。この検討に際してロールズは、**正義の原理は、各個人にではなく「制度」に適用されるものなので、「全ての人にとって」というのは、その社会の中で人々が取りうる、あらゆる地位の代表的人物にとって、という意味である**、と断っている。文字通りの意味で「全ての人にとって」ということに拘るのではなく、**モデルに即して経済学的に考える、現実的な戦略を志向していることが窺える**。

一つの可能性として、何らかの歴史的標準点と比較して、全ての人の生活がより良くなっている、ということが考えられる。例えば、一八世紀の英国の哲学者で、因果律を否定したことで知られるヒューム（一七一一―七六）は、正義の制度、財産や契約のルールが着実に運営され続けることによって、自分自身も――たとえ、短期的にはそうした制度によって不利益を被ることがあるとしても――長期的に見て利益を得られるという見通しから、各人がそうした制度を受け入れるようになる、との見方を示唆している。これに対してロールズは、ヒュームが想定している標準点は「自然状態」であり、たとえ「自然状態」と比べて、全員が利益を得ているとしても、現在行われている社会的協働の利益の分配と負担の不平等を正当化することはできない、という否定的な見方を示している[67]――長期的な利益という側面から、ヒュームの正義論を高く評価するハイエクとは対照的である[68]。

次にロールズは、第二原理を解釈するための最も自然な方法と思われる、「パレート基準」について検討する。「パレート基準」[69]とは、イタリアの経済学者・社会学者で、厚生経済学の主要な理論的源泉と見なされるパレート（一八四八－一九二三）が、『**経済学提要**』（一九〇六）で呈示した、有限な資源の最適な配分のための基準である[70]。この基準によれば、少なくとも他の誰か一人を貧しくすることなしに誰一人豊かになることができない時、その集団の福祉は最適である。一定の数の諸個人の間で一定の財群を分配する際に、この基準を適用すれば、他人の地位を悪化させることなしにある個人の地位を改善するような再分配のやり方がない場合、その分配は最適だということになる。分かりやすく言い換えると、全ての財がフルに効率的に活用されているので、誰かの状態を改善するには、他の誰かの取り分から取ってくるしかないわけである。

ロールズは、「パレート基準」が、資源の最適（optimal）な配分を考えるうえでは有用であることは認めるが、この基準を満たす解は複数ある可能性があるため、その内どれが最善（best）であるか「パレート基準」それ自体だけでは決定できないことを指摘する。

一定の条件の下では、農奴制は、何らかの代表的な人、例えば地主の期待を低めることなしには、意義のある改革を行うことができず、したがって、この場合、農奴制は最適であるということになるであろう。だが、同様に、同一条件の下で、自由労働制度が、何らかの代表的な人、例えば自由労働者の期待を低めることなしには、変更することができず、したがって、この取り決めも同じく最適であるということが生じるかもしれない。もっと一般的に、社会が幾つかの階級に分れている場合にはつねに、各々の階級の代表的な人ごとにその期待を最大化することが可能であると仮定しよう。これらの最大値は少なくともその数だけの最適状態を生じさせる。というのは、どの人の期待を高めるためにも、他の人、すなわち最大値の規定の対象となっている人の期待を低めることなしには、このような状態のいずれを変更することもできないからである。(71)

このように、極端な場合には、一人の人に全ての資源が集中しても、「パレート基準」から見れば、「最適」になる可能性があるわけである。第一原理として「平等な自由」を掲げるロールズの正義論は、少なくとも奴隷制を前提にした「パレート最適」を許容するわけにはいかない。先に見たように、ロールズは、第一原理の中に「機会の平等」を含めて考えているので、第二原理がそれと矛盾するものであってはならない。

格差原理の導入

そこでロールズは、第二原理の第三の解釈を提示する。それが、ロールズの正義論の最大の特徴として知られることになる、**「格差原理 difference principle」**という考え方である。格差原理は、**人々が生まれ落ちた所得階級や、生まれつきの才能などが要因となって生じる格差を、一定の範囲内に収めることを目指す原理である。**

分配的正義（distributive justice）の根本的問題は、このようにして生じる人生の見通しの格差にかかわるものである。このような格差が正義に適っている（just）のは、より有利な状況におかれた人々のより有利な期待が、全社会体系の作動においてある役割を果たすときに、最も不利な状況におかれた人々の期待を向上させる、そしてこの場合だけである、というふうに私たちは第二原理を解釈する。より幸運な人々の便益が最も不運な人々の福利（well-being）を促進する場合、すなわち、幸運な人々の便益の減少が最も不運な人々の生活状態を現在よりも一層悪化させる場合、このような場合に基礎構造（basic structure）は全面的に正義に適っているのである。(72)

ここでのポイントを分かりやすく表現すると、**社会・経済的格差、言い換えれば、所得や財産の不平等が存在していることによって、幸運な人たちが頑張って働くよう動機付けられ、それによって社会全体が豊かになり、「最も不運な人たち」の福利も向上すると期待できるのであれば、その格差は正当化される、**ということである。逆に言えば、「最も不運な人たち」の福利を向上させないような性質の「格差」は許容されない。

資本主義経済の下で不可避的に拡大する格差を正当化する議論として、金持ちが更に頑張ることによって、社会全体が恩恵を被ることを指摘するのは、よくあることである。ロールズも、ある意味、そのよくある話を利用しているわけだが、ここでの彼の議論の特徴は、**当該の社会全体が恩恵を受けているか否かの基準として、「最も不運な人たち」に照準を合わせていることにある。**社会全体が恩恵を受けているかどうかの判定基準として、ベンサム流の功利主義のように、文字通りの意味で「幸福」の総量に照準を合わせることや、所得あるいは財産において平均値あるいは中央値的に位置する階層に照準を合わせることも考えられるが、ロールズはそうした功利主義的な考え方とは一線を画し、その社会の中で「最も不運な人たち」の状態が改善されるか否かを基準にしようと提案しているわけである。

「格差原理」とは
社会的・経済的にもっとも不遇な人たちの
福利の向上が見込まれるかぎり許容される格差のこと。

ロールズは、公正な機会均等の下で競争が行われている資本主義経済を想定したうえで、格差原理が採用された場合、それが、恵まれている企業家階層、最も恵まれていないと思われる非熟練労働者階層、及び、半熟練労働者階層の人生の見通しにどのような影響を与えるか推測しながら議論を進めている。そのうえで、格差原理は効率性原理（efficiency principle）と適合すると明言している(73)。**競争を通して達成される効率性を重視し、不平等を容認する点で、彼の分配的正義は、社会主義的な平等論は一線を画しているが、「最も恵まれていない人たち」の福利を基準にする点では、平等論的な要素を取り込んでいると言える。**

政府の役割

彼は更に、政府が自由経済に規制を加えることによって、正義の二原理がおおよそ満たされた状態を実現できることを示そうと試みる。市民の様々な自由、正義に適った手続きによる法や政治の運営、市場の競争性、諸資源の完全使用、社会共通資本の保持、社会的ミニマムを維持するための措置、全ての人の教育に裏づけられた機会の平等などが制度的に保障されていれば、そこから生じる分配は「正義に適っている」、という。

このような諸制度の体系を維持するために、ロールズは政府の機能を、①配分（allocation）②安定化（stabilization）③移転（transfer）④分配（distribution）――の四つの部門に分けて考える。

①の「配分部門」は、不当な市場権力が形成されるのを防止し、経済をうまく競争的に保つこと

を任務とする。具体的には、諸価格が社会的便益と費用を正確に反映できないことから生じる非効率を是正すべく、税制や補助金によって調整する。②の「安定化部門」は、資源利用の失敗から生じる浪費をなくすことを任務とする。財政政策によって有効需要を創出し、完全雇用を維持する。③の「移転部門」は、家族手当や失業時の特別手当などの形で、社会的ミニマムを保障する。④の「分配部門」は、市場の背後にある諸条件に時々影響を及ぼし、所得と富のほぼ正義に適った分配を長期的に実現する。この部門は、（a）富の分配の是正のための相続税と贈与税の制度、（b）公共財の費用の補塡や移転支出のための租税機構の二つの部分から成る。[74]（b）についてロールズは、基本的には政治判断に委ねるべき問題としながらも、ハンガリー生まれの英国の経済学者で労働党の政策顧問も務めたカルドア（一九〇八–八六）の議論[75]に依拠しながら、累進所得税よりも比例的総合消費税（proportional expenditure taxes）の方が正義に適っているのではないか、との見解を示している。財の共同の蓄えからどれだけを取り出し利用したかという基準で人々を同等に扱う税制であり、経済活動への刺激を損なうことがより少ないと思われるからである。

こうした四つの部門の機能の内、格差原理の実現に最も直接的に関わっていると思われるのは、移転部門における社会的ミニマムの保障である。ロールズの第二原理に即して考えれば、このミニマムは、賃金を考慮に入れたうえで、最低所得層の期待を最大化するレベルに設定しなければならない。[76]だとすると、最終的にほとんど格差がなくなるまで、大規模な移転をすることが必要なのではないかと思えてくるが、ロールズはそうはならないと言う。何故なら、ここで問題になっている期待は一代だけでなく、何世代にもわたる長期的期待である。そのためには、長期にわたる実質的な資本の蓄積が必要になる。

そこで、正義に適う形で貯蓄を適正なレベルに保つ**貯蓄原理**（savings principle）が問題になってくる。各世代は前の世代から受け取ったものに対する返礼として、貯蓄原理に従って実質資本での同等量を、社会のために残していく。それを活用することよって、後の世代が高い生活水準を維持することが可能になる。ロールズは、これを世代間の互酬的な関係と見る[77]。貯蓄原理という形で、世代間正義の問題も、自らの「分配的正義」の枠組みに組み込むことを試みたわけである[78]。

こうした分配のための機構は、「純粋な手続的正義 pure procedural justice」に基づいている、という。ロールズは、これを**「完全な手続的正義** perfect procedural justice**」**及び**「不完全な手続的正義** imperfect procedural justice**」**と対比する形で説明する。

「完全な手続的正義」では、何が公正な分配かについて判定するための独立の基準があり、その結果に導くことを保障する手順に従うことが正義と見なされる。例えば、ケーキを等分に切り分ける時に、切り分けた者に最後の一切れを取らせるような場合がこれに当たる。「不完全な手続的正義」では、そのような結果と、それに至るための手順は一応想定されているが、その結果に至る確実性は保障されていない。刑事裁判の手続がその典型である。刑事裁判では、実際に犯罪を犯した者が有罪の判決を受け、それにふさわしい罰を受けるよう、裁判手続が整備されているが、必ず正しい結果に至るという保障はない。
これらに対して、「純粋な手続的正義」は、ギャンブルなどで採用される正義の基準である。この場合、最終的にどのような結果、分配状態であれ、それが正義に適っているか否かとは関係ない。正義に適った諸制度の体系が確立され、それが公正に運営されれば、その結果としてどのような分配状態になったとしても、正義に適っているのである。[79]
つまり、ロールズの分配的正義論は、**最も不運な人（の代表）の利益が最大化されることが期待される（とみんなが納得できる）制度を構築し、それが政府によって公正に運営され、何世代にもわたって維持されることを要請するが、その制度の下で最終的にどのような分配状態が生じるかまで保障するものではないのである**。結果が当初の見通しから大幅にズレていたとしても、それだけで不正義になるわけではないのである。結果を最重視せず、手続に重点を置く点で、ベンサム流功利主義や正統派の社会主義のような、強く目的志向的な社会理論とは異なる発想をしているわけである。この論文を読む限り、**ロールズは、ケインズ主義的な調整装置を備えた資本主義経済を支持しているように見える**。

改良を重ねて

翌年に公刊された論文「**分配的正義——若干の補遺**」（一九六八）では、格差原理の意味についてもう少し哲学的に掘り下げた議論が追加されている。ロールズは先ず、格差原理の定義を、論文

「公正としての正義」での素朴な形に戻したうえで、その二つの部分それぞれ解釈の可能性について考察を加えている。つまり、社会的・経済的不平等が、（a）全ての人の利益になると合理的に期待でき、かつ（b）全ての人々に平等に開かれている地位や職務に伴っている、という二つである。それぞれについて、二つの自然な解釈が可能である、という。

（a）については、（1）効率性の原理（パレート最適）と、（2）格差原理（相互利益の原理）が考えられる。（b）については、（1）才能に開かれたキャリアとしての平等、（2）同じ様な条件の下での平等な機会としての平等が考えられる。（b）の（1）と（2）の違いは、少し分かりにくいが、（2）が公正な機会均等になるよう初期条件を揃えるのに対し、（1）はそうした人為的な調整はしないで、自由競争の帰結に任せるということである。

ロールズは、この2×2＝4の組み合わせを、それぞれ以下のように名付けている。Ⅰ：（a）（1）―（b）（1）＝自然的自由の体系、Ⅱ：（a）（1）―（b）（2）＝自由主義的平等、Ⅲ：（a）（2）―（b）（1）＝自然的貴族制、Ⅳ：（a）（2）―（b）（2）＝民主主義的平等（図版参照）。Ⅰはその名の通り、市場の自律的な働きによって、経済が発展し、全ての人に利益に繋がるという想定の下に、政府の介入を控える、純粋な自由主義経済である。Ⅱは、生まれつきの階級によってスタート地点に差ができないよう、機会均等の条件によってⅠを補正したものである。Ⅲでは、有利な階級に生まれつき、かつ能力のある人がその有利さをフルに利用し、それなりの地位について活躍することは許されるが、その活動によって得られる利益が、彼らだけのものになるのではなく、

		(a) 全ての人の利益になると合理的に期待できる	
		(1) 効率性の原理	(2) 格差原理
(b) 全ての人に平等に開かれた地位や職務に伴う	(1) 才能に開かれたキャリアとしての平等	Ⅰ 自然的自由の体系	Ⅲ 自然的貴族制
	(2) 公正な機会均等としての平等	Ⅱ 自由主義的平等	Ⅳ 民主的平等

最も不利な立場の人にまで拡散するのでなければならない。簡単に言うと、高い身分にはそれに伴う責務がある（noblesse oblige）、という発想である。

　これら三つについて検討を加えたうえでロールズは、いずれも、自然的偶然（能力や才能）と社会的偶然（家族や階級）の影響をできるだけ軽減するという点では、不十分であるとして、Ⅳの民主主義的平等、すなわち、公正な機会均等の条件の下で、格差原理によって利益の分配状態を、最終的に最も不利な立場に立つことになる人にとっても有利なように調整するという考え方が最善である、と結論する。[80]

　これに加えてロールズは、格差原理が、受けるに値しない不平等に対する補償を要求し、自然的な資産の完全平等化を図る補償原理（principle of redress）と同じではなく、生産性をも考慮に入れていることを断わりながらも、後者の要求を部分的に取り入れたものになっていることを強調している。[81]また、格差原理が、市民的友情や連帯、お互いに対する社会的尊敬などを包括する意味での「博愛原理 principle of fraternity」としての性格も持っていることを指摘する。社会の中で最も不利な立場の人の利益にならないような、利益の増大を目指さないからである。そう考えると、フランス革命で掲げられた三つの標語、「自由 liberté」「平等 égalité」「博愛 fraternité」がロールズの正義の二原理に対応していることが分かる――自由→第一原理、平等→第二原理（a）、博愛→第二原理[82]（b）。

6　市民的不服従をめぐって

公民権運動の盛りあがりをうけて

ロールズがアクチュアルな政治的問題を直接論じた論文に、**「市民的不服従の正当化」**（一九六九）がある。

「市民的不服従 civil disobedience」というのは、法律や政府の命令に非暴力的手段で抵抗することを指す。一九世紀の半ばのアメリカで、森の中で自給自足の生活をしたことで知られる作家のヘンリー・デイヴィド・ソロー（一八一七‐六二）が、奴隷制度とメキシコ戦争に反対し、それらの目的のための人頭税の支払いを拒否し、投獄されたことが、その原型とされる。その時の信条を綴ったソローのエッセー**「市民政府への抵抗 Resistance to Civil Government」**（一八四九）が、彼の死後、選集に収録された際、「市民的不服従」と改題されたところから、この名称が定着した。「市民的不服従」の思想は、ガンジー（一八六九―一九六八）や、アメリカの黒人の公民権運動の指導者マーティン・ルーサー・キング牧師（一九二九―六八）に影響を与えたとされている。[83] ロールズが論じているのは、公民権運動における不服従の問題である。

一九五〇年代後半から盛り上がった公民権運動[84]では、バスや食堂、図書館の座席、運動場や海水浴場など、公共の場での人種分離を定めている南部諸州の州法に抗議すべく、白人専用席に座り込む戦術が取られた。そうした「市民的不服従」を、法的・道徳的にどう評価すべきかが、法律家、法学者、倫理学者などの間で活発に議論されるようになった。[85] リベラル系の論客たちの多くは、人種差別を制度化する州法は違憲だと考えたが、（法的手続を経由することなく）個人として抵抗することが許されるかに関しては、意見が分かれるところである。

市民には悪法に従う道徳上の責務があるかというのは、ソクラテス（前四七〇―三九九）が、アテネのポリスの〝悪法〟に敢えて従い、死刑を受け入れて以来、法哲学にとっての最大の問題である。

一九六三年にニューヨーク大学で開かれたシンポジウム「法と哲学」でこの問題が取り上げられた際、ロールズは**「法律上の責務とフェアプレーの義務」**と題した報告を行っている。[86] この中でロールズは「市民的不服従」の問題には直接触れず、「法に従う道徳的責務 moral obligation to obey the law」について一般的に論じている。彼は、それを「フェアプレーの一応の義務 prima facie duty of fair play」[87]の特殊ケースとして扱っている。この場合の**「義務」とは、一定の位置や役割に対して割り当てられるものであるのに対し、「責務」は個人の自発的な行為**――例えば、約束や利益の享受など――**の帰結として生じてくるものである**。

憲法が、市民たちのフェアプレーの枠組みを定めたものだとすれば、その憲法で定められた手続きに従って制定された法に――たとえそれが自分にとって不正であるように思えても――従うことは、憲法を正義に適ったものとして受け容れ、そこから利益を得ている市民たちが、お互いに対して負っている責務であるということになる。憲法の下で制定された法が遵守されなかったら、憲法によって定義される、様々な競合する請求権の間の適切な均衡あるいはバランスが維持されなくなる[88]。その憲法自体が「正義に適っている」か否かは、（功利性原理ではなく）ロールズの正義の二原理を反映した基礎構造を持っているかにかかっている。

このようにロールズは「法律に従う責務」の意味付けに絞って議論したわけだが、これだけでは、「市民的不服従」は許されないような印象が残る。当然、その肝心な点に関して他のシンポジウム参加者からも批判があった[89]。

「無知のヴェール」の導入

それに対して、その三年後の一九六六年にアメリカ政治学会大会で発表され、その後若干の補正を加えて公刊された「市民的不服従の正当化」ではむしろ、「市民的不服従はいかなる条件の下で正当化されるか？」、という逆の問題設定で議論を進めている。彼は先ず、市民的不服従を以下のように性格付けている。

私の考えるところによれば、市民的不服従とは、(勿論完全にとはいわないまでも)適度に正義にかなっている民主政体(a reasonably just democratic regime)においてそれが正当化される場合、通常、多数者の正義感覚に訴えて、異議の申し立てられている措置の再考を促し、反対者達の確固たる意見では社会的協働の諸条件が尊重されていないことを警告するという政治的行為として理解することができる。(90)

このようにロールズは先ず、**市民的不服従を、人々の「正義感覚」に直接訴えかけることで、社会的協働のための諸条件の再考を促す政治的行為としてポジティヴに意味付けする。**そのうえで、**市民的不服従が正当化される条件を、「社会契約論」によって説明することを試みる。**

ホッブズ(一五八八-一六七九)の『リヴァイアサン』(一六五一)に始まってルソー、カントにまで至る「社会契約論」は、国家の存在の正当性と、(国家の主権者の意志の現われとしての)「法」に従う義務が各市民にあることを論証することを試みる政治理論の系譜である。既に見たようにロールズは、論文「公正としての正義」や「分配的正義」で、「社会契約論」の枠組みを、言わば、部分的に復活させる形で、「原初状態」において正義の二原理が採択されるという見通しを示した。「社会契約論」を正義論のために転用したわけである。それに対して、「市民的不服従の正当化」では、「社会契約論」を、その本来の文脈、つまり、法と市民の責務をめぐる議論の文脈で活用することが試みられる。

彼は、「原初状態」にある人々が、**「無知のヴェール the veil of ignorance」**の下に置かれていると仮定したうえで、彼らがどのような法制度を構築するか推論を進めていく。[91]（『正義論』のカギになる）**「無知のヴェール」とは、各人がその社会の中で過去、現在、未来においてどのような地位にあるのか、自然の素質や才能において他者と比べて有利か不利か、どのような利害や選好を持つのかといった情報を一時的に遮断してしまう、仮想の装置である。**それによって各人、どうすれば自分に有利なのかを考慮することなく、偏らない視点から選択をするよう、誘導されると考えられる。

「無知のヴェール」の下で、人々は最初に正義の二原理について合意する。ついで、憲法会議に移行し、正義の原理に見合った憲法を採択する。そして、立法部の役割を引き受け、正義の原理に導かれ、憲法の制約と手続きに従って法律を制定する。憲法会議や立法部の段階では、「無知のヴェール」が部分的に解除され、一定の一般的事実、財政制約や経済政策のために必要な雇用や生産高に関する統計が人々に知らされ、そこからある程度見えてくる当該社会の現実の在り方にふさわしい（と彼らには思われる）憲法や法律が制定されると仮定する。

「無知のヴェール」とは
自他の能力や属性の違いを分からなくする
仮想の装置のこと。

憲法や法律の採択に際しては、可能ないくつかの選択肢の中から、当該社会に最も適したものを選び出すための「政治的手続 political procedures」を定めておく必要があるが、いかなる手続を採用するにしても、結果が正義に適ったものになるという絶対的な保障はない。その意味で、「不完全な正義」の状況にあるわけである。「正義に適った憲法」が制定されても、その下で「正義に反した法律」が制定され、「正義に反した政策」が採択される可能性がある。民主的憲法に人々が合意する際、立法において何らかの多数決原理を採用することを政治的手続の一部として決定すると考えられるが、多数派は意図的に誤った法律を作ることがありうる。

ロールズの「公正としての正義」論からすれば、正義に適った憲法的諸制度があれば、私たちにはそれを支持し、遵守する「自然的義務」があるし、また、その制度の利益を意識的に受けている以上、自分の番が来た時にその役目を果たすべき「政治的責務」がある。したがって、たとえ（原初状態で合意した正義の原理から見て）〝不正な法律〟が制定されたとしても、それが手続的に合憲である以上、私たちはそれに従うべき義務と責務がある。私たち一人一人は、自分の正義感覚と、実際に制定された法律のギャップに起因する苦痛に耐える用意がなければならない(92)。

立憲民主制における「市民的不服従」とは

ただし、それはあくまで民主的権威の判断に服することが求められるということであって、自己の判断をそれに合わせることまで求められるわけではない。多数者の制定した法律が不正義の一定限度を越えたと判断した場合、市民は市民的不服従を考慮しうる。そうした前提の下で、ロールズは、「市民的不服従」を以下のように、立憲民主制の中に位置付ける。

私は、市民的不服従を、通常政府の政策ないし法律に一定の変化をもたらす意図をもってなされる、法に反した公共的非暴力的良心的な行為であると理解するであろう。市民的不服従は、それが市民社会と公益の考え方を規定する道徳的原理によって正当化される行為であるという意味において、政治的行為なのである。したがって、それは個人的利益あるいは集団的利益の追求とはちがって、政治的確信に基づいている。しかも立憲民主制の場合、この確信は、憲法それ自体の基礎にある（例えば社会契約論によって表明されている）正義の考え方を含むものであると仮定することができる。つまり、存立の可能な民主政体の下では正義についての共通の考え方が存在し、その市民はそれを引き合いに出すことによって自分達の政治的な事柄を規制し憲法を解釈するのである。市民的不服従は、反対者がこの正義の考え方によって正当化されていると信じている公共的行為である。それ故、市民的不服従は、異議申し立てのなされている措置の再考を促し、社会的協同の諸条件が尊重されていないと反対者達が本心から考えているることを警告するために、多数者の正義感覚に訴えかけるものとして理解することができるであろう。(93)

憲法の基礎にある「正義の考え方 conception of justice」が市民たちに共有され、それに基づく憲法解釈が行われており、そのさらに根底にある各人の「正義感覚」にも一定の共通性があるという想定の下で、ロールズは、**「市民的不服従」を、法に反しているものの、**（市民たちの社会契約論的な合意によって基礎付けられていると見なすことのできる）**立憲民主制の基本的枠組みから必ずしも逸脱しているわけではなく、むしろ、それを補強する性格を持った「公共的行為 public act」として捉え直そうとする。**単に、自分たちの正義感覚に根拠のない自信を抱き、政治的手続に従って制定された法を一方的に無視するだけの行為であれば、自然的義務と政治的責務の不正な放棄以外の何ものでもない。しかし、「原初状態」において、人々の正義感覚に基づいて正義の二原理に関する合意が成立し、その実現を目的として憲法が制定されたのだとすれば、そうした社会契約上の（仮想の）源泉へといったん立ち返って考え直すよう促すべく、公共的にアピールする政治的行為には一定の正当性がある、という論法だ。

この論法は、共同体の存在目的である最初の合意に立ち返ることで、共同体からの「信託」に反して行為する政府への抵抗権を基礎付けたロック（一六三二―一七〇四）の議論を、個別の法律に対する抵抗というミクロなレベルで応用したものと見ることができる。(94) 両者に共通するのは、**最初の合意が市民たちの間で有効であるならば、政府の決定に対する抵抗が、社会契約自体の無効化に**

「市民的不服従」
→ 制度の安定化に寄与

は繋がらず、むしろその目的実現のためのより良い方向性を目指す契機になる、という逆転の発想である。

「市民的不服従」の三条件

無論、少数派になった当事者の信念だけで、「市民的不服従」として正当化されるわけではない。ロールズは、市民的不服従として正当化されるための三つの条件を挙げている。(95)

① 多数派への通常の政治的訴えかけが誠実に成されているが、それが拒絶されていること

② 不服従の対象が、正義に対する重大かつ明白な違反、しかもそれを矯正することで不正義の残存する部分を除去できるような種類の違反、具体的には、第一原理である平等な諸自由や、第二原理後半の機会の平等の侵害に限定されるべきこと

③ 同程度の不正義に同様に服している他の全ての人たちにも同じ仕方で異議申し立てをする権利があることを反対者たちが進んで認める場合に限定されるべきこと

ロールズの社会契約論理解から見て、③は特に重要である。原初状態での合意に基づく政治的行為として、反対者たちが「市民的不服従」を実行するのだとすれば、同じ立場の人たちの権利も認めるはずだからである。当然、不正で苦しんでいる全ての人が同時に不服従を実行したら、混乱を

生じる恐れはある。その一方で、基本的諸自由の明白な侵害に対して、市民たちが主体的に市民的不服従を行う傾向が広まれば、人々の相互尊重や自尊心が高まり、立憲政体の強固な安定化装置になると考えられる。

ロールズは、**〝(多数派の制定した)法〟の正当性を認めない「市民的不服従」という行為に、「立憲民主制」あるいは「法の支配」を正常に機能せしめるための補正装置としての地位を付与したことで、リベラル派の論客としての立場を明確にすることになった。**言い換えると、法的差別を容認してきた現行の立憲民主制を解体しようとするラディカルな左派、州の自治の名目の下に差別的な州法を正当化しようとする保守派のいずれとも一線を画し、現行の立憲民主制の枠内での制度的努力による差別是正を目指す路線を鮮明にしたわけである。

第2章

「自由」と「平等」の両立をめざして

『正義論』の世界

1 『正義論』はなにをめざしたのか

思想史的な位置づけ

前章では、『正義論』以前の論考においてロールズが取り組んだ諸課題を概観したわけであるが、これらの課題は、『正義論』にも継承されている。というより、それらに対する答えを、相互に整合性があるように、体系的に与えるべく『正義論』が書かれたと言っても過言ではない。それまでのロールズの思索の集大成である。そこで、『正義論』の具体的な中身の検討に入る前に、前章を踏まえて、『正義論』というテクストが、西欧近代思想史においていかなる位置を占めるのか確認しておこう。

先ず倫理学史的には、メタ倫理学から規範倫理学への転換を成し遂げるべく、**「正義」という概念を、ある程度まで実体的に、つまり、個別具体的な問題に即して何が正しく、何が間違っているのか、判定するための指針を与えられるような形で定義することを試みた著作**と言うことができるだろう。

無論、市民たちの「生」の理想像（＝「善」）が共有されていた（と想像できる）アリストテレス（前三八四－三二二）の時代とは違って、価値観やライフスタイルが多様化している現代社会において、誰もが納得できるように「正義」の内実を規定するのは容易なことではない——この点は、後にロールズたちリベラル派とコミュニタリアンの論争の争点になる。何らかの形而上学的な前提に基づいて独断的に「正義」を宣言しても、人々の信頼を得られなければ、意味はない。大多数の人の合意が得られるような「正義」であることを示す必要がある。

そこでロールズは、一九世紀に入ってからほぼ役割を終えていた感のある「社会契約論」の枠組みをもう一度活用する。「無知のヴェール」がかかった「原初状態」において、「正義感覚」を有する人々の間で「正義」の基本原理についての合意が成立し、それに基づいて、「正義に適った」制度が段階的に構築される過程を予測する。この過程を描き出すことを通して、理性的に思考する人であれば、（ロールズが示す）「正義」の原理に合意する可能性が高いことを論証するわけである。

この過程を想像することは、憲法哲学的にも大きな意味がある。それは、**アメリカを始めとする西欧諸国の現存する立憲民主主義の諸制度が、大筋において「正義」に適ったものであることを示すと共に、国家創設＝憲法制定の原点において、「正義」の原理の実現を目指す「合意」があったという推定に繋がる。**その「合意」に遡る形で、「市民的不服従」のような、政治的・法的に取り扱いにくい問題に関して、正／不正の判定をすることも可能になる。

更に言えば、**原初状態にある人々が、「正義」の原理に従って立憲民主主義的な政治を行うことに、それぞれの自由意志で合意すると推定できるとすれば、フランス革命以降、西欧の政治哲学の最大の課題であった、「自由主義」と「民主主義」の原理的な両立という問題の解決にも繋がりう**

る。各人が——他者の権利を侵害しない限り——自らにとっての「善き生き方」を追求できるようにすることを目指す「自由主義」と、みんなで決めたことにみんなで従うことを旨とする「民主主義」は原理的に相いれないところがあり、「自由民主主義」という合成概念は矛盾を含んでいることは、憲法の基本権保護規定によって民主主義的な主権を制約することの必要性を主張したフランスの政治思想家・作家バンジャマン・コンスタン[1]（一七六七—一八三〇）、アメリカの民主主義の可能性と危険をつぶさに観察したフランスの歴史家トクヴィル[2]（一八〇五—五九）、民主主義的決定に服さない「自由」の領域の確立を確立する必要性を訴えたミル[3]などによって、様々な側面から論じられてきた。「原初状態」において、各人が〝自然〟と同じ結論へと導かれ、民主主義的決定の基礎になる「正義」の原理を共有できるとすれば、「自由主義」と「民主主義」の間の緊張はかなり緩和されると期待できる。

功利主義との決別

正義の二原理を核とするロールズの「公正としての正義」は、決して純粋な意味で価値中立的ではなく、一定の基本的価値を重視する内容を持っており、いくつかの既存の社会思想と明らかに対立する。第一に、各人を公正に扱うことに主眼を置く正義論であるがゆえに、ベンサム以来、「最大多数の最大幸福」を〝正義〟の基準として掲げる功利主義と対立する。

功利主義は、各人の価値観や選好の中身に関わりなく、できるだけ多くの人をできるだけ満足させることを目指す、あっさりした思想であるので、厚生経済学や公共政策論などの政策科学と相性がいい。幸福実現のために、効率性を重視するので、経済的効率性の観点から、市場経済を正当化する論拠を提供することもできる――その逆の論拠を提供する可能性もないわけではないが。

しかし、あっさりしすぎているがゆえに、社会的少数派の権利を、多数派の幸福のために犠牲にしてしまう決定を正当化してしまう恐れがある（と少なくとも、反功利主義陣営からは思われている）。これは、自由主義と民主主義の間の矛盾とも重なってくる問題である。ミルは、各人にとっての「効用 utility」という視点から「自由」を守ることの重要性を示そうとしたが、それだと、「効用」と「自由」の究極の二者択一の場面になった時、「自由」を守り切れない恐れがある。[4]

ロールズは、自由に対する各人の平等な権利を保障する第一原理が、社会・経済的不平等に関わる第二原理に優先される形で採択されると主張することで、基本的な「自由」を侵害するような形で、効率性優先の政策が採用される可能性を排除する。その一方で、第二原理に「格差原理」を組み込むことで、社会的弱者の期待便益を結果的に増大させるような、経済成長戦略を追求するための余地を残している。公正さと効率性のバランスに関して、功利主義のオルターナティヴを打ち出したわけである。

ロールズの正義論の最大の特徴とも言うべき格差原理は、社会主義的な平等主義、及び、古典的な自由主義のいずれとも異なる――ある意味、中道的な――ロールズの経済思想の特徴を示している。第二原理は、社会・経済的不平等を容認する原理であり、加えて、（経済活動の自由も含む）個人の自由を保障する第一原理を前提にしていることからして、経済的な平等を最優先する、典型的な社会主義思想と対立する。その一方で、厳密な意味での公正な機会均等と、その社会の中で相対的に最も不遇な人にとって有利な財の分配状況を志向する原理であるので、市場の自生的な調整機能を信頼し、財政政策などによる国家の介入を可能な限り排除しようとする、古典的な自由主義とも対立する。**弱者に優しいけれど、社会主義的な平等とは一線を画している、アメリカのリベラル派のイメージとしっくりくる経済思想だと言える。**

『正義論』は、ロールズが既に示していたこれらの基本的着想を、一貫した論理に貫かれた、壮大な正義の体系として再構成するテクストだと言える。

2 はじまりとしての「原初状態」

社会契約論を発展させて

ロールズは先ず、この本の主題が、**「社会的協働 social cooperation」のための諸「制度」の「基礎構造」[5]がどのようなものであれば「正義」に適ったものと言えるのか、**別の言い方をすれば、**「社会正義 social justice」とは何か、社会契約論の方法によって探究することであるとして[6]、自らの目指すところを明らかにする。**当事者たちが「社会的協働」を安定的に機能させるべく、正義に関する公共的な考え方によって統制される「良く秩序付けられた社会 well-ordered society」(7)を構成し、その枠内で様々な便益の分配についての基本的な取り決めをすることが、議論の大前提になっているわけである。この点で、当事者間の「社会的協働」を大前提とせず、自然状態にある諸個人が自らの自然権を効果的に守るべく試行錯誤し、お互いにとって利益のある権利保護の仕組みを作りあげていく過程を、段階的にシミュレーションする形で議論を進めて行く、リバタリアンのノージック（一九三八－二〇〇二）等とは、出発点が異なっている(8)。

本書の達成目標は、ロック、ルソー、カントに見られるような、社会契約というよく知られた理論を一般化しかつ抽象度を一段と高めた、正義の構想のひとつを提出することに向けられている。そうした目標を達成するためには、原初的な契約を特定の社会に入るためのもの、もしくは特定の統治形態を設立するためのものだと考えるべきではない。むしろ本書を導く理念によれば、社会の基礎構造に関わる正義の諸原理こそが原初的な合意の対象となる。それらは、自分自身の利益を増進しようと努めている自由で合理的な諸個人が平等な初期状態において（自分たちの連合体の根本条件を規定するものとして）受諾すると考えられる原理である。こうした原理がそれ以降のあらゆる合意を統制するものとなる。つまり、これから参入できる社会的協働の種類や設立されうる統治形態を、それらの原理が明確に定めてくれる。正義の諸原理をこのように考える理路を〈公正としての正義〉と呼ぶことにしよう(9)。

伝統的な社会契約論は、国家の存在の正当化と統治形態の選択に重点を置いていたが、ロールズは国家や統治形態の前提になる、「正義」の諸原理が採択される場面に照準を合わせる。すなわち、**「社会的協働」のための枠組みを作ろうとしている人々が一堂に会する状況を想定し、そこで彼らが合意するであろう、最も基本的な「正義」の原理がいかなるものになるかを推測するわけである。**団体を結成したり、共同の事業を始めたりする際の通常の意味での契約において、最初に成立する基本的原理がその後の当事者たちの行為を制約し、具体的な制度設計を方向付け、個別の問題についてどう判断すべきかの基準になるように、**人々が最初に選択する「正義」の原理が、その後の社会の在り方、公共的な生活における人々の関係性を規定することになる。**「正義」の原理は、各人に基本的な権利と義務を割り当て、かつ社会的便益の分割を定める。「社会的正義」の本質が、人民の「合意」に基づいて、社会を統治することだとすれば、全ての合意の核になる最も基本的な考え方を、最初に「原理」として明示するのは、当然のことだろう――「社会的正義」の名の下に、個人の自由を制約すること自体に批判的なハイエクやノージックにとっては、受け入れがたい考え方だろう。

「原初状態」という仮説

問題は、どのような「正義」の原理が採択されるかである。ごく常識的な考え方をすれば、一堂に会した人たちの特徴、価値観、ライフスタイル、習慣などによって、異なった〝正義の原理〟が採用されるという当たりさわりのない話になりそうだが、ロールズはそう考えない。「自由で合理的な諸個人 free and rational persons」が「初期状態」において「平等」な立場で話し合えば、功利主義的な正義でも、社会主義的正義でも、リバタリアン的正義でもなく、ロールズが「公正としての正義」と呼ぶ考え方に対応する、一連の正義の原理が採用されるはずだという。「公正としての正義」は、その意味で普遍性を帯びているのである。

無論、どこにでもいそうな普通の人間をランダムに集めてきて、適当に話し合いをさせれば、自動的に「公正としての正義」が採用されるというわけではない。当事者たちが、個人的・集団的な偏見や非合理的な勘違いなどの不純・撹乱要因に惑わされることなく、またお互いに対して強制したり、不当な圧力をかけることなく、各人に備わっている「合理的」に判断することができる能力を「自由」に働かせることのできる、初期状況を設定する必要がある。それが、ロールズ正義論の核となる「原初状態」である。**「原初状態」は、現実に存在する、あるいは、存在しうる状態としては想定されていない、仮想の状態である。**物理学で、物体の運動法則を考える際に、当該の法則とは関係のない余分な要因が一切働かない、純粋な──現実にはほぼありえない──状態を想定するのと同じ様な意味で、仮想である。

その点で、国家や社会が存在する〝以前〟の人々の状態を、動物や未開人の生活（について西欧の知識人たちが抱いているイメージ）を手がかりとして想像したものである、伝統的な社会契約論の

「自然状態」とは異なる。伝統的な社会契約論における「自然状態」も、必ずしも太古に実在した状態として想定されていたわけではないが、ロールズは、過去を想像的に再現することよりも、**誰から見ても「公正」な仕方で「正義の原理」が選ばれるのにふさわしい状況を描き出すことに力点を置いている。**

〈公正としての正義〉において、伝統的な社会契約説における〈自然状態〉に対応するものが、平等な〈原初状態〉(original position)である。言うまでもなく、この原初状態は、実際の歴史上の事態とか、ましてや文化の原始的な状態とかとして考案されたものではない。ひとつの正義の構想にたどり着くべく特徴づけられた、純粋に仮説的な状況だと了解されている。この状況の本質的特徴のひとつに、誰も社会における自分の境遇、階級上の地位や社会的身分について知らないばかりでなく、もって生まれた資質や能力、知性、体力その他の分配・分布においてどれほどの運・不運をこうむっているかについても知っていないというものがある。さらに、契約当事者たち(parties)は各人の善の構想やおのおのに特有の心理的な性向も知らない、という前提も加えよう。正義の諸原理は〈無知のヴェール〉(veil of ignorance)に覆われた状態のままで選択される。全員が同じような状況におかれており、特定個人の状態を優遇する諸原理を誰も策定できないがゆえに、正義の諸原理が公正な合意もしくは交渉の結果もたらされる。(10)

ここで、論文「分配的正義」や「市民的不服従の正当化」などで、正義の二原理を導き出すための操作的な概念として言及されていた、「原初状態」の輪郭が明らかになったわけである。「原初状態」において、これから社会契約を結ぼうとしている「契約当事者 parties」たちは、個別的な情報から生じる偏見によって不公平＝党派的（partial）な判断をすることがないよう、「無知のヴェール」という情報遮断装置に覆われている。

「無知のヴェール」の役割

「無知のヴェール」の意味は、西欧諸国で裁判の正義の象徴として裁判所などに飾られている、剣と秤を持った「正義の女神」の彫像や絵画が、しばしば目隠しした姿をしている[11]こととのアナロジーで考えれば、分かりやすくなるだろう。目隠しをされ、正義の秤（＝裁判）にかけられているのが、どういう人の訴えか――人格者で通っている人か評判の悪い人か、第一印象のいい人か悪い人か、社会的地位の高い人か低い人か……――分からなくなることによって、女神は、依怙贔屓のない、公平＝非党派的（impartial）な判断をすることができる状態に置かれる。「正義」の判定とは関係ないはずの、偏見を抱かせやすい余計な情報が遮断されることで、裁判官の「公平さ」が担保されるわけである。

「原初状態」とは
不公平で偏った判断をしないよう
「無知のヴェール」に覆われた状態のこと

これと同じ様に、「無知のヴェール」の下にある「契約当事者」たちは、契約を結ぶに際して、余計な情報から遮断され、歪んでいない、公平＝非党派的な判断へと導かれる。異なるのは、遮断される情報が、他人に関するものではなく、判定者＝契約当事者自身のアイデンティティに関わるものであるということだ。それらの情報は大きく分けて、四つに分類される。

①　自分の境遇、階級上の地位や社会的身分
②　もって生まれた資産や能力、知性、体力その他の分配・分布においてどれほどの運・不運をこうむっているか（＝生まれの偶然性に起因する運・不運）
③　善の構想（conceptions of the good）
④　各人に特有の心理的性向

③「善の構想」というのは、ロールズ以降のリベラルな正義論にしばしば登場する概念で、簡単に言うと、各人にとっての「善きことthe good」、分かりやすく言えば、「幸福」あるいは人生の「目的」をどのように設定し、それをいかに追求していくかについての基本的な考え方、ということである。「善の構想」に関しても情報遮断するということは、特定の価値観やライフスタイルを推奨することなく、価値中立的＝公正に、様々な生き方をする人の間の関係を調整し、協働を促進することのできる、「正義」の原理を志向するということである。

「無知のヴェール」によってこれらの情報を遮断されている「契約当事者」たちは、自分や、自分のような立場の人に有利な、偏った＝党派的（partial）な判断をすることができない。逆に言えば、誰の味方もしない、という意味で、「公正 fair」な判断をせざるをえない。そういう状態にある「契約当事者」たちが、「自分自身の利益」の増進を図るべく、協働のための枠組みについて考えるとすれば、それは特定の誰かの利益ではなく、その社会に属する何人にも共通する利益であるはずだ。**「無知のヴェール」は、社会を構成するあらゆる人にとっての利益について「公正」な視点から考え、「フェアプレー」の条件について考えることのできる主体を作り出すのである。**

原初状態という情況（すなわち、全当事者の相互関係が対称性を有していること）が与えられるならば、こうした初期状態は道徳的人格（moral person）であるすべての個人にとって公正なものとなる。ここで道徳的人格というのは、自分自身の諸目的を有しかつ（さらなる想定として）正義の感覚を発揮できる合理的な存在者のことである。原初状態とは適切な〈契約の出発点をなす現状〉（initial status quo）であって、そこで到達された基本合意は公正なものとなる。(12)

この箇所から分かるように、「原初状態」は、自分に固有の諸目的を――「善の構想」に従って――追求しながら、同時に、他者との関係性における「正義感覚」も備えている、合理的な存在者たちが、適正な仕方で討議することが可能になるように設定されている。私たちの多くは、通常、自らの利害関係に囚われているがゆえに、「正義感覚」をストレートに働かせることが難しい。それに対して、自分自身が何を具体的に必要とし、追求している人なのかが、「無知のヴェール」の作用によって分からなくなっている「契約当事者」たちは、それぞれの「正義感覚」を十全に働かせ、（それぞれが独立に自己の目的を追求する）合理的な存在者同士の対等な協働関係を規律するのにふさわしい「正義の原理」を採択できるようになる。

このように、ロールズの「公正としての正義」は、「無知のヴェール」という仮想の情報遮断装置を働かせることで、私たちの「正義感覚」を、「公正さ」という点で極限まで純化させることに主眼を置いている。**様々な「善の構想」（≒価値観）を持っている人々を、（誰かの利益に偏ることなく）「公正」に扱い、対等な立場で協働させるための枠組みを作ることを目指しているわけである。**

3　「正義論」の仮想敵

「目的論」との対決——仮想敵①

「公正としての正義」の実質的内容について詳述する前に、ロールズが、自らが克服すべき論敵として、どのようなタイプの倫理の理論を想定しているか見ておこう。

第一の論敵はやはり功利主義であるが、『正義論』では、功利主義を、**「目的論 teleology」**というより大きな範疇の中に位置付けたうえで、これと「公正としての正義」との基本的考え方の違いを明らかにしている。「目的論」というのは、「目的」として実現すべき「善」を設定したうえで、それを実現できるかどうか、どの程度確実に実現できるかで、行為や制度の「正／不正」を判定する理論ということである。つまり、「正 the right」をめぐる問題に固有の意味はなく、「善 the good」の問題に還元できる、という前提に立っているわけである。簡単に言うと、「目的」が善ければ、「手段」は正当化されるということだ。

肝心なのは、目的論的な理論において、善は正から独立に定義されているという点を銘記することである。これは二つのことを意味する。第一に、どのようなものごとが善いかを見極める私たちのしっかりした諸判断（すなわち、私たちの価値判断）を、常識によって直観的に識別可能な別個独立の集合をなす諸判断として説明し、そのうえで、正とは既定の善を最大化するものであるとの仮説を呈示するのが、その理論の働きだということ。第二に、その理論は、何が正しいか［＝正の基準］に言及せずとも、ものごとの善さを判断するのを可能にしてくれるということ。(13)

「目的論」的な理論は、「目的」である「善」が何であるかによって分類される。「多様な文化様式において人間としての卓越性を実現すること」を目的とするのが、「卓越主義 perfectionism」で、アリストテレスやニーチェ（一八四四―一九〇〇）がその代表である、という。[14] この他、「快楽」を目的とする「快楽主義 hedonism」、「幸福」を目的とする「幸福主義 eudaimonism」などがある。これらは、厳密に区別されるわけではなく、重なり合っている部分がかなりある。人々が「徳」を身に付けることによって到達すべき「最高善」を「幸福 eudaimonia」としているアリストテレスは「幸福主義」に分類することもできるし、「快楽」こそ「幸福」であると考えるエピクロス（前三四一―二七〇）は、いずれにも分類することができる。

「功利主義」、特にベンサムのそれは、「快楽主義」や「幸福主義」と重なっているところがあるが、[15] ロールズによれば、「功利主義」全般は、「合理的な欲求の満足 satisfaction of rational desire」を、更に言えば、その総和の最大化を目指す理論として特徴付けることができる。

ロールズは、目的論である功利主義に内在する問題として、「目的＝善」として設定されていない、個人の自由や権利の保護や、功績や相応の賞罰に関する権利要求が考慮に入れられない可能性を指摘する。 総和主義を取るため、一部の人々が損失を被ることで、残りの人々がそれを上回る大きな満足を得られるとすれば、「目的」は達成されたことになり、それは「正しい」行為、あるいは制度ということになる。

ロールズは、合理的な欲求の満足を目指すことの意義は認めており、「公正としての正義」の中にも取り込んでいるが、**個人間の差異や、それゆえに必要となる「合意」という契機が欠けていることを問題視する。** 功利主義は、合理的な欲求を備えた「ひとりの人間」を想定し、その「ひとりの人間にとっての合理的な選択の原理を全体としての社会にも当てはめ[16]」ようとする。つまり、「すべての人びとが単一の人へと合体・融合（conflate）されてしまう[17]」わけである。そうした抽象的な、標準化された「人間」の満足だけを考えれば、それと大きく異なる欲求を持った諸個人は不幸な状態に追いやられることになる。そうした〝目的〟の肥大化を抑止するには、「善」とは独立の「正」の基準が必要になる。

〈自由と権利とを要求することは正当である〉および〈社会全体の福祉の集計量が増えることは望ましい〉、この二つを原理上［別種］のことがらとして区別し、かつ前者の主張に（無条件の重要性を付与するところまではいかなくても）一定の優先権を認める――このことは、多くの哲学者たちに支持されてきたし、常識が抱く確信によっても裏づけられてきたように思われる。社会のすべてこの構成員は正義もしくは（ある言い回しを借りれば）〈自然権〉に基づいた不可侵なるものを有しており、他の全関係者の福祉［の実現という口実］を持ち出したとしても、これを蹂躙することはできないと考えられている。一部の人びとが自由を失うことと引き換えに、他の人びとが共有する利益がより大きくなるからという理由でもってその事態を正当とすること、これは正義が否定するところである。別個の人びとをあたかも単一の人格であるかのように見なし、人びとの間で利害得失の差引勘定をするような論法はなり立つ余地がない。したがって、正義にかなった社会において基本的な諸自由は当然の［共有されるべき］ものとして認められており、正義によって確保された諸権利は政治的な交渉や社会的な利害計算に従属するものではない。[18]

ここで「正」と「善」の問題に対するロールズの見解が明確になる。**個人の自由や権利に関わる「正」を、社会全体の「目的」としての「善」とは独立に定義し、両者が対立した時は、原則として「正」を優先するというのがロールズの「公正としての正義」の基本的な考え方である**——基本的諸自由に関わる第一原理が、(全体としての)財の分配に関わる第二原理よりも優先されることが予め含意されているわけである。こうした意味での「善」に対する「正」の優位[19]が、ロールズ以降のリベラルな正義論の大前提と見なされるようになり、サンデルなどのコミュニタリアンからの批判の焦点にもなる。[20]

このことはまた、**「公正としての正義」が、各人がそれぞれのやり方で異なる「善」を追求するという前提に立ち、各人の「権利」の相互調整に重きを置いていることを意味する。**「善の構想」が異なっている以上、全員をあたかも「単一の人格」のごとく扱い、彼の合理的な選択を社会全体に拡張する功利主義的な論理ではなく、それぞれ別個独立の目的を追求する「契約当事者」として想定する契約論的な論理を取らざるをえない。[21] これと関連して、契約の内容について各人が承知している、という意味での公共=公示性(publicity)も重要になる。[22] 契約の存在を前提とすることで、各人は(異なった目的を追求する)お互いの振る舞いを予期し、権利を侵害し合うことがないよう調整することができるようになるが、そのためには契約内容が公示されている必要がある。

こうした意味で、「公正としての正義」は、「目的」にのみ照準を当てる「目的論」的な理論ではなく、**「義務論 deontology」的理論の系譜に属する**、という。[23]「義務論」と言うと、一般的には、いつ いかなる状況でも無条件に成立する――その意味で、行為の帰結としての「善」は考慮に入れない（と思われる）――定言命法を核とするカント倫理学のようなものが連想されるが、ロールズは、「公正としての正義」が「義務論」であるというのは、**［正＝善の最大化］と考えないということであって、帰結を一切考慮に入れないで、「行為」や「制度」の「正しさ」を判定するということではない**、と断っている。

「直観主義」との対決――仮想敵②

「契約」という形を取る社会的選択の理論として自らを特徴付ける「公正としての正義」は、目的論的理論だけでなく、**「直観主義 intuitionism」**的な理論とも一線を画する。「直観主義」というのは、文字通り、各人に備わっている「直観 intuition」という能力を起点にする理論である。何らかの論理的な手続きに従って、自らが呈示する道徳原理の正当性を証明するのではなく、「直観」によって直接的に見出される「善」や「正義」こそが、道徳の究極の基礎だと考えるわけである。

英米圏では、一八世紀以降、人間本性に根ざした自然道徳の存在を否定し、法による強制しかないという立場を取ったホッブズに対抗する形で、各人には自らが従うべき道徳原理を自発的に発見する能力が生まれつき備わっていると主張する直観主義的な理論の系譜が形成された。道徳的「直観」が理性に属するとする、ケンブリッジ・プラトン学派のカドワース（一六一七―八八）に代表される理性的直観主義と、美的感覚とのアナロジーで道徳感覚（moral sense）の存在を主張したシャフツベリー（一六七一―一七一三）に始まる道徳感覚論の二つの流れがある。[24] 一般的な思想史理解では、「直観」によって見出された道徳原理や価値を、他の何かによって証明する必要性を認めない「直観主義」は、人間の欲求の集計・計算に基づいて「善」を合理的に確定しようとする功利主義とは対立する関係にあると見なされている。「直観主義」を克服すべく、功利主義が台頭してきたと見ることとさえできる。英米圏では、「義務論」も「直観主義」を洗練したものと見なされることが少なくない。[25]

各人に「正義感覚」が備わっていることを想定している点で、ロールズの議論は、「直観主義」と取られやすい。しかも既に述べたように、彼は、功利主義との対立関係を鮮明にしたうえで、自らの立場が「義務論」の側に属することを表明しているわけであるから、尚更、そう取られがちである。実際、『正義論』の刊行以降、この著作を直観主義的に解釈した論者は少なくない。[26]「公正としての正義」が、安易に「直観主義」と同一視されることがないよう、後者をはっきりと定義したうえで、違いをはっきりさせておく必要があるわけである。

論理的な証明の限界を超えた「直観」に依拠する直観主義においては、当然のことながら、各人の「直観」が異なれば、異なった理論が出来上がり、いずれが正しいか決める決め手がなくなる。

この点からロールズは、「直観主義」を、諸原理の多元性を許容するという側面から捉え直そうとする。

すなわち直観主義とは、これ以上減らせない複数の第一原理の一群が存在しており、そのための比較考量を行わざるをえないと説くものであって、第一原理群を互いにどう釣り合わせれば（私たちの熟考された判断において）最も正義にかなうのかを自問する学説であると考えよう。一般性の度合いをなお高めていくと、直観主義の主張は〈競合する正義の諸原理のおのおのに適正な重要度を割り振るための、より高次の建設的・構成的な諸基準（constructive criteria）は存在しない〉というものとなる。道徳に関わる諸事実の複雑さゆえに、数多くの原理が別個に必要となるのだが、それらの原理を説明したりそれぞれの相対的重要性を割り当てたりする単一の基準は存在しない。[27]

ロールズは、「直観」に由来する道徳原理を想定すること自体を否定しているわけではないし、複数の「直観」主義的な原理が併存することを否定的に見ているわけでもない。あらゆる倫理観は、多かれ少なかれある程度まで「直観」に依拠せざるをえない。[28] 問題なのは、**直観主義的な原理同士が衝突した場合、どの原理を優先するのか、優先順位が付けられないこと、そして、複数の原理を考慮に入れる必要がある場合に、ウェイト付けすることができないことである。**

常識的な直観主義であれば、ケースごとに異なる直観主義原理を適用し、対立が生じた時には妥協を図るだろう。しかしそれだと、その妥協は、関係者たちの利害関係や、それまでの慣習や将来に対する予測などに影響されることになると思われる。それでは、正義に適った結論として、全ての関係者に受け容れられることはないだろう。

この点は、シジウィックが**『倫理学の諸方法』**（一八七四）で既に指摘しているところである。シジウィックは、私たちの道徳的思考の基礎となる抽象的な諸公理の把握を助けるものとして、「直観」をポジティヴに位置付けている。そのうえで、直観主義的な諸原理を相互に調整し、体系化するには、「普遍的善 Universal Good」としての「幸福」を最大化することを目指す「功利主義」の立場を取るしかない、と示唆している。[29]

ロールズは、直観主義の多元性を、単一の原理へと収斂させることができる点が功利主義の強みであることは認めるものの、功利主義だと先に見たような問題が生じるので、**「公正としての正義」によって、「優先順位」を付けるのが適切であるという立場を取る。**優先順位の問題について詳しくは後で見ることにするが、ここでは、「原初状態」における正義の原理の選択に際して、その「優先順位」も同時に決められるであろう、とロールズが示唆していることだけ確認しておこう。社会を構成する人々の道徳的直観が一致していると前提することはできないので、「契約当事者」たちは、合理的理由に基づいて、それぞれの原理を採択することになるが、それらの理由を比較考慮することによって、原理相互のウェイト付けをし、相互に衝突する場合の優先順位についてのルールも採択すると考えられる。ロールズは、そうした優先付けのルールのことを「辞書式の順序 lexical order」と呼んでいる。辞書がアルファベット順に並んでいるように、第一原理を満たした後で、第二原理を作動させ、第二原理を満たした後で第三原理を作動させ、……という風に、優先的に充足されるべき原理を決めておくわけである。[30]

ロールズに言わせれば、功利主義のように、単一原理としての「功利性」にだけに照準を合わせるやり方よりも、「平等な自由」を第一原理に位置付け、その他の原理を辞書式に順序付ける「公正としての正義」の方が、異なる（直観主義的な）原理を抱く人々の意見が対立し、裁定が求められている個別具体的な問題への解決の指針を与えやすい。

4　あらためて正義の二原理とは

「正義の原理」の定式化

『正義論』の第一一節でロールズは、「原初状態」で合意されるであろう正義の二原理を、以下のような暫定的な形で示している。[31]

第一原理　各人は、平等な基本的諸自由の最も広範な制度枠組み（the most extensive scheme）に対する対等な権利を保持すべきである。ただし最も広範な枠組みといっても他の人びとの諸自由の同様［に広範］な制度枠組みと両立可能なものでなければならない。
社会的・経済的不平等は、次の二条件を充たすように編成されなければならない
——（a）そうした不平等が各人の利益になると無理なく予期しうること、かつ
（b）全員に開かれている地位や職務に付随するものであること。

第二原理

第一原理は、論文「公正としての正義」や「憲法上の自由と正義の概念」で呈示されていた内容とさほど変わらないように見えるが、ここではそれが改めて、**「無知のヴェール」がかかった「原初状態」において「合意」されるであろう、最優先されるべき原理の候補として呈示されている**わけである。平等な基本的自由を保障する第一原理と、経済的不平等の範囲を限定する第二原理は異なった部門を管轄し、前者が後者よりも優先されることをはっきりさせるため、ロールズは、保障されるべき「基本的諸自由」の内で特に重要なものの具体的なリストを示している。

①「政治的自由」（投票権や公職就任権）
②「言論及び集会の自由」
③「良心の自由」と「思想の自由」
④心理的圧迫と身体への暴行からの自由を含む「人身の自由」

⑤「個人的財産を保有する権利」
⑥ 法の支配の概念によって規定される「恣意的な逮捕・押収からの自由」

「憲法上の自由と正義の概念」で挙げられていたのは、「人身の自由、良心の自由、思想の自由、移転の自由、政治的自由、機会の平等」であった。この二つのリストを比較すると、第二原理との関係が強いと思われる「機会の平等」を外して、代わりに、⑤を入れていることが注目に値する。⑤は一見、経済的平等／不平等に関わるように思われるが、よく見ると、これは「個人的財産を保有する権利」であって、経済的自由とか経済的平等の権利ではない。「私的財産」を保有できるからといって、例えば、生産手段が私有していい財産かどうか分からないし、「契約の自由」の名の下での自由放任が認められるかどうかも分からない[32]。私有財産を保持する権利自体は、基本的自由の一つとして認めたうえで、その私有が許される財産の中身や使い方については、第二原理による調整の余地を残しているわけである[33]。

こうした意味で、**第一原理は、「自由」一般に対する平等な権利というよりは、特に重要なものとしてリストアップされる「基本的諸自由 basic liberties」に対する平等な権利を保障するものであると見ることができる**[34]。第一原理は第二原理に対して辞書的に優先されるので、それぞれの「基本的自由」は、他の「基本的自由」によってしか制限されない。経済的・社会的利益が増大するからといって、基本的自由が制限することが許されるわけではない。

二つの原理による分配の対象となる「財 goods」をロールズは、**「基本財 primary goods」**と呼んでいる。[35] **「基本財」とは、人の合理的人生計画において、いずれにしても必要されるであろうと考えられる「財」である。** 各人が、それぞれの「善 the good」を追求するのに不可欠な「財」とも言える。これらの「財」の内には、健康、体力、知能、想像力のように、人間の自然本性に由来するがゆえに、社会の基礎構造の直接的な統制の下に置かれないものもある。社会的再分配の直接の対象になるものとしては、自由、権利、機会、所得、富などが考えられる。これらの内、権利と自由は第一原理に従って、完全に平等に各人に割り当て、社会的・経済的便益に対応する「基本財」は第二原理に従って、基本は平等であるが、（a）（b）二つの条件の下に一定の不平等を許容する形で分配されることになる。

第二原理については、具体的にどのような状態を目指しているのか曖昧なところがあるので、第一二節と一三節で、論文「分配的正義」と「分配的正義——若干の補遺」での方式に準じて、（a）（b）それぞれに対する二通りの解釈を示している。（a）については、（1）効率性の原理（2）格差原理、（b）については、（1）才能に開かれたキャリアとしての平等（2）公正な機会均等としての平等、が考えられる。これらを組み合わせると、（a）（1）―（b）（1）＝自然的自由の体系、（a）（1）―（b）（2）＝自由主義的平等、（a）（2）―（b）（1）＝自然的貴族制、（a）（2）―（b）（2）＝民主的平等の四つのパターンが得られる。ロールズはこれらを、それぞれ、社会的・自然的偶然性をどれだけ除去できるか、それらに起因する不確定要因をどれだけ制御できるかといった観点から検討し、「民主的平等」が最も「公正」であると結論付けている（七二頁図版参照）。

そのうえで、ロールズは第二原理を以下のように再定式化する。

社会的・経済的な不平等は次の二条件を充たすように編成されなければならない――（a）そうした不平等が最も不遇な人びとの期待便益を最大に高めること、かつ（b）公正な機会均等という条件のもとで全員に開かれている職務や地位に付随する［ものだけに不平等をとどめるべき］こと。[36]

問題は、「無知のヴェール」がかかった「原初状態」において、他の原理ではなく、二原理を核とする「公正としての正義」が選択されるとどうして言えるのかである。第二六節では、二原理に至る過程が推論されている。

正義の原理が採用される根拠

先に述べたように、「無知のヴェール」の下にある人たちは、自分自身の有利／不利に関する情報は知らない。加えて、自分が属する社会の現在の政治・経済情勢や文化的特性も知らない。しかし、自分たちの社会が、お互いの立場を有利にするために協力し合うことが可能であり、かつ、それが必要でもある「正義の状況 circumstances of justice」に置かれていることは知っている。また、社会組織や人間の心理についての基本法則も理解しており、かつ、自己の「善の構想」に関心を集中しているので、他者に対して不必要な関心や感情を抱くことなく、合理的に判断することができる。(37)「無知のヴェール」の下にある契約当事者の各々は、〝自分〟に有利になる基本財の分配のための方式を選ぶことはできない。〝自分〟が他のメンバーと比べてどういう属性を持っているか分からなくなっているからである。しかし、〝自分〟以外の他のメンバーも同じ状況にあることは分かっている。そこで彼らは先ず、基本財の平等な分配を要求する、暫定的な原理に合意すると考えられる。この原理は、全員に対する基本的諸自由の平等、公正な機会均等、所得や富の平等な分割を含意するものである。これが、出発点になる。

次に契約当事者たちは、その社会にとっての経済的効率性や、組織や技術上の必要性について考える。所得や富に不平等があり、かつ権限や責任の程度に差があることによって、先ほど平等という視点から選んだ基準点よりも、全員の暮らし向きが善くなることが期待できるのであれば、不平等を容認する可能性がある。その場合、出発点となった「平等」の一部を取り崩すことになるので、相対的に最も不遇な立場に立つことになる人——契約当事者たちには、誰がその人になるか分からないわけだが——に、潜在的な拒否権のようなものを与えられるべきではないかと考えられる。そこで、仮に自分がその立場に立ったとしても納得できるよう、不平等が、最も不遇な人々の期待便益を最大に高めることを条件とする、「格差原理」という考え方が浮上してくる。「無知のヴェール」の下では、最も不遇な人々の視点に立つことが〝自然〟になるわけである。

それと連動して問題になるのは、不平等配分の対象にしてはならない基本財はあるのか、あるとすれば、どのような性質のものかである。ロールズは、契約当事者たちが、自分たちそれぞれが、人身の不可侵性(integrity of the person)や宗教などに関連して、いくつかの「基底的な利害関心 fundamental interests」を有する自由人であることを――それらの利益がどんな特定の形態のものであるかは知らなくても――知っていると仮定する。彼らは、それらの利益を高めることのできる権利が、基礎構造によって与えられることを望むであろう。しかしその一方で、それらの利害関心の複合体としての自らの最終目的(final ends)を組み替えたり、変更したりする自由を確保することを最優先したいと思うだろう。そうだとすると、それらの「基底的な利害関心」を各人が自らのやり方で追求するための「基本的諸自由」は、経済的な利益とトレードオフされることなく、各人に対して厳密に平等に配分されるべき基本財として切り分けられるべき、ということになる。[38]

「マクシミン・ルール」の採用

こうして、効用原理よりも、それに条件を付ける第二原理が優先され、第二原理よりも第一原理が優先される、という優先順序が決まってくると考える。このように想定される、契約当事者たちの選択のシミュレーションをより説得力のあるものにするために、ロールズは、ゲーム理論や(意思)決定理論で**「マクシミン・ルール maximin rule」**[39]と呼ばれている基準を引き合いに出す。

〈maximin〉とは、ラテン語の〈maximum minimorum〉の略で、文字通りには「最も小さいものの最大値」という意味である。**それぞれの選択肢を選んだ場合の結果の予想が複数ある場合、「最善の結果」や「結果の平均値」を比べるのではなく、「最悪の結果」が最もましなものを選ぶ、ということである。**

ロールズは以下のような例を出している。三つの選択肢があって、それぞれの選択肢ごとに利得損失の三つの可能性がある。単位は一〇〇ドルとする。選択肢Ⅰを取った場合、[-7　8　12]、Ⅱの場合、[-8　7　14]、Ⅲの場合、[5　6　8]。最善の場合を比べれば、一四〇〇ドル獲得できる可能性のあるⅡを選ぶべきであるが、マクシミン・ルールで選べば、Ⅲである。[40] 最悪の結果が出た場合のことを考えて、その最悪の可能性をなるべく小さくしようという視点から選択するわけである（図版参照）。

ロールズによれば、「マクシミン・ルール」を採用することが適切と思われる条件は、以下の三つである。①各選択肢を選んだ場合にどうなるかの見込みについての知識が不確かな状況であること、②選択しようとしている人が、マクシミン・ルールに従った場合に得られる最小の取り分以上のものにほとんど関心を持っていないこと、③拒否される選択対象は、人がほとんど受け入れることのできない性質を持っていること。

この三つの条件を、「原初状態」は充たしていると考えられる。何故なら、先ず、「無知のヴェール」の下では、見込みに関する知識が全て排除されているので、確率計算のための基礎を持たない。

Ⅰ		-7	8	12
Ⅱ		-8	7	⑭ ← 最高値
Ⅲ		⑤	6	8

単位：100ドル

↑ マクシミン・ルールの注目点

第二に、原初状態にある契約当事者たちは、正義の二原理によって確保される最小分をリスクに晒してまで、より大きな経済的・社会的有利性を確保しようとする願望は持たないと考えられる。そして第三に、正義の二原理ではなく、（それに代わる有力な選択肢と思われる）効用性原理を選択した場合、より大きな社会的便益のために、自由の相当な侵害をもたらす可能性がある。場合によっては、奴隷や農奴が正当化されることさえあるかもしれない[41]。

そういうわけで、契約当事者たちは、マクシミン・ルールに準じた思考[42]をし、最終的に、正義の二原理を選ぶと考えられる。

5　「反省的均衡」とはなにか

修正を重ねることによって

ロールズは、「原初状態」において選択される正義の二原理を核とする「公正としての正義」は、現実の社会に生きていて一定の常識的な思考を身に付けている私たちの「正義感覚」を的確に表わしている、と主張する。当然のことながら、ロールズの想定する「原初状態」はかなり特殊な「初期状態」なので、そこで採択される原理が、私たちの「正義感覚」と一致するとどうして言い切れるのか、という疑問が出てくる。そこで彼は、そのことを検証する以下のやり方を提案する。

先ず、「初期状態」に、「無知のヴェール」や「マクシミン・ルール」に相当するような、強い条件をいきなり設定するのではなく、ほとんどの人が共有していそうな弱い条件だけ設定してみる。その条件の下で、当事者全員が合意できる一定の正義の原理が導き出せそうかシミュレーションしてみる。ダメなら、合理性のあるより強い前提を設定し、一応の原理が導き出せるようにしてみる。そして、その原理が、私たちの「熟慮を経た判断 considered judgments」、つまり、動揺していたり混乱していたりすることなく、十分に落ち着いた状況でじっくり考え抜いた判断と、一致するかどうか確認する。齟齬があれば、原理か、私たちの判断のいずれか、もしくは双方に問題があるのではないかと反省し、あれば必要な修正を加える。そうやって相互修正を重ねることで、次第に両者が収斂していき、最終的に一致する状態を、ロールズは**「反省的均衡 reflective equilibrium」**と呼ぶ(43)。

このように説明すると、いかにも抽象的に聞こえるが、これはある意味、私たちの多くが日常的に行っていることである。公的な会議で物事を決める時に、私たちは先ず、自分たちの正義感覚を反映すると思われる一般的原則を一応決めて（＝初期状態での選択）、それを、想定される具体的なケースに適応した際に考えられる帰結の是非を検討する（＝熟慮を経た判断）。齟齬がある場合、原則と、個別ケースでの価値判断のいずれに問題があるか再考し、適宜修正し、再度、原理を定式化し、再び、個別ケースに当てはめてみる。それを何度か繰り返し、納得できる結論に到達する。

こうした日常的なプロセスと異なるのは、「原理」を定式化するのは、私たち自身ではなく、初期状態にあり、私たちの「正義感覚」に対応していると思われる一定の合理性を――初期状態の条件を設定する理論家としての〝私たち〟によって――付与されている「契約当事者」たちであることだ。「反省」の結果、定式化された原理に問題があると判明すれば、「契約当事者」たちの判断を条件付ける「初期状態」の設定に更に変更を加えることになる(44)。

> 「反省的均衡」とは
> 理論と実践的反省を往復することで
> 到達したベターな状態のこと

このような概念操作を繰り返すことで、「反省的均衡」に到達した、と仮定してみよう。その時点で、私たちの――何度か修正され、不公正に繋がる偶然的な要素をかなりそぎ落とされた――「熟慮を経た判断」によって承認される「正義の原理」は、その判断の根底にある私たちの「正義感覚」を的確に描き出していると見ることができるのではないか。ロールズは、そう考えるわけである。

ロールズによれば、個別具体的なケースでの私たちの道徳的判断に潜在する「正義感覚」を的確に描き出す「正義の原理」を発見するこのプロセスは、私たちが自らの母国語について持っている文法性（grammaticalness）の感覚を的確に描き出す文法理論を見つけ出すプロセスに似ている[45]。ゼロから文法理論を構築するとすれば、私たちの多くの文法性の感覚の根底にあるように思える暫定的な法則を定式化したうえで、それに基づいて例文を作ってみて、その文が私たちの文法感覚に実際に合っているか確かめる。適合しなければ、法則をより厳密なものにするか、個別の文に対する自分の文法的判断に曖昧なところ、不規則的なところがないか反省する。そうやって、私たちの文法性の感覚と合致する文法理論を構成しているわけである[46]。それと同じ様に、私たちの「正義感覚」に対応する正義の原理に、「反省的均衡」という形で到達することができるかもしれない。

無論、ロールズが「反省的均衡」という言葉で意味していることが、そうした、ある意味、〝常識〟的な考え方であるとしても、まだ疑問は残る。母語の文法性に対する感覚がネイティヴ・スピーカーのほとんどに共有されており、各人が日常的に行っている文法判断を、各種の文法テストによって顕在化・厳密化し、大多数の大人が納得できる文法規則を定式化するのが可能だということは、経験的な研究を積み重ねることで確認できる。私たちが学校で学ぶ文法は、実際そうした手順を経て確立されたものである。しかし、それと同じ様に、「正義」の〝文法〟を確立することはできそうにない。

暫定的な正義の条件として

既に見たように、論文「正義感覚」でロールズは、ピアジェなどの発達心理学の議論を取り入れている。『正義論』の第八章（六九―七七節）「正義感覚」でも、ローレンス・コールバーグ（一九二七-八七）の道徳性発達理論等を参照しながら、「公正としての正義」をベースとする「良く秩序付けられた社会」が、人々の正義感覚や道徳感情に支えられて安定化するであろうことが示唆されている[47]――これについては、また後で説明する。ただし、これらの道徳心理学が明らかにしているのは、あくまで道徳的発達に一定の傾向性が見られているということであって、道徳もしくは正義の〝文法〟が発見される可能性を示しているわけではない。「正義感覚」が言語の文法性の感覚ほどはっきりした形で共有されていないとすれば、初期状況で選択される原理と、「熟慮を経た判断」の間の往復が、「反省的均衡」へと収斂していくと、明言することはできない。収斂しているように見えたとしても、実は、とにかく〝結論〟を得ようとするあまり、様々な誘導や妥協が行われているだけのことかもしれない。仮に収斂するとしても、均衡点は一つだけかどうか分からない。

こうした疑問を完全に払拭することはできない。ロールズもそのことは認めている[48]。彼は、そこにメタ理論的に拘り続けるのではなく、**初期状態の設定次第で選ばれる可能性のある、他の〝正義の原理〟の候補と、「原初状態」で選ばれる正義の二原理を比較対照することで、後者の方が「反省的均衡」に到達する見込みが大きいことを、（読者であり、現実社会に生きている）「私たち」に対して示すことができれば、当面はそれで良しとする現実的な戦略を取る**[49]。

言うまでもないことだが、初期状況次第で契約当事者に選ばれる可能性がある、正義の原理はどれだけありうるか分からないし、それらをどのように分類して比較すべきかも定かでない。ロールズは暫定的な措置として、伝統的な道徳哲学において想定されてきた諸原理を、彼なりに類型化したうえで、比較の対象として設定する。直観主義的構想や古典的な目的論的概念（古典的効用原理、平均効用原理、卓越性原理）などである。そのうえで、（「公正としての正義」に適合する）「原初状態」にある契約当事者たちに、「正義の二原理」と、他の正義の原理の構想の内の一つを、二者択一の選択肢として示した場合、どちらが選ばれるかシミュレーションするという作業を繰り返し、全てのケースで、前者が選ばれることが分かれば、「公正としての正義」が正当化されたと見なすことができるのではないかと示唆している――これが、最初から「公正としての正義」に有利になる、〝フェア〟ではない論証であることはロールズ自身も認めている[50]。

この意味での〝比較〟のために彼は、「原初状態」で契約当事者たちの考慮の対象となりうる「正義」の構想が満たすべき形式的条件として、以下の五点を挙げている[51]。

①特定の誰かを前提にしているのではない、という意味での「一般性 generality」
②あらゆる人に適用されるという意味での「普遍性 universality」
③あらゆる人に広く知れ渡り、受容されているという意味での「公示性 publicity」
④対立する諸要求に優先順位を付けることのできるという意味での「推移性 transitivity」
⑤それ以上争う余地がない最終的結論である、という意味での「最終性 finality」

これらの条件を前提にした場合、伝統的な道徳哲学の諸原理がただちに排除されるわけではないが、少なくとも、あらゆる人を自分の私益に奉仕させようとする独裁や、他人にだけ正しい行為を要求するフリーライド、各人がやりたいように自己の利益を求めるのを許すこと等を含意する「エゴイスティックな構想」は、最初に考察の対象から外すことができる。また、既に見たように、直観的な諸原理の多元性を許容してしまう直観主義的構想は、辞書的優先順位を持つ「公正としての正義」と比べて、推移性の点で劣るのは明らかである。特定の優れた能力を発展させることを目指す卓越性原理は、その能力を、初期状況において決定することが困難なので、①〜⑤のいずれもはっきりした形で充足させられそうにない。卓越性は、文化、芸術、科学の価値を評価するうえでは重要な基準だが、社会の基礎構造を規定する「正義」の原理としてはふさわしくない。

「平均効用原理」との対決

①〜⑤において、「公正としての正義」の有力なライバルになるのは、功利主義の原理である。効用を享受する単位としての各個人を恣意的に差別することなく、社会の共通の目的として「効用」の最大化をはっきりと掲げ、そのために社会を組織化しようとする功利主義は、①〜⑤を満たしているように思える。

中でも、手ごわいのは、社会全体ではなく、一人当たりの平均効用を最大化することを目指す、「平均効用原理」である。総効用の最大化を求める古典的効用原理と、平均効用原理の違いは、人口増加の問題を考えると鮮明になる。総効用の最大化の場合、例えば、人口が三倍になり、平均効用が半分になったとすると、総効用は一・五倍になるので、以前より状態が改善されたことになる。個人にとっての善ではなく、全体にとっての善を目的とするからである。個人を基準に考える平均効用原理では、そうした不都合は生じない。

「原初状態」にあって、「無知のヴェール」による情報遮断のため、自分が社会の中でどのような人になるか分からない契約当事者が、「マクシミン・ルール」に従って考えるとすれば、平均効用原理よりも、正義の二原理の方が有利になりそうだが、彼らがリスク回避性向を持たず、確率計算に基づいて各人の期待効用の最大化を図ろうとし、平均効用原理に至る可能性を排除し切ることはできない(52)。

平均効用原理に対する、正義の二原理の優位を最終的に証明するために、ロールズは、形式的条件の内、⑤の「最終性」と③の「公示性」に注意を向ける。先ず、⑤ゆえに、「契約当事者」たちは、「コミットメントの緊張 strains of commitment」を負わされているという[53]。この場合の「コミットメント」というのは、合意した内容にその後の行為が縛られるということである。通常の契約であれば、縛られる時期も範囲も限定的だが、正義の原理に対する合意は、社会の基礎構造を「最終的」に規定し、当事者たちを恒久的に拘束し続けることになる。その帰結が耐えがたいものであることが、「無知のヴェール」が解除された後で判明しても、もはや合意を取り消すことはできない。その合意を忠実に守り続けることが困難になるかもしれない。そういうことが分かっていれば、当事者たちは、耐えがたい事態も起こりうることを承知で危険な賭けをするとは考えられない。

③の「公示性」は、「心理的な安定性 psychological stability」という問題と関わっている[54]。社会の基礎構造が、それを統制する原理を充たしていることが公共的に承認されていれば、人々の間で正義感覚が培われ、その制度の下で自分の役割を積極的に果たそうとするようになると考えられる。それによって、その正義の構想は安定する。

しかし、効用原理が充たされたとしても、全員が便益を受けるという保障はない。総効用あるいは平均効用の向上のために、自らが本来得られるはずの利益も差し控えるよう求められる人さえいるかもしれない。当然、そういう人たちは、不満を持つ。人々が、自分自身の利害を超えて、社会全体の「共通善 common good」の実現に関心を向けるように仕向けない限り、社会は安定しそうにないが、それは至難の業である。

その点、正義の二原理の下では、**基本的な諸自由が保障され、格差原理が定義する意味で、全ての人が社会的協働から便益を受けることができるので、各人が制度を支えようと動機付けられやすい。**更に言えば、正義の二原理に基づく構想は、**各人がそれぞれの善の構想を追求することを前提として、それに対する支援を提供するので、各人は、自分の人生計画が社会から敬意を払われていると感じ、「自尊 self-respect」を培うことができる。**自尊と、相互尊重によって、社会は安定化する。

他者を全体の効用を増大させるための手段として利用することなく、お互いを各自固有の善を追求することのできる合理的主体（道徳的人格）として尊重し合うことを含意する、正義の二原理は、「人々を目的それ自体として扱い、決して単に手段としてのみ扱ってはならない」というカントの定言命法の第二定式[55]に一致していると見ることができる。[56]ロールズは、対等な道徳的人格である契約当事者たちが、（自分だけに有利な判断材料から遮断されている）「原初状態」で到達する正義の原理に従って、各人を扱うことこそが、人々を「目的」として扱うことではないかと示唆する。

6　正義の制度化をめぐって

四段階のプロセス

『正義論』は三部構成である――第一部「理論」（一～三章、一～三〇節）、第二部「制度」（四～六章、三一～五九節）、第三部「諸目的」（七～九章、六〇～八七節）。この章でここまで説明してきたのは、「正義の二原理」の正当化をめぐる基礎理論的な問題を扱う第一部である。第二部では、「無知のヴェール」の下で選択された正義の二原理を、どのように制度化するかが論じられる。

既に見たように、論文「市民的不服従の正当化」でロールズは、［正義の二原理→憲法→立法］、という正義に適った制度の段階構造を示唆していたが、三一節では、「無知のヴェール」の下での選択との関係を考慮に入れて議論を洗練し、四段階構造へと修正している。[57]

先ず、「原初状態」で正義の原理を選択した「当事者」たちは、憲法制定会議へと移行し、正義に適う政治形態はいかなるものかについて意思決定し、憲法を採択する。憲法は、第一原理によって保障される良心及び思想の自由、人身の自由、平等な政治的権利を具体的に保護するためのシステムを構築し、政治的見解の多様性に対応する政治決定手続きを規定する。理想としては、不正な立法を一切許さない憲法が採択されてしかるべきだが、現実的には、実行可能（feasible）な政治的手続にそれを保障できるものはない。「不完全な手続的正義」の図式にならざるをえない。しかし、その社会に生きる人々が抱きそうな考え方や、環境によって、どのような政治的手続が有効かが異なってくる。そのため、「無知のヴェール」が一部引き上げられ、「当事者」たちは、自分自身の社会的地位、生来の資質、善の構想などは知らないが、その社会についての一般的事実、自然環境や資源、経済発展の水準、政治文化等については知っている状態になる。

その次の段階では、立法会議によって個別の法律が制定される。憲法制定会議の段階では、第一原理が考慮の中心に置かれたのに対し、この段階では、第二原理が重要な役割を演ずることになる。公正な機会均等という条件の下で、最も不利な立場にいる人の長期的期待を最大化することが、社会・経済政策の目標として掲げられ、そのための法律が整備されることになる。そのために、「無知のヴェール」は更に引き上げられ、第二原理の充足基準に関わる社会的・経済的事実が明らかになる。憲法制定会議が立法会議に先行することが、第一原理が第二原理に優先することに対応している。

最後の段階は、裁判官や行政官による個別事例へのルールの適用と、市民一般によるルールの遵守である。この段階で、ルールの体系全体が採択されたことになるわけだから、「無知のヴェール」による知識の制約はなくなる。このように、「無知のヴェール」の制約を段階的に緩くしていくことで、仮想の状況で選ばれた「正義の原理」が、現実の社会をより正義に適ったものにできるよう工夫しているわけである。

「政治的自由の価値」の重要性

第三六節と三七節では、第一原理によって保障される「平等な政治的自由」と、四段階構造を機能させる政治的手続の関係について詳細に検討されている。特に、「政治的自由の価値」の問題に力を入れている。

ロールズは、平等な権利として保障される「自由」それ自体と、その「自由」の各人にとっての「価値 worth」を区別する。[58] 簡単に言うと、**権利として保障されているということと、それを使って自分が目指すものをどれだけ獲得・実現できるかどうかは、別問題だということだ。** 権利として平等に保障されていても、貧困や知識の不足のために、その権利を十分に活用できない人がいるとすれば、その人にとっての「自由の価値」は、他の人より低いことになる。そうした「自由の価値」の低さは、基本的には「格差原理」で補償されることになるが、政治的手続の在り方を左右する「平等な政治的自由」に関しては、特別な扱いが必要になる。

「正義の二原理」を起点として構成される立憲民主制の社会では、当然、一人一票の原則や公職への平等なアクセス、言論及び集会の自由、政治結社の自由などが保障されると考える。また、全ての人が公共の広場を利用でき、政治的問題について知らされる必要もあるだろう。しかし、そうした平等な権利が保障されても、一部の人は各種の私的手段、資金力や権力によって公共の討論の成り行きをコントロールできるかもしれない。そうなると、そうした手段を持たない人たちは、平等な政治的自由の「価値」の大半を失うことになる。

そこで、政治的諸自由の公正な価値を保つために、補償的な措置が講じられる必要がある。例えば、自由な公共討論を促すため、一定の基礎に基づいて政府から人々に財を分配するとか、政党に一定の資金を提供し、彼らの活動が経済的利害から独立に為されるのを可能にすることなどが考えられる。要は、「公共善」に照らして論じられることがない、隠れた要求によって、政治が動かされないようにすることである。

歴史的に見て、立憲政体の主な欠陥のひとつは、政治的自由の公正な価値を確実なものにできなかったことにある。この欠陥を修正するために必要な措置は取られてこなかったし、実のところそれらが真剣に検討されることもなかったように思われる。政治的平等と両立可能な程度をはるかに超えて拡大した、所有および富の分配の格差は、法システムによって概して容認されてきた。政治的自由の公正な価値にとって必要な制度を維持するために公的資源が投入されることはなかった。（……）政治システムにおける不正義の効果は、市場の不完全性よりもはるかに深刻で長期間持続する。政治的権力は急速に蓄積して不平等なものとなる。[59]

社会的・経済的な格差が大きくなると、政治に参加する市民の権利に実質的不平等が生じるので、経済体制をそれとリンクさせる必要があるというのは、既に清教徒革命期の英国の政治思想家ハリントン（一六一一－七七）によって提起された問題であり、[60]解決のための様々な提案が成されてきた。その最も極端な形態が、経済的平等から〝政治〟を考えるマルクス主義である。第二原理よりも第一原理を優位に置くロールズは、マルクス主義的な解決に対してはっきり距離を取っているものの、引用した箇所にあるように、**「政治的自由」の価値の公正を保つために、公的資源を投入すべきこと、言い換えれば、第一原理の中に、格差原理的な要素を予め組み込んでおくべきことを示唆して**

いる。(61) こうしたロールズの考え方は、市民の政治的独立性を保つために、経済格差を一定の範囲内に収めようとしたルソーの議論を洗練したものと見ることができる。(62)

ロールズにとって、「平等な政治的自由」は、良心の自由や人身の自由など、他の自由を保障するための単なる条件ではない。政治を、(各人が自らの私的善を追求するための共通の基盤となる)共通の利益を増進するための共同事業と考えるのであれば、必ずしも、「政治的自由」を各人に平等に保障しなくてもいい、という考え方もある。事業をきちんと管理できる能力を持った者に委ねてしまった方が、効率的だからである。ロールズは、そういう見方とは一線を画する。**「平等の政治的自由」の公正な価値が保障された状態で、平等な参加資格を持つ市民たちによる自治が行われることによって、各市民の自負心、正義に適う制度の安定性に寄与しようとする義務や責務の感覚が高まる。**(63)

市場を前提にした「分配的正義」

第四三節では、分配的正義を制度的に実現するやり方について論じられている。論文「分配的正義」と同様に、この側面での政府の役割は、①配分部門、②安定部門、③移転部門、④分配部門の四つに分けることが想定されている。ここでは新たに、スウェーデンの経済学者クヌート・ヴィクセル(一八五一―一九二六)の『財政理論研究』(一九二六)に依拠しながら、市場がうまく機能しない領域において、全員一致を原則として、効率的に公共財や公共サービスを供給する⑤「交換部門

exchange branch」を追加する可能性を示唆している[64]――ロールズは、この部門の制度的枠組みの基礎は、他の部門のように正義の原理ではなく、便益原理（benefit principle）であると断っている。

ロールズは、市場制度を前提にこれらの制度を描いているが、社会主義体制の可能性を排除しているわけではない。社会主義でも、こうした正義の二原理を基礎とする制度を採用することは可能である、という。その場合の社会主義というのは、当然、ソ連型の社会主義ではなく、生産手段が公有化され、労働者協議会によって企業が運営されている一方で、生産財や消費財が、市場での競争価格を利用する形で分配される、自由な社会主義体制である。[65]その意味で、ロールズの議論は体制中立的である。

ただし、彼は社会主義を積極的に擁護しているわけではなく、むしろ、市場は賃金奴隷を生みだし、人々の自律性を喪失させるなどとして、市場それ自体を下劣的なものと見なす、典型的な社会主義的見解に反駁を加えている。ロールズに言わせれば、官僚制によって経済を管理する集産主義的体制が、市場での競争よりも、より正義に適っていると思えない。社会主義者たちは、人々に社会的・利他的な関心を持つよう要求するが、正義の二原理に適った制度は、人々に過度の利他性を要求することなく、各人が自分自身の利益を追求しながら、「正義」に適った行為をすることを可能にする。人々の欲求や要求が、全体の行動計画と予定調和する社会、言ってみれば、正義を超えた理想社会を目指す典型的な社会主義に対し、**正義の二原理は、それぞれが独自の欲求や要求を持ち、利害関係がしばしば衝突する、現実の人間を想定して、合理的な制度を構想するわけである。**

世代間の格差をめぐって

四四節では、世代間正義と第二原理の関係について詳細に論じられている。ロールズは先ず、「原初状態」で「無知のヴェール」の下にある人たちが、自分たちはどの世代に属するか、その世代の経済発展はどの程度か、工業国か農業国かといった情報を知らない状態で、正義に適う貯蓄の基準を定める、と想定する。そこで問題になるのが、**格差原理の充足の主要な指標となる「社会的ミニマム」と貯蓄の間の適切なバランスである。**

貯蓄水準を高く設定しすぎると、「社会的ミニマム」が低くなる。古典的功利主義の発想に立てば、貯蓄率を高め、経済成長の速度を高め、それによってより多くの人口を養うことができるようにすることが、正義に適っていることになるわけだが、これは、ある人の損失を他の人の便益で埋め合わせようとする考え方であり、各個人を公正に扱うことを前提とする正義の二原理の立場からは認められない。後の世代のために先行する世代が犠牲になるのは当然だという考え方もあるが、ロールズは、一九世紀のロシアの革命思想家ゲルツェン（一八一二–七〇）の議論も引き合いに出しながら、たまたま生まれた時期が違うだけで、一方的に犠牲を強いるのは、世代間の不公正を含意しているので、正義に適ってないと主張する。

いよいよ正義にかなった貯蓄原理を正義の二原理と結び付けなければならない。そのためには、正義にかなった貯蓄原理は各世代で最も不遇な人々の観点から決められている、と想定すればよい。時間軸上に偏在するこの集団の代表者が各世代から集まり、仮想上の調整によって蓄積率を特定することになる。実質的に彼らが格差原理の適用の制約を課す。いずれの世代でも、［原初状態において］承認されるであろう貯蓄分は取りおくという条件に従ったうえで、彼らの予期が最大化されることになる。ゆえに、格差原理の完璧な言明には、制約としての貯蓄原理が含まれる。各世代の内部では正義の第一原理と公正な機会の原理とが格差原理よりも優先するのに対して、世代間では貯蓄原理が世代間での格差原理の適用領域を限界づける。(66)

ここでロールズが示している解決策のポイントは、**①貯蓄原理と［格差原理↓社会的ミニマム］のバランスが、各世代の最も不遇な人々の視点から決められる、②第二原理の中では、公正な機会の原理が格差原理よりも辞書的に優先される**――という二点である。最も不遇な立場に立つ人から見ても受け容れることのできる制度を構築するという主旨から格差原理を含む第二原理が選択されるわけであるから、①はある意味当然である。

②については、貯蓄を増やすことがどのような効果をもたらすか考えれば、分かりやすくなる。ある世代の貯蓄分を増やせば増やすほど、その世代が自分たちの幸福のために使ってよい財は減少し、それに伴って「社会的ミニマム」の基準も引き下げられると考えられる。加えて、社会全体として貯蓄を増やすには、（社会全体の財を増やすことに貢献できる、という意味での）能力が高い人がそ

の能力を発揮しやすい環境を作るため、社会的・経済的不平等をかなりの程度許容することも必要になるだろう。そうすると、格差原理が制約される一方で、人々の能力を最大限に生かすべく、公正な機会均等の原理は徹底させる必要が出てくると考えられる。

四六節では、**この問題が経済成長のメカニズムと関連付けて説明されている**。手がかりとして、ケインズ（一八八三―一九四六）が『平和の経済的帰結』（一九一九）で示した、経済的不平等と、資本の蓄積の関係をめぐる考察が引き合いに出されている。ケインズによれば、一九世紀に急速に資本が蓄積され、産業が発達したのは、増大する所得を消費ではなく投資に回そうとするような人たちに富が集中したからである。[67] 富が平等に分配される社会であれば、貯蓄を資本へと効率的に回すことが難しくなる。このことは裏を返せば、表面上不正義に見える制度でも、結果的に労働者の状況を改善する可能性があることを含意している。言い換えれば、［格差原理＋貯蓄原理］の主旨と合致する可能性があるわけである。

　ロールズは、こうしたケインズの見方に一理あることを認めている。しかし、後の世代のための更なる経済成長を目指すという理由で、不平等を容認すれば、格差が世代を超えて継承されていく可能性もある。保守主義の元祖とされるバーク（一七二九―九七）や、ドイツ語圏の国家哲学に決定的な影響を与えたヘーゲル（一七七〇―一八三一）のように、社会の安定的発展のためには、政治支配に適した人々を輩出するポテンシャルを秘めた特権階層を維持する政策が必要だとする議論もある。公正な機会均等原理＞格差原理＞効率性原理という優先順位を設定する、ロールズは、それを基本的には認めない。ただ、**機会均等原理に制約を加えることを一切認めないわけではない**。三九節でロールズは第一原理に関して、人々が平等な権利を有する基本的諸自由がそれぞれ独立のものではなく、体系的に連関していると見なしたうえで、完全に正義に適った社会へと移行しつつある社会——例えば、それまで農奴制や奴隷制を採用していた社会や、不寛容な宗派同士の対立が激しい社会——にあっては、自由の全体システム（total system of liberty）を強化するために、第一原理の適用範囲を制限することも正当化されうるとの見解を示している。[68] それとパラレルに、移行期の社会にあっては、人々の選択肢、特にそれまで機会が少なかった人たちの選択肢を増やすために、「公正な機会均等」の原理を部分的に制限することも正当化されうることを示唆している。

正義の原理の再定式化

こうした考察を経て、ロールズは正義の二原理を、二つの優先順位ルールを付け加えて、最終的に以下のように再定式化している。[69]

第一原理　各人は、平等な基本的諸自由の最も広範な全システムに対する対等な権利を保持すべきである。ただし最も広範な全システムといってもすべての人の自由の同様な体系と両立可能なものでなければならない。

第二原理　社会的・経済的不平等は、次の二条件を充たすように編成されなければならない。

（a）そうした不平等が、正義にかなった貯蓄原理と首尾一貫しつつ、最も不遇な人びとの最大の便益に貢献するように。

（b）公正な機会均等の条件のもとで、全員に開かれている職務と地位に付帯するように。

第一の優先順位ルール（自由の優先）

正義の諸原理は、辞書的にランクづけされるべきであり、よって基本的な諸自由は自由のためにのみ制限されうる。これに関しては二つのケースがある。

（a）自由の適用範囲の縮小は、全員が共有する自由の全システムの強化に繋がるのでなければならない。

（b）不平等な自由は、自由が少なくなる人びとにとって受け入れ可能なものでなければならない。

第二の優先順位ルール（効率と福祉に対する正義の優先）

正義の第二原理は、効率性原理および相対的利益の総和の最大化原理よりも辞書的に優先する。そして公正な機会均等は、格差原理よりも優先する。これに関しては二つのケースがある。

（a）機会の不平等が認められたとしても、それは機会が少なくなる人びとの諸機会を増強するものでなければならない。

（b）過度な貯蓄率が課されたとしても、それは困窮生活を強いられる人びとの重荷を結局のところ軽減するものでなければならない。

こうした修正から分かるように、ロールズは、**正義の二原理の完全な制度化を一気に目指すのではなく、社会の発展状況、特に資本の蓄積状況を視野に入れ、徐々に正義に適った制度を実現していく、漸進的なやり方を模索している**。その意味で、現実的な考え方をしている、と言える。

7　制度における個人の役割

個人の「義務」と「責務」

ロールズの正義論は、基本的に「正義に適った制度」の条件を探究する議論であるが、第六章「義務と責務」では、制度的正義に対応する、個人の**「自然的義務** natural duty**」**と**「責務** obligation**」**について論じられている。

「自然的義務」は文字通り、制度的な取り決めや実践と関わりなく、全ての人が負っている義務である。「責務」は、制度の中で自発的にある役割を引き受け、それによって便益を得たことから生じるものである。[70] このように言うと、前者は、ロールズの「公正としての正義」とは関係ないように聞こえるが、彼は、「原初状態」にある「当事者」たちが、後者だけでなく、前者に関する諸原理をも承認するであろう、と想定している。「自然的義務」が、社会契約論的なプロセスを通して選ばれるというのは、分かりにくい話だが、「〇〇することは、私たちの自然的義務である」という合意が「原初状態」で確認されることによって、たとえ個々の場面で各人を拘束する具体的な制度的取り決めがなくても、〇〇するのが人として当然（natural）、と見なされるようになることだと理解すればいいだろう――「当然の義務」と訳してもいいかもしれない。

第五一節では、「自然的義務」と「正義の二原理」の関係について論じられている。ロールズは、「正義の二原理」にとって、最も重要な「自然的義務」として、「正義に対する自然的義務 natural duty of justice」、つまり、正義に適った制度を支持・促進する義務を挙げている。この義務は、①正義に適う制度が存在し、しかもそれが私たちに適用される場合には、それを受諾し、かつ自己の持ち分を果たすべきである、②正義に適う取り決めが存在しない場合、あるいは少なくともそうした取り決めを、ほとんど費用をかけずに確立しうる場合には、その確立を促進すべきである――という二つの部分から成る。[71] この義務が公共的に承認されていれば、人々は、お互いが正義に適った制度を支え、各人に課される負担を引き受ける用意があることについて確信を持つことができる。それによって、正義に適った制度は安定する。

ロールズはこれ以外にも、お互いを正義感覚と（各人に固有の）善の構想を持った道徳的人格として尊重し合う「相互尊重義務 duty of mutual respect」、助けを必要としている人を援助する「相互扶助の義務 duty of mutual aid」などを挙げている——「当然の義務」と訳してもいいかもしれない。

第五二節では、「責務」について論じられている。「自然的責務」に対応する原理が複数あるのに対し、「責務」は、「公正の原理 principle of fairness」という単一の原理から導き出される。[72] それは、先に述べたように、ある制度を自発的に受け入れ、便益を受けた場合、制度のルールによって特定される自己の本分を果たす責務を負うという原理である。ただし、その制度が正義に適ったものであることが前提になる。例えば、約束行為に伴う誠実さの原理などがこれに含まれる。

制度を補正する手段としての「市民的不服従」

五五節から五九節にかけて、「市民的不服従」の問題がかなり詳細に検討されている。[73] 彼は先ず、市民的不服従を「通常は政府の法や政策に変化をもたらすことを達成目標として為される、公共的で、非暴力の、良心的でありながらも政治的な、法に反する行為[74]」と定義する。そのうえで市民的不服従が正義に適った行為として認められるための三つの条件を示している。[75] 論文「市民的不服従の正当化」で示された三条件と重なっているが、ここでは、正義論全体と関係付けてより詳細に規定されているので、もう一度見ておこう。

第一に、市民的不服従の適切な対象となるのは、第一原理と公正な機会均等原理に対する違反であり、格差原理への違反は基本的に対象とならない。なぜかと言えば、市民的不服従は、共同体の正義感覚に訴える政治的行為なので、大幅で明白な不正義の場合に限定することが理に適っているように思えるからである。前者に対する違反は、少数派が投票、就職、財産所有、移転の権利を否定されたり、宗教団体が抑圧されたり、特定の団体が各種の機会を否定されるといった分かりやすい形を取るのに対し、後者は、経済的・社会的制度に関わる原理であるので、違反されているかどうかの判断には、多くの情報が必要だし、たとえ十分な情報があっても、合理的な意見の対立がありうるからである。したがって、税法に基本的な自由を奪おうとする明らかな意図が認められるような極端な場合を除いて、公共の正義に直接訴えるよりは、通常の政治的過程に委ねる方が賢明である。

第二の条件は、政治上の多数派に対する通常の訴えが既に誠意をもってなされたが失敗しており、かつ、矯正のための法的手段がないことが明らかで、既成の政党は少数派の要求に対して無関心であり、法を撤廃しようとする合法的な抗議やデモも不首尾に終わっていることである。要するに、通常の合法的手段を取り続けても、効き目がないことが明白だということである。

第三の条件は、「市民的不服従」の正当化それ自体というより、その制約に関わる問題である。ある少数派が市民的不服従を正当化されれば、同じ様な状況にある他の少数派も、不服従を正当化されることになる。しかし、あまりにも多くの少数派が同時に行動を起こせば、正義に適った憲法の効力を根底から揺さぶるような、大きな混乱が生じる可能性がある。本当にそういう事態になれば、市民たちが守るべき「正義に対する自然的義務」に反することになる恐れがある。それらの異議申し立てを取り扱うことになる裁判所の処理能力にも限界がある。そのため、様々な少数派は、協働的な政治同盟を結成し、異議申し立ての水準を制御することを求められるだろう。

また、これらの条件の下で「市民的不服従」を実行するに際して、少数派の人々は、「政治的責務」を負うことになる。通常は、多数派の方が公職を得て、政治組織を利用するのが容易だと考えられるので、それに伴う「政治的責務」を負う可能性が高いと考えられるが、政治的結社を作って自分たちの目的を実現しようとする以上、その目的に対する誠実や忠誠の責務が生じると考える。

自由で平等な人々の意欲ある協働の基本的条件として、正義の原理が概ね公共的な承認を得ている「ほぼ正義に適った社会」、民主的な政府が成立している社会にあっては、**しかるべき自制と健全な判断をもって行われる「市民的不服従」は、多数派の人々の正義感覚に訴え、自由な協働の条件が犯されていることに気付かせることが可能である。**それは、**自由な通常選挙や、憲法を審査する権限を持つ独立の司法と並んで、憲法システムを安定的なものにすることに寄与する。**

ロールズは、こうした一連の要件を備えた「市民的不服従」は、正義に反する状況を是正するための手段として、「原初状態」にある人たちによって採択されるであろうと示唆する。

彼らが検討しなければならない関わりある問題は二つある。第一に、個人に関する原理を選択し終えた彼らは、自然的義務及び責務の強度と、なかでも正義にかなった憲法とその基本的手続きの一つ、すなわち多数決ルールの手続きを遵守する義務の強度とを、評価するためのガイドラインを策定しなければならない。第二に、正義にもとる状況あるいは正義にかなった原理の遵守が部分的にすぎない状況に対処するための理にかなった原理を見つける、という問題がある。さて、ほぼ正義にかなった社会を特徴付ける想定を鑑みるならば、市民的不服従が正当化されるのがいつかを特定する推定に、当事者たちは合意するように思われる。彼らはそうした判断基準を、この異議申し立ての形態が妥当な場合を明確にするものとして、承認するであろう。それによって、正義に対する自然的義務の相対的な重要性が、一つの重大で特別なケースにおいて指し示されるだろう。それはまた、人々の互いに対する尊重のみならず自己評価を強めることを通じて、社会全体における正義の実現を促すことに寄与するだろう。（……）基本的諸自由が侵されたとして、通常の仕方での理にかなった政治的訴えに適当な時期が費やされた後、市民たちが市民的不服従によって異議申し立てをすべきだとした場合、それらの自由の安全保障は弱体化するどころかむしろ強化されるものと思われる。すると、当事者たちはこうした理由から、法への忠誠の範囲内で正義にかなった憲法の安定性を維持するための最終的な仕掛けを発動する一つの理路として、市民的不服従の正当化を規定する条件を採択するだろう。[76]

ここで「契約当事者」の視点から論じているように、ロールズは、「市民的不服従」を単に、制度の不備から生じる特殊事例としてではなく、**正義の二原理を中心に構成される「正義に適った制度」を真に安定化させるための仕掛けとしてポジティヴに捉え直そうとしている。**

既に述べたように、「無知のヴェール」を段階的に引き上げながら、その社会の実情に即したルールの体系全体を選択することが可能になるが、それによって「正義の二原理」が完全に実現される、という絶対的な保障はない。制度を積極的に支えると共に、現実の制度と二原理の間に齟齬があることが明らかになった時には、制度を変更し、より正義に適ったものにしていくべく協調して行動する用意が、各市民に備わっていなければ、制度の歪みが補正されない恐れがある。つまり、**制度だけではカバーし切れない部分は、市民の「自然的義務」と「責務」に頼らざるをえないわけである。**

「市民的不服従」は、法を一時的に不安定化する恐れもあるが、「正義に適った制度」と、市民一人一人の「自然的義務」と「責務」との相関関係を明らかにし、強化する契機になる。それに伴って、市民たちは、お互いを同じ「正義に適った制度」を支える者として尊重し合い、自己評価を高めるようになるとも期待できる。ロールズの「公正としての正義」は、そうした、**脱制度的な要素をも含むことで、自己を補正・強化していく能動的な制度の構築を目指しているわけである。**

8 「正義」と「善」の関係をめぐって

二つの善理論

『正義論』の第三部では、「善 the good」の問題が詳細に論じられている。第一部では、「善」に対する「正」の優位と、個人ごとの「善の構想」の違いが強調された。各人が自らの「善の構想」を追求するのに必要とされる「基本財 primary goods」の分配については、「原初状態」にある契約当事者の視点から論じられているが、それをどう使うかは、基本的に各人の自由に委ねられている。第三部では一転して、「良く秩序付けられた社会」の実現には、各人の「善」と（制度的な）「正義」が適合しなければならないという前提に立って、「善」の問題が掘り下げて論じられている。

論点を明確にするために、ロールズは二つの「善」の理論を区別する。(77) 一つは、正義の諸原理を立証する際に用いられる「善」の理論である。この場合、「善」に対する「正」の優先という基準を守り、「基本財」の分配の前提となる、「正義」の諸原理に到達することに焦点が絞られる。「原初状態」での正義の二原理の選択を正当化するための理論である。これをロールズは、**「善の希薄理論 thin theory of the good」**と呼ぶ。これに対して、正義の二原理が既に選択された〝後〟で、合理的人生計画という視点から見た「善」とはどのようなものか、「善行」とはどのような行為か、「善人」とはどのような人か、どのようにすれば当該社会の中で「善」が促進されるのか、といった「善」の本質をめぐる問題を包括的に扱う理論を、**「善の完全理論 full theory of the good」**と呼ぶ。

ただ、「目的」としての「善」は個人ごとに異なっているというリベラルな前提に立っているロールズは、**「よく秩序付けられた社会」に生きる人にとっての「善」とは何か実体的に規定し、方向付けるような議論は慎重に避け、「善」の意味の諸相をめぐるメタ・レベルの議論を続けている。**「善」は本来的に合理的（rational）なもので、「公正としての正義」が目指す社会制度に適合しうる、という立場を彼が取っているのは確かだが、そこから一歩踏み出して、各人の「善」の探究をサポートするための具体的な仕組みを提案しているわけではない。第一部や第二部に比べ、方向性が曖昧になっているきらいがあるのは否めない。(78) ここでは、注目すべき箇所だけ紹介しておこう。

アリストテレス的原理と自尊

六五節で、「アリストテレス的原理」について述べられている。「アリストテレス的 Aristotelian」という言い方をしているのは、アリストテレスの『ニコマコス倫理学』の七巻及び十巻にこの考え方の原型を見ることができるからである。(79) これは、（正義の原理と適合する）様々な「合理的人生計画」の内、どれが自分にとって最も望ましいか選択する際、各人が従うであろう動機付けの原理であり、以下のように定式化することができる。

他の条件が等しいならば、人間は自らの実現された能力（先天的、もしくは訓練によって習得された才能）の行使を楽しみ、そしてこの楽しみはその能力が実現されればされるほど、その組み合わせが複雑になればなるほど増大する。(80)

抽象的な言い回しになっているので分かりにくいが、要は、**他人や社会から一方的に「財」を与えられるだけでなく、自らが一定の能力を身に付け、それを実地で十分に使いこなせるようになることに喜びを覚える**、ということである。また、ごくわずかな能力しか必要とされない単純な活動よりも、いくつかの能力を組み合わせて取り組む必要がある複雑な活動で発揮する方が、喜びは大きくなる傾向がある。あるスポーツの種目の得意な人が、より複雑で難易度の高い技を習得しようとすることや、数学の得意な人がより複雑で難易度の高い問題に取り組もうとすることを念頭におけば、分かりやすくなるだろう。

アリストテレス的原理が正しいとすれば、これを充足すべく、自己の才能を鍛えるように設定されている人生計画ほど合理的だということになるだろう。また、その周囲の人たちも、そうした生き方を、人間としての卓越（excellence）の表現として楽しむと共に、相互利益――例えば、お互いの発展に刺激を与え合うこと、より多様で複雑な協力関係が実現すること等――に繋がるものとして支持するだろう。アリストテレス的原理によって支持される活動は、他の人にとっても「善」なのである。社会制度の設計に際しても、各人が、アリストテレス的原理の意味で、より多くの

「善」を獲得できるよう工夫する必要がある。

六七節では、最も重要な「基本善」である「自尊」について説明されている。「自尊」には、二つの側面がある。一つは、自分自身に価値があるのだという感覚、言い換えると、自らの善の構想、人生計画は遂行するだけの価値があるのだという信念である。この第一の側面には更に、①合理的な人生計画、特にアリストテレス的原理を満たす計画を有していること、②私たちの人格と行動が、私たちと同様に尊重されている他の人びとによって評価され、確証されていること、そして、彼らとの交流を享受していること――という二つの要素がある。もう一つの側面は、自己の意図を実現する能力に対する自信である。[81]

この二つの側面を含む自尊心を持てない時、私たちは、自分の人生計画を遂行することができない。そのため、原初状態にいる当事者たちは、自尊を害するような社会的条件を回避したいと願うと考えられる。その意味で、「公正としての正義」は、各人の自尊を第一に考える。

自尊を重視する立場からロールズは、政治的原理として「卓越主義」を採用すべきでないことを改めて強調する。「完全性」の標準を定めれば、特定の人の才能の達成水準が高く評価されるのに対し、他の人々は低く評価されることになるからである。そうなると、人々の自尊心が傷付けられ、恥辱（shame）の感情を抱くことになる。多様性を志向するアリストテレス的原理も満たされなくなる可能性が高い。市民としての公共的生活においては、お互いの生き方の相対的価値について評価することは避けるべきである。

道徳的学習について

六九節から七六節にかけて、「良く秩序付けられた社会」が安定するためには、人々が正義感覚や一定の道徳的心情を共有していることが必要であるという見地から、道徳的学習について論じられている。論文「正義感覚」での［権威の罪→連合体の罪→原理の罪］の三段階を発展・拡充する形で、［権威の道徳性→連合体の道徳性→原理の道徳性］の三段階が想定されている。

「権威の道徳性」とは、両親の愛に応えて、子供が両親を愛し、信頼することから生まれる道徳性であり、この段階では、服従、謙遜、忠誠などが美徳で、不服従、強情、無謀さなどが悪徳と見なされる。(82) 「連合体の道徳性」とは、協同の営みに従事しながらお互いを対等であり、友人にして仲間と思うようになった人同士の間で育まれる道徳性であり、正義と公正、忠誠と信頼、高潔さと公平＝非党派性を美徳とし、貪欲と不公正、不誠実と欺瞞、先入観と偏見が悪徳と見なされる。(83)

「原理の道徳性」は、正義の諸原理を理解するようになることに伴って生じてくる道徳性であり、①正と正義の感覚に対応する道徳性、②人類愛や自制に対応する道徳性という二つの形態を取る。②は、通常の意味での義務を超える道徳性である。人類愛は、自然的義務や責務を超えて、共通善を追求していく中で現われる道徳性であり、自制は、多くの規律や訓練を必要とする難しい義務を遂行する過程で、勇気、寛大、克己などを発揮することによって示される道徳性である。(84)

八五節から八六節にかけては、善の構想のための能力と、正義感覚のための能力という二つの能力を備えた「道徳的人格」としての「自我」の統一性という観点から、各人による人生計画の策定・追求に関わる目的論的な論理と、(各人)正義感覚に基づいて選ばれる「正義の公共的構想」の整合性を論証することが試みられている。(85)

第3章

ロールズの変容

『正義論』への批判を受けて

1　マクシミン原理をめぐって

功利主義からの批判

「序」で述べたように、リベラリズムの政治哲学を体系的に展開した『正義論』は、大きな反響を呼び、ドゥウォーキンなどによって支持され、政治、経済、法など、様々な分野に応用されるようになった。当然、反響が大きかった分だけ、様々な批判も出てきた。最初の段階で、特に批判が集中したのは、『正義論』の最大の売りである、**【原初状態—無知のヴェール】**論である。

ロールズは、「無知のヴェール」がかかった「原初状態」において「契約当事者」たちが、正義の二原理を選択することの合理性を主張したが、**個人や集団の合理的選択の在り方を探求する合理的選択理論やゲーム理論などを専門とする経済学者たちには、彼の方法論の粗さが目立ったようである。**

この方面での主な批判者として、社会的選択をめぐる「不可能性定理」[1]で知られるケネス・アロー（一九二一-　）や、ロールズと同じ様な不確実性の想定の下で当事者たちが「格差原理」よりもむしろ「平均効用原理 principle of average」を選ぶことを証明したゲーム理論の専門家ジョン・ハーサニ（一九二〇-二〇〇〇）、「基本財」の分配よりも「潜在能力 capability」を重視するアマルティア・セン（一九三三─　）などを挙げることができる。彼らはいずれも、弱者に優しく平等主義的な自由主義を志向するロールズの基本姿勢には賛同しているものの、ロールズの方法論や平等の基準は受け入れられないというスタンスを示している。アローとハーサニは、（広い意味での）功利主義的な立場を取っている。

アローからの批判

ロールズ自身が直接的な形で応答している、アローとハーサニによる批判を軸にして、何が論点になったのか見ていこう。アローは、論文**「ロールズ正義論についての若干の序数主義的功利主義者的な覚書」**（一九七三）で、「正義」の意味を明らかにしたロールズの仕事の意義を高く評価したうえで、**経済学的な視点から見た理論的な問題点を指摘している**。(2)「序数主義」というのは、各財がもたらす効用を直接的・量的に測定して集計する（＝基数主義）ことは不可能であるが、各人が示す選好などに従って効用間の序列を決定することは可能であるとする厚生経済学上の立場である。

アローの批判は世代間正義や税制の問題など多岐に及んでいるが、**焦点は、「原初状態」論に置かれている**。アローは、この仮説が、「自由の優先」と「マクシミン原理」という二つの原理──ロールズ自身の用語法と微妙に異なる──に依拠するとしてそれぞれについて検討を加えている。

先に見たように、「自由の優先」＝第一原理は、「原初状態」にある「契約当事者」たちが、各人にとって最も重要な基本財を確保するために選択するであろう原理であり、ロールズは、この「自由の優先」を根拠に、功利主義と「公正としての正義」の違いを強調する。しかしアローに言わせれば、「実際に各個人が辞書的な意味で自由を優先するのであれば、古典的な『効用の総和』基準のほとんどは、社会的選択に際して同じことをするだろう。選択のルールは、社会が個人の自由の総計を最大化する状態、そして、これを達成する状態の内、他の財からの満足を最大化するものを選ぶ、ということになるだろう」[3]。

つまり、**各人が「自由」という基本財を最も選好するということが経験的に証明できるのであれば、ほとんどの古典的功利主義者は、「自由」を最優先することに合意するはずであり、その意味で、古典的功利主義者とロールズの間に本質的な違いはないわけである。**アローの言っている通りだとすると、功利主義との対決を強調する形で、「公正としての正義」を特徴付け、その正当性を主張する、ロールズの理論の前提の一部が崩れてくることになる――「自由の優先」をめぐる問題については、少し後で詳しく論じることにする。

マクシミン原理についても、アローは、功利主義の視点からの批判を展開する。ロールズはマクシミンを、功利主義の「効用の総計」基準に対置しているが、このルールが働く場である「原初状態」の想定はもともと、カナダの経済学者で、ゲームの理論でオークションを分析し、新しいやり方を提案したW・S・ヴィックリー（一九一四-九六）やハーサニなどによって理論化されたものである。彼らは、功利主義に契約論的な基礎を与えるためにそれを行っている。つまり、人々が契約の形で、自発的に功利性の原理に到達することを証明するために、「原初状態」仮説を用いたわけである。彼らは、「原初状態」というリスキーな状態にある各個人は、期待効用の総計を最大化するようなやり方での財の分配を選択するという結論を導き出した。

ロールズは、彼らと同じ前提から出発しながら、社会は最小の効用を最大化すべきだという結論を引き出す。そのロールズの論証には、二つの要素がある、という。「第一に、人生全体の質がかかっている原初状態においては、高いリスク回避傾向を持つことが道理に適っており、可能な最悪の結果に関心を持つことが、リスク回避の極端な形態へと繋がっている。そして第二に、確率は実際のところ、十分に定義されておらず、そうした計算に適用されるべきではない、ということだ」[4]。アローの理解では、「原初状態」にある契約当事者たちは、無知のヴェールの働きのため、自分がどういう立場に置かれるかについての正確な確率計算をすることができず、そのため、普通の状態にある人間以上にリスク回避的になり、マクシミンを採用するに至るわけである。

マクシミンの本質はリスク回避であることを前提としたうえで、アローは、ロールズの議論の問題を指摘する。先ず、ヴィックリーやハーサニが、リスク回避という要素を効用計算に組み込んだうえで、当事者たちが期待効用の最大化という結論を導き出していることを、ロールズが十分に考慮に入れていない、ということがある。ヴィックリーたちとは異なる結論を出している以上、彼らの議論を論駁し、自らの主張の正当性を示す必要がある。また、不確実性の下での決定に際しての確率計算の利用については、アロー自身のそれを含めて、経済学者たちによって多角的な議論が展開されているが、マクシミンが唯一の解答と見なされているわけではない。更に言えば、マクシミンは、そのまま適用されると、かなり不条理な帰結を導き出す可能性がある。

しかしながら、マクシミン理論はほとんど受け入れがたいように思えることをいくらか含意している。それは、社会の最悪の状態にある人たちにとっての利益は、それがいかに小さくても、それよりは良い状態にある個人のいかなる損失にも——後者が前者の水準以下にはならないという前提の下で——優先される、ということを含意している。したがって、人々をほとんど満足させることのないまま辛うじて生かし続けるための医療プロセスが存在し、それがあまりに高価なため人口の他の部分が、貧困に追いやられる、という状況は容易に想像できる。マクシミン原理が、このようなプロセスの採択を含意しているのは明らかだろう[5]。

ここでアローが出している例は極端だが、マクシミンが、〝最悪の事態〟をできるだけ緩和するような制度を構築することを最優先するよう命ずるのだとすれば、ありえない話ではない。格差原理で想定されている「最も不遇な人」が、生命維持装置によって機械的に活かされていて、ほとんど快楽を感じることができない人を指しているとすれば、それ以外の全ての人は、どれだけ貧しくても、あるいは障害を抱えていても、〝それよりまし〟な状態にあることになるだろう。そうすると、前者の状態が少しでも改善される見込みがない限り、後者は経済や技術の発展によって自分たちの生活を改善し、格差を拡げるのは許されないことになる。

無論、ロールズ自身はそうした極論を展開しているわけではない。『正義論』では、教育による才能の錬磨の可能性の増大や機会の拡大という形で恵まれた人たちにとっての期待効用が改善されれば、恵まれない人たちも含めて、全員の期待効用が相対的に改善される可能性が高いことを示唆しており、(6)かなり現実的な姿勢を示している。しかし、アローに言わせれば、**「最も恵まれない人」を基準に考えるという点を、経済成長についての常識で曖昧にし、全ての階層の期待効用が同じ様に改善されると想定するのであれば、ロールズが拘っているはずの、マクシミン原理と、効用の総和の最大化を求める功利主義の区別は事実上消滅する。**

ハーサニからの批判

ハーサニも論文「**マクシミン原理は道徳性の基礎になりうるか——ジョン・ロールズの理論の批判**」(一九七三、七五)(7)で、マクシミン原理をめぐる経済学での議論状況を簡単に紹介したうえで、**マクシミン原理の逆説を例示している。**(8)

あなたがニューヨーク市に住んでいて、二つの仕事のオファーを受けたとする。一つは、ニューヨーク市内での、単調で退屈で、報酬が少ない仕事で、もう一つは、シカゴでの非常に面白く、報酬も高い仕事である。しかし、ニューヨークからシカゴに行くのに、飛行機に乗らねばならないことが足かせになる。飛行機事故で死ぬ確率は、かなり低いものの、実際に存在する。マクシミン原理に従うのであれば、それぞれの方針を取った場合の「最悪の可能性」を評価しなければならない。

そうすると、たとえほんの少しでも死ぬ可能性が生じるシカゴでの仕事よりも、退屈で報酬が少ないけれど、死ぬ可能性が増えることがないニューヨークでの仕事の方を選ぶべきということになる。(9)

徹底的にリスク回避を志向するマクシミン原理に従って行動しようとする個人は、通りを渡れないし、車で橋を通ることもできないし、結婚することもできなくなる。このような振る舞いをし続けたら、最後は、精神病院に行くことになるだろう。マクシミン原理は、ほとんどありえないような偶然の出来事だと思っていても、その危険を回避するように命じるので、様々な偶然性が生じる日常生活において、これを行動指針にすることには無理があるわけである。

原初状態にある当事者たちは、(そうした非合理性を含んだ)マクシミン原理に導かれて、自分自身が社会の中で最も悪い状態にある人であるかのように考え、格差原理を採択するわけであるが、ここから道徳的に許容しがたい帰結が導き出されてくる。例えば、医者一人と、結核を患って深刻な状態にある二人の患者から成る社会があるとする。助かるには抗生物質の投与が必要であるが、一人を治療するための量しか備蓄がない。(10)二人の患者の内、個人Aは、現在結核に襲われていることを除けば、基本的に健康体である。個人Bは、末期癌の患者で、抗生物質を投与しても数カ月寿命が延びるだけである。格差原理に従えば、それでも、抗生物質はBに与えられることになる。それに対して、功利主義、あるいは、日常的な常識では、「より多くの善」をもたらすべく、Aに与えられることになる。

ロールズの返答――マクシミン基準の擁護

ロールズは論文「**マクシミン基準を支持するいくつかの理由**」（一九七四）で、アローたちの批判に答えることを試みている。彼は先ず、マクシミン基準が適用されるのは、**政治的構成や経済的原理、社会的取り決めといった大きな制度であり、ハーサニの例のような小規模の状況に適用すべきものとして意図されているわけではない**、と指摘する。[11]

そのうえで、当事者たちは、自分たちにとっての基本的利害関心からして優先順位の高い基本財を確保すべく、功利性原理よりも正義の二原理を選ぶであろうという、自らの立場を改めて強調している。ただ、両者を単純に比較するだけではなく、格差原理と平均効用原理に絞った対比も行い、そこでのマクシミン基準の役割を検証している。それは、正義の二原理の内、第一原理と公正な機会均等原理はそのままにして、格差原理を平均効用原理に置き換えたものを、本来の正義の二原理と比較する議論である。これは、『正義論』四九節「混合構想との比較」での議論を再現したものである[12]――ここでは、ソーシャル・ミニマル付の平均効用原理と格差原理が比較されている。

功利性原理と正義の二原理をシンプルに比較した場合、原初状態にある当事者たちが示すリスク回避傾向のため、マクシミン基準に従って、後者が選ばれると考えられる。あるいは、功利性原理が、リスクを考慮に入れるのであれば、アローが言うように、功利性基準がマクシミンに接近して、二つの原理の違いがなくなる。この点で、ロールズはアローに異論はない[13]。

問題は、**第一原理と公正な機会均等原理によって、各人にとって基本的利益が確保された後で、平均効用原理と格差原理のどちらが選ばれるかである。**この場面でも、リスク回避の視点から、後者が選ばれると想定することができるが、ロールズは、それに加えてより積極的ないくつかの理由を、マクシミン基準に関連して挙げることができるとしている。そうした理由を示すことで、アローたち経済学者の攻勢から、マクシミン基準を擁護することを試みたわけである。

第一に、マクシミン基準は、それを適用するのに必要な情報が少なくてすむということがある。マクシミン基準に従っての判断で導き出される格差原理の場合、最も不遇な人に焦点を当てるので、彼らの状態だけ注視すればいいわけだが、平均効用原理の場合、全ての階層集団の状態について情報収集し、統計を取らなければならないので、判断が難しくなると考えられる。

第二に、財の分配の基準としてのマクシミン基準は、公共性の原理（public principle）としての役割を果たす。この場合の「公共性の原理」とは、原初状態で合意した原理が確実に実現されているという確信を市民たちが持つことができる、ということである。そうした確信が、制度の安定性に繋がる。最もはっきりしているのは、厳密な平等性の原理であるが、これは他の面でデメリットがある。功利性原理と比べた場合、マクシミン基準に基づく格差原理の方が、市民がその実現について確信を持ちやすい。

第三に、マクシミン基準は、「コミットメントの緊張」の視点から支持できる、ということがある。既に述べたように、「コミットメントの緊張」とは、当該社会に生きる人々が「原初状態」での合意に縛られ、その人生の見通しが社会の基礎構造に左右されるようになることから来る緊張である。効用基準が採択されたとすれば、最も不遇な立場に立つことになる人たちは、平均効用を増加させるために、人生の見通しが更に低下することを甘受しなければならないかもしれない。これは契約に際して、心理的にかなりの負担になる。それに対して、マクシミン基準の下では、不平等の存在が、必ず最も不遇な人にとっての便益になるので、心理的負担はかなり少なくなる。人間には、他者の環境との比較で、自分の環境を評価する傾向があるので、マクシミン基準の下での方が自分を幸福と感じることのできる可能性が高い[14]。

「自由で平等な人格」をもった市民による選択

これら三つの理由は、それぞれマクシミン基準の方が効用基準よりも便利であることを示唆しているが、決定的な論拠にはならない。そのことはロールズも自覚している。彼は最終的な決め手として、**自らを、そしてお互いを「自由で平等な人格」と見なす市民たちの願望から、必然的にマクシミン基準が導き出されてくる、という（道徳）人格論的な論証を展開する。**

第二の比較では、第一原理（＝平等な自由の原理）と公正な機会均等原理を前提としたうえで、社会・経済的な基本財の分配に関して、格差原理と平均効用原理のいずれを選択すべきかが問題になるわけであるから、いずれが選択されるにしても、何らかの形での民主的な社会が実現される、と考えられる。その社会の中で、市民たちがどのような自己認識を持つかが重要である。

いずれの場合も、一定の社会的・経済的不平等が存在することになり、個人の人生の見通しは、その家族や階級的出自、天賦の才能、人生のコースにおける機会の偶然などに影響されることになるだろう。自分たちを「自由で平等な人格」と見なす市民であれば、そうした不平等の存在が不可避であるにしても、それを運や社会的籤引きに任せるのではなく、何らかの道理に適った原理によって制御することを望むであろう。

もしここでマクシミン基準が選ばれるとすれば、能力の自然な分配はある意味、集合的資産と見なされることになるだろう。平等な分配の方が自由な道徳的諸人格の平等とより調和しているように見えるかもしれないが、少なくとも、分配が選択の問題だとすれば、平等な分配が自然のバリエーションを除去する理由にはならないし、ましてや、非凡な才能を破壊する理由になるはずはない。その逆に、自然なバリエーションは機会として認識されるべきである。とりわけ、それらのバリエーションがしばしば相互補完的であり、社会的絆の基礎を形成することもあるので、そう認識すべきである。そこから帰結する不平等が、最も不運な人にとってその不平等に対応する便益を生みだすのに必要な分を上回らないという前提の下で、諸制度が様々な能力をフルに活用することを許されるべきである。同じ制約が、社会階級相互の不平等にも当てはまる。そういうわけで、一見すると、自然な資産と不平等な人生の期待は、自由で平等な道徳的人格相互の関係を脅かすように見える。しかし、マクシミン基準が充足されれば、この関係は維持される。不平等は全員の便益になり、自らの幸運から利益を得ることのできる人は、より恵まれない人に好ましい仕方で、そうすることになるのである。[15]

つまり、市民たちが、お互いを「自由で平等な道徳的人格」として認め合うことが社会の安定に繋がるのだとすれば、大きな不平等を許容する可能性のある平均効用原理でも、人々が多様な才能を自由に発展させることを妨げる恐れがある平等原理でもなく、マクシミン基準に従って格差原理を選択することが望ましい、という結論に至るはずということである。格差原理は、天賦の才能を、社会的利益を促進するための「社会的資産 social asset」あるいは「集合的資産 collective asset」と見なし、大事にすることを含意しているので、[16] 自由で平等な立場にある市民同士の絆を強めることになる。

第一原理と機会均等原理が大前提になっているのであれば、その大前提とより整合性があると思われる分配的正義の基準も決まってくるというのは、それなりに説得力のある論法である。この論法を使えば、リスク回避や平均の算出などをめぐる、経済学・心理学的に専門的な議論に詳しく立ち入らずに、マクシミン基準の採用を正当化することが可能である。

このように市民たちの（道徳的）人格性に強く依拠する論証は、各人の心理的性向や「善の構想」についての情報が、「無知のヴェール」の下で遮断されている、という前提に反するのではないかとも思えるが、ロールズ自身はそう考えていない。

『正義論』をめぐるシンポジウムで、経済学者のシドニー・アレクサンダー（一九一六–二〇〇五）

とリチャード・マスグレイヴ（一九一〇-二〇〇七）からの批判的論評に答える形で執筆された論文**「アレクサンダーとマスグレイヴへの応答」**（一九七四）でロールズは、原初状態にある当事者たちに予め、特定の道徳的観念や心理学的傾向を付与しているわけではないことを強調している。[17] 想定されているのは、当事者たちが、「自由で平等な道徳的人格」であるということだけであって、それ以上のものではない。あくまで、情報が遮断された「原初状態」の中で、理性的（reasonable）に反省することを通して、格差原理を含む正義の二原理へと導かれるのである。彼らは、最初からリスク回避性向が強い人間として想定されているわけではなく、「原初状態」の制約によって、あたかも極めてリスク回避傾向が強い人であるかのように選択するのだ、という。

2　リバタリアンの攻勢

ノージックからの批判

ロールズに対抗する、〝もう一つの正義論〟としての「リバタリアニズム」を体系化したのは、ハーヴァード大学の同僚である、哲学者ロバート・ノージックである。『正義論』の三年後に刊行された**『アナーキー・国家・ユートピア』**（一九七四）でノージックは、（「原初状態」ではなく）「自然状態 state of nature」にある人々が、自らが正当に獲得した財産を守るべく相互に交渉し、権利保護のための協会（association）を作り、それらの協会が競争したり、統合したりすることを通して、「最小国家 minimal state」が創設されるに至るまでの歴史的過程をシミュレーションしている。「最小国家」は、「自然状態」に由来する各人の所有権を保護し、侵害された際に矯正する役割に自己限定する。それ以上の役割、特に再分配機能を持った国家は、国家の本来の目的に反し、各人の権利を侵害することになるので許されない[18]。

ノージックは、この著作の第七章「分配的正義」でロールズ批判を展開している。ノージックは、（自然状態においても成立していると思われる）保有物に関する三つの正義の原理を呈示し、あらゆる正義は、この三つの組み合わせのみから導き出されるということを前提として議論を進めていく。その三つとは、以下の通りである[19]。

① 獲得の正義の原理に従って保有物（holding）を獲得した者は、その保有物に対する資格＝権原（entitlement）を有する

② ある保有物に対する資格＝権原を有する者から移転の正義の原理に従ってその保有物を得る者は、その保有物に対する権原を有する

③ 一と二を（反復）適用する場合を除いて、保有物に対する資格＝権原を有する者はない

この前提から出発すれば、一定の歴史的経緯を経て各人が正当に保有している財を再分配すべく、

国家あるいは社会が介入する余地は基本的にないはずである。正当な理由もなく介入すれば、それは不正義に他ならない。無論、ロールズは、この前提を共有していない。彼の理論では、「原初状態」において、社会的制度を規定する正義の原理に関する合意が成立し、それが市民たちによって受け容れられる〝以前〟は、各人は、特定の基本財に対していかなる固有の権利もしくは権原も保障されていない。「社会」を構成するという基本的な合意がなければ、ノージックの言うところの三つの正義の原理も導き出せない、ということになるだろう。逆に、ノージックの側から見れば、保有物に対する「権原」を承認する正義の原理が確定していなければ、正義に適った社会や国家を形成することなどできない。出発点が異なるので、両者の議論はかみ合わない。そこでノージックは、ロールズの議論を、自らの権原理論の視点から解釈し、ある程度内在的に批判することを試みている。

分配的正義の〝恣意性〟をめぐって

ノージックは、ロールズが分配的正義を問題にしているのは、彼が「社会的協働」によって得られる利益を念頭に置いているためである、と解釈する。各人が個別に働くよりも協働した方が大きな利益が得られるのであれば、人々の間に協働することに関する合意が成立すると考えられる。格差原理は、合意を成立させるための、利益の分配に関する条件を規定したものと見ることができる。共同事業を進めるために、利益の分配を予め決めておくのは、普通の契約でも行われていることであるが、ロールズの［社会的協働→正義］論では、そうした個別の契約を規制する法律やルールを含む、社会の「基礎構造」全体が〝契約〟の対象となる。

ノージックは、**生産のための「社会的協働」から分配における正義をめぐる問題が生じうることを一応認めたうえで、どうして最も恵まれない人々の集団に有利な分配方式に人々が自発的に同意することになるのか、とそもそもの疑問を投げかける。**絶対的平等主義とは違って、格差を条件付きで認めるのは、ロールズが、能力に恵まれた人がより多く働いて全体の生産を増加させるよう一定のインセンティヴを与える必要性があると考えているからだと推測できる[20]。しかし、各人の貢献度を測定することが可能だとすれば、その貢献度に合わせて権原を与えるというやり方ではどうしていけないのか。

もし、［旧約聖書の］マンナのようにものが天から降ってきて、それのどの部分に対しても誰も特別の権原をもっておらず、そして全員が一定の分配に同意しないかぎりマンナは降ってこず、またどうしたわけか［マンナの］量は配分［の態様］に応じて変化する、というのであれば、恐喝や特に大きな取り分を得るための［隠匿による］ごまかしができないような状況に置かれた人々は、分配についての［ロールズのいう］格差原理ルールに同意するであろう。しかしこれは、人々が生産する様々な物が如何に分配されるべきかを考察するためのモデルとして適切だろうか[21]。

マンナというのは、荒野を行くユダヤ人に天から恵まれた食べ物である。マンナのように、誰の労働の産物でもないことが極めて明らかなものであり、かつ、みんなが合意しない限り、与えられることがなく、分配の仕方によって与えられる総量が変わるような物が分配の対象になっているのであれば、格差原理を選ぶのは理に適っていると言えるだろう。誰もこれから与えられるマンナに対して特別の権原を持っていないので、メンバーが受け取ることのできる「最低限」の分け前（＝結果）に焦点を当てて、それがなるべく多くなるよう分配の仕方を決めるのが合理的である。

しかしながら、現実の世界で分配の対象になる財は、多くの場合、誰かが既に労働を加えるなどして「権原」を獲得している。たとえ、「原初状態」には「無知のヴェール」がかかっているとしても、**それまで人々が個別に獲得してきた「権原」をないものとして、一定のパタン化された結果に到達しやすいよう、基本財をゼロから〝分配〟し直すかのような原理に合意することが、合理的な判断なのか**。それが、ノージックの疑問である。

ロールズは正義の二原理の正当性を論証する過程で、才能や能力などの各人の「もって生まれた資質＝自然的資産 natural assets」の分配や成長の仕方、養育のされ方の違いは、道徳的な視点から見て「恣意的」であるという理由から、[22] 第二原理の解釈の四つの可能性の内、（ノージックの立場に最も近い）「自然的自由の体系」を採用できないとしているが、ノージックにとってこの論法はかなり疑わしい。

というのも、ロールズは、功績（desert）に応じて分配することの不当性を論じる文脈で、「人が意欲的になす努力は当人の生得的能力および技能と当人が手にしている選択肢とによって影響されている」とか「才能や資質において恵まれた人びとが他の条件が同じであれば良心的に努力する可能性は高いだろう」[23]などと述べているが、そういう調子で努力や動機付けまで道徳的に恣意的だと見なすのであれば、人間のほとんど全ての行為が道徳的に恣意的なものに依拠しているので、道徳的評価に値しないということになるからである。

その人自身の自発性によることなく、「外」から偶然に与えられた要素に起因するものは、道徳的に恣意的であるということで全て排除していけば、人の自律的な選択と行為の全てを理論から排除することに繋がりかねない。それは、「自律的存在の尊厳と自尊 dignity and self-respect of autonomous beings」を擁護しようとするロールズの本来の意図とも矛盾するはずである[24]。さらに言えば、「恣意的事実」から派生したものは道徳的に恣意的であるというのであれば、各人に備わっている「合理性」や「選択する能力」も、たまたま備わっているにすぎないので、恣意的なものであるということになろう[25]。「合理性」や「選択する能力」さえも恣意的なものとして排除することになれば、ロールズの原初状態論も含めて、「自由」を前提とする道徳理論を展開すること自体が不可能になる。実際には、ロールズは、「合理性」や「選択する能力」は（恣意的ではないものとして）擁護しているが、**恣意的なものとそうでないものをどうやって区別しているのか、ノージックには理解できない。ノージックの視点からは、自らの理論構成に都合の悪いものを排除する、そうしたロールズの**

区別こそ、恣意的である。

ロールズは、偶然によって配分される「自然的資産」の恣意性を克服すべく、「原初状態」の当事者たちは、人々の様々な才能を「集合的資産」として扱う格差原理についての合意が成立すると想定している[26]が、これは見方によっては、才能に恵まれた人は、他の人々に奉仕する形でその才能を使うのでない限り、その使用を禁止されるか、あるいは、その才能自体を〝取り上げられる〟ことを含意しているようにも思える。才能に恵まれていながらその才能を公共の利益のために活用しようとしない者に対しては、人頭税をかけることで、社会のために働くよう圧力をかけることになる恐れさえあるのではないか、とノージックは示唆する[27]。この問題は、先に言及した、『正義論』をめぐるシンポジウムでのマスグレイヴの論考でも提起されている[28]。

ロールズの返答──「基礎構造」の問題

こうしたノージックの批判に対するロールズの応答は、もともと『アメリカン・フィロソフィカル・クウォータリー』の一四巻二号（一九七七）に掲載され、大幅に改訂されたうえで、『政治的リベラリズム』に第七講義（第七章）として再録された、論文「**主題としての基礎構造**」で展開されている──ノージックへの反論は、主として、改訂に際して増補された部分に含まれている。

社会の「基礎構造」こそが、正義論が論ずべき第一の主題であるという自らの立場を再確認しているこの論文でロールズは、**リバタリアン理論は、「基礎構造」を視野に入れていないことを指摘**

している。保有物に関する三つの正義の組み合わせとしてノージックの最小国家論のような議論では、人々に基本的権利を付与し、市民としての活動に際してのルールを体系的に規定する「基礎構造」の問題は出てこようがなく、全ての正統な社会的協力は、自発的に合意する人々の創作物以上のものではなくなる。

国家は、私的結社＝協会（private association）の一種と理解され、政治的忠誠は、私的契約に基づく責務と同様のものと見なされる。万人に適用される単一的な公法の体系はなく、私法のネットワークがあるだけである。ロールズに言わせれば、**全てを私的契約関係に還元しようとするリバタリアンの理論は「社会契約論」ではない。**

というのも社会契約論は、原初契約を、政治的権威を定義、制御し、市民としての全ての人に適用される共通の公法の体系を確立するものとして描き出すからである。政治的権威とシティズンシップの双方が、社会契約という概念それ自体を通して理解されることになる。国家を私的結社と見なすことでリバタリアンの教説は、社会契約論の根本的な理想を拒絶する。したがって、極めて自然なこととして、基礎構造の正義についての固有の理論の余地を残さない(29)。

このようにロールズは、全ての権利関係を私的な合意に還元する形で捉えようとするノージックの議論は、**「基礎構造」における正義の原理、公法の体系を生みだす原理を求める自らのそれとは**

そもそも土俵が違うという立場を取ることで、批判をかわしている。土俵が違う以上、同じ主題をめぐって議論することはできない、というわけだ。

この点を確認したうえで、ロールズは、「正義の結果状態原理またはパタン付き分配原理(end-state principle or distributional patterned principle of justice)はどんなものでも、人々の生活に対する不断の干渉なしには継続的に実現されえない」、というノージックの主張[30]が、少なくとも、正義の二原理には当てはまらないことを示唆している。

ノージックの見方では、移転の正義に基づく取引を繰り返す内に、結果的に非常に裕福になる人や貧しくなる人が出てくる可能性があるので、「正義の結果状態原理もしくはパタン付き分配原理」に基づく政府が、格差を縮小しようとすれば、私人間の取引に干渉せざるをえなくなる。彼は、ロールズの格差原理も、そうした分配の原理の一種と見なしている。それに対してロールズは、**格差原理は、「基礎構造」に関わる原理であることを再度強調する形で応じている。**

正義の諸原理、とりわけ格差原理は、社会的・経済的不平等を制御する主要な公共の原理や政策に適用される。これらは、権原や報酬のシステムを調整し、このシステムの運用のために使われている、慣れ親しまれた日常の基準や規則のバランスを取るために使われる。例えば、格差原理は、所得や財産に対する税制、財政・経済政策に関係する。それは、告知された公法のシステムに適用されるのであって、特定の取引や分配、個人や結社の決定に適用されるのではない。むしろ、これらの取引や決定が生じる制度的背景に適用されるのである。告知なしに、予測不可能な形で、市民の期待や獲得に干渉することなどない。権原は、ルールの公的システムが宣言するところに従って、獲得され、敬意を払われる。税と制約は、全て原理において予見可能であり、保有物は、一定の移転と再分配が行われるであろうという、周知の条件の下で獲得される。格差原理は、個別の分配の継続的な矯正や、私的取引への気まぐれな干渉を命じるという反論は、誤解に基づいている。[31]

格差原理は、「基礎構造」とそれに基づく「公法のシステム」に関わる原理であって、個人の財産形成や私人間の契約関係に直接介入することはないのである。この点を強調することでロールズは、**所有権を中心とする私人間の権利関係を管轄すべき権原理論とのすみ分けを図ると共に、格差原理は**――ある意味、社会主義と同様に――**個人の基本的自由を侵害する、というありがちの批判を退けようとしている**わけである。

これは、伝統的な法理論における「公法／私法」の区分を準用した常識的な論法であるが、たとえ間接的にせよ国家が、不正の矯正という範囲を超えて私的所有関係に介入することをそもそも認めないノージックには、受け入れられない議論だろう。

なお、人頭税批判に関しては、「公正としての正義」の構想を全般的に補足説明するものとして著された、最晩年の著作『**公正としての正義　再説**』（二〇〇一）で、人間の才能は、固定資産のようにはっきりと量的に測定できるものではないので、予め人頭税のようなものをかけることは不可能だとしている。仮に可能だとしても、「われわれの才能が授けてくれるかもしれない利益を平等化するために人頭税に服すること」は、「基本的諸自由を侵害すること」になってしまうので、許されない。「格差原理は、幸運にも才能に恵まれているがために、より能力のある人々に罰を科すものではない[32]」のである。

3 「自由の優先」は自明か

ハートからの批判

ロールズは、「無知のヴェール」がかかった「原初状態」において契約当事者たちが、最初に、基本的自由への権利に関わる第一原理について合意するという前提で、議論を進めているが、この推論の妥当性を原理的に吟味した批判者がいる。英国の法哲学者H・L・A・ハート（一九〇七―九二）である。ハートは、その主著『**法の概念**』（一九六一）で、ソフトな法実証主義の立場から「法」の本質を定義し[33]、英米圏の法哲学をリードするようになった。ベンサムやミルの権利論に関心を寄せており、政治哲学的には、功利主義に近い立場を取っている。

ハートは、論文「**自由とその優先性についてのロールズの考え方**」（一九七三）で、第一原理について合意が成立すると言えるのはどうしてか、ロールズ自身の設定に即して詳細に検討を加えている。先ず、第一原理の対象となる「基本的諸自由」の範囲をめぐる問題がある。

既に見たように、『正義論』でロールズは、「基本的な諸自由は自由のためにのみ制限されうる」としているが、このことは裏を返して言えば、彼が「基本的諸自由」として指定している政治的自由や良心の自由などに含まれない自由は、経済的利益や効率性など自由以外の要因によって制限される可能性があるわけである。例えば、性的自由やアルコールや麻薬を用いる自由を制限すべきか、という問題は、ミルの『自由論』(一八五九)以来、社会的強制の及びうる範囲をめぐる論争において繰り返し論じられてきたが、これらは、ロールズの「基本的諸自由」に含まれているとは考えにくい[34]。性的関係などに関する自由を制限できるのは、他の自由だけなのか、それとも、他の要因によっても制限できるのか、ロールズはつめて論じていないように思われる。

「基本的諸自由」に限って考えても、それらが「自由のためにのみ制限されうる」というのは、どういうことか明らかではない。『正義論』(初版)の三二節でロールズは、以下のように述べている。

基本的諸自由は、全体として、つまり一つの体系として評価されねばならないことを認識することが重要である。それは、一つの自由の価値は通常、他の諸自由がいかに特定されるかにかかっており、このことは憲法の枠組み造りと立法一般において考慮に入れねばならない。より大きな自由が好ましいというのは大筋においては正しいが、それは個別の自由には当てはまらない。諸自由が制限されていなかったら、互いに衝突するのは明らかだ。[35]

この箇所や、基本的自由の相互関係を論じた他の箇所を見る限り、**ロールズは、基本的諸自由は「一つの体系」を成しており、その体系の枠内で、「基本的自由」同士が衝突した時、どちらを優先すべきか憲法や法律で定めることで、体系全体として「自由」を拡大することが可能である**、と考えているように思われる。具体的な例としてロールズは、討論の際に順番のルールによって「好きな時に語る自由」を制限することで、「言いたいことを言ったり、主張する自由」の価値の低下を防ぐことを挙げている。[36] これは一見もっともらしく聞こえるが、前者よりも後者を優先することで、「自由」の範囲や総計が増えると、いかなる基準をもって言えるのか。よく考えてみると、何をもって、「自由が体系的により大きくなる」、と言えるのかよく分からない。

平等な市民たちの代表である、「無知のヴェール」の下にある「契約当事者」たちの合理的判断に委ねるとしても、市民たちの意見がはっきり分かれる問題、例えば、通行の自由とプライバシーのいずれを優先すべきか、といった問題では、確定的な答えを出せるとは考えにくい。ロールズは、万人が共有する目的としての「共通善」に訴えかけることで、答えを求めようとしているが、それは「自由」を拡大することになるのか。ハートはそこに疑問を投げかけたうえで、「自由A vs 自由B」という図式とは、違った角度からこの種の問題を捉え直す方がいいのではないか、と示唆する。

この問題は、一般的福祉が自由の他に経済的利益やその他の経済的利益を含むと考えたうえで、どの選択肢が万人の一般的福祉を最も推進しそうかという問題として単純に捉えるならば、原則的には答えられるかもしれない。たとえば、もし、土地を無制限に通行する自由が万人の食物の供給を減らす傾向にあり、他方、他の選択肢からは万人に影響を与えるような悪い結果が生じないであろうことが証明されるならば、その衝突は通行を制限する方に有利に解決されるべきである。しかし、福祉の観点からこの問題を解釈することは、自由は自由のためだけにのみに制限されることができ、社会的または経済的利益のためではないという原理によって否定されるように思われる(37)。

このように、「自由」それ自体ではなく、その自由を行使したことから予想される帰結が人々の「一般的福祉 general welfare」に与える影響で比較するという功利主義的な発想をすれば、答えが出せそうな問題は多々あるが、そうした問題に対しても、「自由は自由のためにだけ制限」する、という原則に拘ろうとすると、かえって話がややこしくなる。現代の自由主義的な社会では、他人を誹謗するような言論や環境破壊に繋がる行為を抑止すべく、言論の自由や所有権の行使が制限されていることが多いが、「自由のための自由の制限」という視点からだけでは、これらの措置の正当性を証明することが困難である。

各人が自由に行動できる環境を整備するために、他者に危害を与える可能性のある仕方での自由の行使は制限されてしかるべき、というような論理を持ち出すこともできないわけではなかろう。しかし、そうした間接的な要因を〝自由〟に含めるのであれば、**「基本的諸自由」に関わる第一原理と、それ以外の経済・社会的利益に関わる他の原理を明確に区別する、ロールズの対功利主義戦略の根幹が揺らぐことになる。**

ロールズが想定する「人間像」への懐疑

ハートは、ロールズの第一原理に内在するこれらの困難を指摘したうえで、**そうした困難を含んだ第一原理が、合理的なものとして、「原初状態」の契約当事者たちによって採用されるという想定自体を疑問に付す。**彼は、この疑問が意味するところを、ロールズ自身のテクストに内在する形で明らかにしていく。

『正義論』の二六節でロールズは、「自由の優先」に関する「第一の優先順位ルール」を設定する一方で、自由な社会の基盤となるべき一定の社会的・経済的条件が整えられるまでの間は、このルールが完全な効力を持たないこともありうるとの見方を示している。ある程度社会が発展し、基本的必要性（basic wants）が満たされるまでは、「自由の優先」は必ずしも厳格に遵守されなくてもいい、ということだ。[38] これは、開発途上国の経済発展のために、その国の政府が権威主義的なやり方をすることを容認する現実主義的な議論と、同じ種類の発想と見ることができよう。

無論、どれだけ豊かな社会になっても、さらに大きな物質的利益を得るために、基本的諸自由を放棄する人はいるだろう。「自由の優先」ルールは、一定の発展段階に到達した時点で、そうした交換を禁止するルールと見ることができるのか。しかし、どうして禁止する必要があるのか。ロールズは、豊かな社会になれば、「自分のための人生計画を決定するという基本的利益が、最終的に優先的な地位を占める[39]」ようになると予測しているが、自然とそうなるのであれば、（自分の人生計画に関わる）基本的諸自由とそれ以外の財の交換を禁止するルールを予め設定する必要はないように思われる。

ロールズの議論をハートなりに好意的に解釈すれば、人々が「基本的諸自由」を一度放棄してしまったら、その影響が豊かな社会になった後でも長期的に継続する恐れがあるので、人々が自らを苦しめることになる早計な判断をすることがないよう、（「原初状態」にある「契約当事者」たちが）予め彼らの選択に枠をはめておくのは合理的である、ということになるのだろう。しかし、ハートに言わせれば、この議論は一方的である。ロールズが想定している、優先ルールが効力を持ち始める発展段階に達したとしても、依然として、物質的なニーズを満たすために基本的諸自由の一部を自発的に放棄することを選択したいと思う人もいる可能性が否定的できないからである。その人たちにとっては、政治に参加する権利や良心の自由よりも、生活を豊かにすることの方がより切実であるかもしれない。

どちらの立場を優先すべきなのか。マクシミン・ルールに従って、最も不遇な人が受ける可能性がある損害を最小化するのが、ロールズの基本的立場だとすれば、以下のA、Bの選択肢を比較したうえで、いずれの場合が、最も不遇な人の損害を最小化することになるのか比較考量する必要がある。

A もし優先性のルールがなく、富の増大をはかるために政治的自由が放棄されているならば、最悪の立場は、失われた自由を行使することを望み、かつ、自由の放棄によってもたらされる余分の富に関心をもたないひとの立場である。

B もし優先性のルールが存在するならば、最悪の立場は、ちょうど優先性のルールが機能するのに十分なくらいに豊かになっている社会において、最底辺の経済的レベルで生活し、物質的な豊かさをより増大させるために政治的自由を喜んで放棄するであろう人の立場である。(40)

ロールズは、AよりもBの方が、最悪の立場の人が受ける損害が小さいと想定して、第一原理を導き出しているが、自分たちの欲望の性質や強さについて知らないはずの「無知のヴェール」の下にある契約当事者たちが、どうしてそういう判断をできるのか、ハートには理解できない。**ロールズは、自己利益を追求する合理的な人間が、「無知のヴェール」の下で、必然的に「自由の優先」ルールを選択するかのように見せかけているが、ハートは、実際には、そこにロールズなりの理想が暗黙理に前提されているのではないかと見ている。**それは、「政治的活動と他人への奉仕を人生の主要な善として高く評価し、そして、このような活動のための機会をたんなる物質的な財や満足と交換することに耐えられないような公共精神に満ち溢れた市民[41]」の理想像である。

そうした市民の理想像が議論の下敷きになっていると考えれば、ロールズの議論の筋道は分かりやすくなるが、「契約当事者」たちが、彼の理想通りに判断するのだとすれば、それは論点先取である。論点先取するのであれば、わざわざ「無知のヴェール」のような道具立てを持ち出して、正義の二原理が、合理的な主体たちの自由な選択の帰結であることを論証する意味がなくなる。

ロールズの返答①――二つの道徳的な力

ハートの批判に対するロールズの応答は、英米の複数の大学が共同開催している、連続講義「人間の価値に関するタナー講義」の枠で行われた講義**「基本的諸自由とその優先性」**（一九八一[42]）で展開されている。この講義に訂正を加えたものが、『政治的リベラリズム』に第八講義（第八章）として収められている[43]。

この論文の冒頭でロールズは、論文の目的がハートによって提起された二つの疑問、「原初状態」において「基本的諸自由」に優位を置くルールについて合意が成立する理由が十分に説明されていないという問題と、具体的な政治的プロセスにおいて保障されるべき「基本的諸自由」の内容がどのように特定され、相互調整されるのか明確でないという問題に答えることであると明言している。

第一の疑問に関しては、**「原初状態」にある「契約当事者」たちが「代表」する諸「人格」に共通する、道徳的能力を詳述する形で応えることが試みられている**。これまで繰り返し述べてきたように、「原初状態」を覆っている「無知のヴェール」は、個人の有利/不利に関する情報を遮断することで、非党派的＝公正な判断を可能にする仮想の装置である。この論文でロールズは、この装置を通して、人間に本来備わっている二つの道徳的な力（moral power）が表現されると主張している。

一つは、**「合理的になる能力** the capacity to be rational**」**、すなわち、自らの善の構想を形成し、修正し、自らの「善の構想」を合理的に追求する能力である。もう一つは、**「道理（良識）的になる能力** the capacity to be reasonable**」**、言い換えれば、「正義感覚への能力」である。この場合の「正義感覚への能力」とは、「社会的協働の公正な条件を重んじる能力」である。[44] この二つの能力に従って、社会的協働のための公正な条件と整合性のある形で、自らの善の構想を追求する市民たちは、「完全な自律性 full autonomy」[45] をもって行動していると言える。

「原初状態」にある「契約当事者」たちは、自分たちが「代表」している諸人格はこの二つの能力を備えており、これらの能力を行使できる環境があることが、各人が自らの「善の構想」を追求するうえで不可欠であることを前提に、正義の原理を選択することになる。この二つの能力に即して考えるのであれば、「基本的諸自由」の保護と、それらを他の基本財よりも優先するという結論に至るはずだという。

先ず、「合理的になる能力」に即して考えてみよう。この能力を自由に行使し、発達させせられる環境があることは、各人が自らの「善の構想」を練り上げ、追求するうえで不可欠である。無論、各人が現に抱いている「善の構想」が実際に合理的なものであるかどうか分からないし、「合理的になる能力」を自由に行使した結果、かえって失敗する可能性もある。しかし、どういう「善の構想」が最も合理的であるのか、「原初状態」にある「契約当事者たち」には分からないわけであるから、彼らは、各人が自らの「善の構想」を追求し、試行錯誤するうえで不可欠な「基本的諸自由」を保障し、それに優先性を与えることを選択すると考えられる。例えば、「基本的諸自由」の一つである「良心の自由」が保障されることによって、各人は、自らの「善の構想」を支えている、宗教的・哲学的・道徳的な見解を吟味、修正し、より合理的な構想を練り上げることができる[46]。

「正義感覚への能力」との関連では、以下の三つの根拠を挙げることができる。第一に、基本的諸自由とその優先性を保障する正義の二原理を採用することで、人々の正義感覚に対応する、社会的協働のための正義に適い、かつ安定したスキーム（枠組み）を創出することができる。協働のためのスキームが安定することで、人々は自らの「確定した善の構想 determinate conception of the good」の追求に安心して邁進することができる。第二に、正義の二原理に基づく制度

「合理的な」→ 自らの善の実現を追求すること
「道理的な」→ 協働のための諸条件に配慮すること

は、市民たちを平等な存在として扱うものであるから、市民たちの自尊心を培う。第三に、正義の二原理は、各人の「善の構想」だけではなく、「社会連合 social union」[47]というより包括的な善を実現することに寄与する。「社会連合」というのは、例えば、才能がある音楽家たちが、オーケストラを結成して、それぞれが受け持つ楽器に習熟することで、一人一人の潜在的能力をフルに発達させると共に、一人だけでは達成できない善を相互補完的に達成するような関係である[48]。

ロールズは、この二つの能力と、「基本的諸自由」に関わる第一原理の関係を最終的に以下のようにまとめている。

最初に、原初状態での手続きが契約当事者たちを対称的に位置付け、道理的なもの（the reasonable）を表現する諸制約に、彼らを従わせる、と仮定しよう。次に、契約当事者たちは、合理的に自律した代表者たちであり、その熟議（deliberation）は、合理的なもの（the rational）を表現している、としよう。だとすると、社会の基礎構造を制御する正義の諸原理を選択する手続きにおいて、各市民は公正に代表されていることになる。契約当事者たちは、自分たちが代表している諸人格の善のみから導き出される諸考察によって提起される諸原理のどれを選ぶか決定しなければならない。先ほど検討した理由から、契約当事者たちは、確定した（しかし未知の）善の諸構想を広範に保護し、二つの道徳的な力の適切な発達と、その完全で十分に情報を与えられた行使を保障する諸原理を好むだろう。基本的諸自由とその優先性が、（道理に適った好ましい状況下で）これらの条件を保障するという前提に立てば、正義の二原理――その第一原理が第二原理に優位する――が、合意によって採択される正義となるだろう。[49]

このように、ロールズは、**各人の「善の構想」を実現するのに必要な二つの道徳的な力が、「原初状態」と「契約当事者」たちに関する想定の中に既に含まれているので、彼らは必然的に、基本的諸自由を他の基本財よりも優先する形で保障する、正義の二原理に合意することになると見ているわけである。**

合理的自律性を志向する「合理的になる能力」と、正義に適った社会的協働のためにそれに制約を加える「道理的になる能力」の働きが合わさって、市民たちが潜在的に「完全な自律性」を目指しており、「契約当事者」たちがその非党派的な代表であるとするならば、「基本的諸自由」を優先的に保障しながらも、正義に適った協働の条件を整えるべく第二原理で補完する、正義の二原理が選ばれるというのは、それなりに、筋の通った議論である。しかし、二つの能力の想定によって、「正義の二原理」が必然的に導き出されるのであれば、答えは最初から決まっているので、「原初状態」において、「正義の二原理」と他の正義の原理の候補を比較する意味はない。この点で、ロールズの議論は、**ハートが指摘していた「公共精神に満ち溢れた市民」の理想像の想定を、開き直って肯定する方向に向かっていると言える。**ロールズ自身、そのことを認めている。[50]

ロールズの返答②——正義に適った基礎構造

具体的な政治的プロセスの中での「基本的諸自由」の特定と相互調整をめぐる第二の疑問については、（基礎的なものであれそうでないものであれ）**個々の「自由」の意義は、「正義に適った構造」の中でどのような政治的・社会的役割を担っているかに左右される、という視点から応えることを試みている。**

例えば、「思想の自由」に属する「政治的言論の自由」は、先の二つの道徳的な力の発達と行使のために必要な自由であり、その言論の内容に関して制限されることはない。ただし、政治的諸自由の「公正な価値」に関連して制限されることはありうる。「公正な価値」とは、それらの自由を行使することによって得られると期待できる利益の公正さのことである。資金力が豊かで組織力を誇る特定の集団が政治的影響力を不当に拡大するのを抑止すべく、選挙資金の制限を法的に制限する、というようなことが考えられる。ロールズは、選挙資金の制限に関する法改正と憲法の修正第一条[51]で保障されている「言論の自由」の関係をめぐる、アメリカ最高裁の判決を分析したうえで、「公正な価値」のために、修正第一条で保障されている「基本的自由」であっても一定の制約に服するべきである、と論じている。

代表の公正なスキームの達成のために、（……）選挙における政治的自由に制限を課し、調整することは正当化されうる、ということが導き出されるだろう。そうでなかったら、いかにして、全ての市民の完全で有効な声を保持できるだろうか。一つの基礎的自由の他の基礎的自由に対する関係の問題なのだから、修正第一条項で保護されている諸権利が、他の立憲的要請、この場合は、政治的諸自由の公正な価値に鑑みて調整されねばならないかもしれない。そうしないということは、憲法を全体として見ることができないということ、そして、基本的諸自由の完全に適切なスキームの本質的な一部としての正義に適った政治的プロセスを特定するために、憲法の諸条項が全体として把握されるべきであるということを認識し損なっている、ということである。[52]

このように、ロールズは、「基本的諸自由」が「一つのスキーム」を形成していることと、そして、それに対応して、憲法の自由権に関する諸条項が一つの全体を形成していることを強調すること──それに伴って、正義の二原理の定式を微修正すること[53]──で、「自由は自由によってのみ制限される」という自らの基本的立場を擁護しようとしているが、「基本的諸自由」が「自由」以外のものによって制約される可能性を指摘するハートの疑問には正面から答えていない。**「自由」の意義は、「正義に適った基礎構造」の中での政治的・社会的役割に依拠していることを認めた時点で、実質的にハートの主張を受け容れたと見ることもできないわけではない。**

4　ロールズのカント主義的転回

「カント的」とは

「基本的諸自由とその優先性」で、二つの道徳的な力の（強い）想定によって「原初状態」を再定式化するに際してロールズは、この講義の前年に発表した論文**「道徳理論におけるカント的構成主義」**（一九八〇）を参照している。この論文でロールズは、自らの「公正としての正義」の方法論のルーツが「カント的構成主義 Kantian constructivism」にあるとして、カント的な視点から、「公正としての正義」を捉え直すことを試みている。この論文以降、ロールズはカント哲学への傾斜を強めたとされている。(54)

「構成主義」というのは、「直観主義」と対置される方法論で、数学で一定の規則に従って推論を積み重ねるによって数の相互関係を体系的に構成し、そこから負の数や無理数、虚数などを導き出すのと同じ様に、**一定の規則に従っての推論を体系的に展開する中で、諸概念を導き出すことを特徴とする**。(55)直観的に〝自明〟な正義概念を最初から前提とすることなく、正義のゼロ点としての「原初状態」を起点とし、正義の諸原理を最初に設定した手続きに従って体系的に「構成」していく、ロールズの「公正としての正義」は、もともと、「構成主義」的な正義論であったと言える。

問題は、「カント的」の意味である。

構成主義のカント主義的形態を特徴付けるものは、本質的に以下のことである。それは、構成の道理に適った（reasonable）手続きの要素として、特定の人格の構想を特定する。この手続きの結果が、正義の第一原理（first principles of justice）の内容を規定するのである。別の言い方をすれば、こうなる。この種の見方は、一定の道理に適った要請に応えるための一定の構成の手続きを設定し、そして、この手続きの中で、構成の合理的行為主体（rational agents）として性格付けられる諸人格は、合意を通して、第一原理を特定する。（……）指導的理念は、構成の手続きを手段として、特定の人格の構想と正義の第一原理の間に、適切な関係を樹立することである。カント的な見解では、人格の構想、手続き、第一原理が一定の様式——この様式は、当然、多くのバリエーションを許容する——で関係し合う。(56)

ここから読みとれるように、ロールズは、カントの道徳哲学におけるそれと似た、**道徳的能力を備えた人格を前提として組み込んだ構成的手続きに従って、第一原理を導き出すことを「カント的」と呼んでいる**ように思われる。(57)『正義論』の当初の設定では、「原初状態」における「無知のヴェール」ゆえの不確定性という外的条件と、契約当事者たちに備わっている合理性と正義感覚という内的（人格的）条件の相乗効果によって、「正義の二原理」へと至るわけだが、「カント的構成主義」では、はっきりと後者の条件の方に力点が置かれる。それに伴って、その条件はより詳細に規定されることになる。カント的な道徳的人格に明示的に依拠することによって、市民たちの「自由と平等」を優先的に保障する第一原理の選択が確実になる。

第一章で既に見たように、ロールズは、既に比較的初期の論文「正義感覚」で、「正義感覚」に基づいて他者の「人格」を公正に扱うことに重きを置く、自らの正義論の特徴をカントのそれに準えて呈示している。「道徳理論におけるカント的構成主義」では、それを、構成主義的な方法論に反映させることを試みたわけである。

「道理的なもの」による「合理的なもの」の制約

では、カント的な道徳的人格は、具体的にどのような人格なのか。論文「基本的諸自由とその優先性」の場合と同様に、二つの道徳的な力を備えた人格であるが、力点の置き方が少し異なっている。第一の力は、「正義の実効的な感覚への能力」、つまり「正義の諸原理を理解し、適用し、（単にそれと調和してということではなく）それを起点として行動する能力」である。第二の力は、「自らの善の構想を形成し、修正し、自らの「善の構想」を合理的に追求する能力」である。道徳的諸人格は、これら二つの道徳的力を実現し、行使しようとする、二つの「最高次の関心 highest-order interests」によって動かされる。(58)

ある人格が第二の力を発揮して、自らの道徳的能力を高めると共に、自らの善の構想を追求している状態が、「合理的 rational」と形容されるのに対し、第一の力を発揮して、社会的協働の公正な条件を追求し、保持しようとしている状態は、「道理（良識）的 reasonable」と形容される。低次の衝動や他者の干渉に左右されることなく、「合理的なもの」に従って、自らの目的を追求している人格は、「合理的な自律 rational autonomy」を達成していると言えるが、それだけではまだ「完全な自律」とは言えない。「完全な自律」を達成するには、「道理的なもの the Reasonable」による「合理的なもの the Rational」の制約が必要である[59]。

「道理的なもの」による制約ということを、少しだけ分かりやすく言い換えれば、社会的協働のための公正な条件に反することがないよう、当該人格にとっての合理的選択の範囲を予め限定するということである。もっと簡単に言うと、**「正義感覚」に反するような形での個人の幸福追求を認めないわけである**。

カント自身の道徳理論においては、実践理性に基づく道徳的行為は、自らの幸福への欲求や身体的な必要性、外界からの物理的・社会的影響などの外的要因から完全に切断され、かつ、いついかなる場面でも無条件に「善」――この場合の「善」は、ロールズの正義論で直接問題にされている、各人の人生の目的としての「善」ではなく、道徳法則によってアプリオリに規定される「善」である――と呼びうるものを志向していなければならない。その基準を自己に課すのが、「汝の意志の格率が常に普遍的立法の原理として妥当するよう行為せよ」、という形で表現される「定言命法 Kategorischer Imperativ」（の第一定式）である[60]。いかなる外的条件に左右されることなく、自らを律する絶対的な「格率」にのみ従って振る舞うことこそが、道徳的に自律している、ということである。

個人の道徳的自律性それ自体ではなく、正義に適った制度の構築を目指すロールズの「カント的構成主義」は、そこまで極端ではない。**個人にとっての善（幸福）に関わる「合理的なもの」が、社会的協働の公正な条件に関わる「道理的なもの」による制約を受けることになる制度的枠組みが――「原初状態」での合意に従って――構築されており、ある市民がその枠組みに適合するように振る舞うのであれば、たとえ個人的な欲求によって動かされているのだとしても、「完全に自律している fully autonomous」と見なされる。**

「道理的なもの」による「合理的なもの」の制約の意味するところを、ロールズは以下のように要約している。

原初状態において道理的なものが合理的なものを枠付ける仕方は、実践理性の統一性を代表（represent）する。カント的な用語で言えば、経験的実践理性は契約当事者たちの合理的な熟議によって代表され、純粋実践理性はこれらの熟議がその枠内で行われる制約によって代表される。実践理性の統一性は、合理的なものを枠付けし、それを絶対的に従属させるような形で道理的なものを定義することによって表現される。つまり、合意される正義の諸原理は良く秩序付けられた社会への適用において、善の要求に辞書的に先行する、ということである。このことはとりわけても、そのような社会では、正義の諸原理とそれらが定義する権利や自由は、効率性や社会的福利の正味のバランスの増大についての考慮によって乗り越えられることはない、ということを意味する。これによって、理性の統一性の一つの特徴が明らかになる。道理的なものと合理的なものは、合理的なものに対する道理的なものの厳密な優先性を確立する実践的推論（practical reasoning）のスキーム（図式）の中で、統一される。この善に対する正の優先が、カント的構成主義の特徴である。(61)

ここから分かるように、「合理的なもの」は、効率性、社会的福利など、経験的要素を考慮しながら、自らにとっての「善」を最大化するよう働きかける「経験的実践理性」に対応するのに対し、「道理的なもの」は、個別の善の増減をめぐる損得計算のようなものを越えて、「公正さ」という意味での「正義」に従うよう働きかける「純粋実践理性」に対応する。前者が全面的に後者に従属する形で、「実践理性」の統一性が具現することになるわけである。

「実践理性の統一性」というのは、個人の便益を志向する経験的実践理性の判断と、公正さを志向する純粋実践理性の判断の間に齟齬がなく、調和が取れていることである。当然のことながら、個人の内面においては、実践理性の二つの側面の間で統一性が保たれているという保障はない。むしろ、純粋実践理性の定言命法が、状況に従って条件付きで判断する、経験的実践理性の「仮言命法 Hypothetischer Imperativ」に事実上〝支配〟されていることが多いのが、現実である。ロールズの「カント的構成主義」は、**実践理性の二つの側面を、「原初状態」にある「契約当事者」たちの熟議**

の方向性を規定する「合理的なもの」と「道理的なもの」の関係に読み替えたうえで、制度の面から両者の――後者が全面的に優位になる形での――〝統一〟を図る試みと見ることができる。この〝統一〟が、ロールズが反功利主義の文脈で強調する、「善」に対する「正」の優位へと繋がるわけである。

手段としての「基本財」

この二年後に発表した論文**「社会的統一性と基本財」**（一九八二）では、序数的功利主義者であるアローによって提起されていた、各人の善の追求に必要な「基本財」に優先順位を付けることがいかにして可能かという問題(62)に、カント的な「道徳的人格」の視点から答えることを試みている。「基本財」に対する「選好」が個人で異なっているとすれば、第一原理に従って平等に分配されるべき基本財と、第二原理に従って一定の不平等が容認される基本財を区別する根拠はどこにあるのか、という疑問が出てくる。「基本的諸自由」に対する選好が低い人がいるかもしれない。こうした疑問に対してロールズは、「公正としての正義」は、心理学的な意味での「満足」の最大化という視点から「基本財」を扱っているわけではない、という立場を明らかにしている。

基本財は、善の構想を形成し、合理的に追求するのに一般的に必要とされる社会的背景条件と汎用的な手段である。正義の諸原理は、全ての市民にこれらの条件の平等な保護とアクセスを

保障し、各人に、必要とされる汎用的手段の公正な取り分を提供する。(63)

つまりロールズにとって、**「基本財」は、それ自体として各人の欲求を充足してくれる「財」であるわけではなく、「道徳的人格」が、二つの道徳的な力によって、自己の「目的」である「善の構想」を追求するために様々なやり方で利用することができる「手段」なのである。**各人に共通に備わっている（はずの）道徳的な力を発達させるうえでの必要性、市民たちの「最高次の関心」に即して、第一原理の対象となる「基本的諸自由」が規定され、それを補完する形で、第二原理の対象となる基本財も規定されてくる。

ロールズは、良く秩序付けられた社会に生きる市民たちが、効用から生じる満足を享受する基本単位である以上に、「完全な自律性」を志向する「道徳的人格」であることを（改めて）強調することで、第一原理を優位に置く自らの基本的立場を擁護しようとしたのである。

5　「形而上学」から「政治」へ

普遍主義との決別

一九八五年に発表された論文「**公正としての正義――形而上学的ではなく、政治的な**」は、ロールズの転換点になったとされている。この論文の冒頭でロールズは、**「公正としての正義」は、普遍的真理とか、諸人格の本質的な本性やアイデンティティに関する主張に依拠しているわけではないことを強調している。**論文「カント的構成主義」や「社会的統一性と基本財」、タナー講義「基本的諸自由とその優先性」などで示していた、カント的「人格」観への強い傾斜とは、逆の方向性であるように思われる。[64]ロールズの中で、二つの方向性の間にどのような整合性があるのだろうか。

正義の構想が、特定の哲学的あるいは形而上学的主張に依拠することを拒絶すべき理由について以下のように述べている。

要約して言えば、この考え方は、立憲民主制においては、正義の公共的概念は、可能な限り、論争の余地がある哲学的・宗教的教説から独立しているべき、ということである。そういうわけで、そうした構想を定式化するに際しては、私たちは寛容の原理を哲学自体に適用することになる。正義の公共的構想は、形而上学的ではなく、政治的でなければならない。それが本論のタイトルである。[65]

ここから分かるように、この論文のキーワードになっている「政治的」という形容詞は、「立憲民主主義的」というのとほぼ同義に使われている。近代の立憲民主制では、市民たちが、異なった価値観・世界観を持っていることが前提になっている。**そうした深いレベルでの一致を無理に目指**

すことなく、お互いの価値観・世界観に対しては干渉せず、共通の利益に関わる公的事柄に関してのみ一定のルールの下で集団的自己統治を行う、というのが、立憲民主制の大原則である。

そうした立憲民主国家を支える社会的・歴史的条件は、宗教改革後の宗教戦争と、その反省を踏まえた寛容の原理の発達、立憲政府の成長、巨大な産業と結び付いた市場経済の諸制度などを背景に形成されたものである。教義や善の構想の多元性を許容する、宗教改革以降の伝統の中で、全ての市民を自由で平等な人格として扱うことに関して合意が成立し、基本的な権利や自由を保障する制度が考案されてきた。ロールズは、そうした立憲民主制のための政治的諸構想の一つとして、自らの「公正としての正義」を位置付ける。つまり、**「公正としての正義」は、西欧の民主主義諸国の伝統に適合する、現実的な「政治的構想」であって、歴史や地域を超えて普遍的に妥当する「真理」を現実化しようとしているわけではないのである。**むしろ、道徳的や宗教の問題に深入りしないように、「意図的に表面に留まる[66]」。

「形而上学的」→深い価値観での一致。
基礎あり。
「政治的」→民主主義的な一致。
基礎なし。

キャラとしての「契約当事者」

無論、ロールズ自身がこのように立場表明しても、「公正としての正義」自体が特定の形而上学的な前提に依拠しているのではないか、という印象は払拭し切れない。その印象を最も強く与えるのは、「原初状態」で「無知のヴェール」の下にありながら、二つの道徳的な力に導かれて、「正義の二原理」に合意する「契約当事者」たちについての想定であろう。**「契約当事者」に、ロールズ流の形而上学に基づく人間本性観が反映されているように見えてしまう。**ロールズ自身、そのような印象が生じる可能性があることは認めている。そのうえで、その印象は誤解によるものであり、こうした概念装置や仮定は、市民たちが合意することができる社会的協力の公正な条件を抽出するための道具立てにすぎないことを強調する。

この幻想は、原初状態を代表の装置と見ないことによって引き起こされる。この状態の一つの顕著な特徴である、無知のヴェールについて言えば、そこには、自己（the self）の本性についてのいかなる形而上学的含意もない。それは、自己が、契約当事者たちが知ることができない諸人格に関する諸事実に、存在論的に先行しているということではない。言ってみれば、列挙されている諸制約と適合するように正義の基準について推論するだけで、私たちは原初状態に入ることができるのである。そういうわけで、私たちが自らがこの状態の内にあるものとシミュレーションする時に、私たちの推論＝理性の働き（reasoning）が、私たちをして、自己の本質についての形而上学的教説にコミットさせる度合いは、モノポリーのようなゲームをする際に、私たちが、自分は勝者総取りの必死の競争に従事している地主だと考えることにコミットする度合いと、変わりはしないのである。(67)

この箇所での発言通りだとすると、「原初状態」における「契約当事者」たちは、文字通りの意味で、〝真の人間本性〟のようなものを具現しているわけではなく、言わば、ゲームのキャラがそうであるのと同様に、自らの置かれている状況に対応する一定の判断パターンを付与されているにすぎない。ゲームのキャラになり切って、勝つための最善の戦略を考え、それによって戦略的判断力を訓練するのと同様に、市民としての私たちは、「原初状態」の「契約当事者」という役柄になり切って、「契約当事者」としての〝私〟にとって最善の正義の原理を考え、正義について考える能力を鍛えるわけである。「契約当事者」たちに備わっている二つの道徳的な力も、キャラ設定の一部と見ることができる。

「重なり合う合意」をめざして

ロールズによれば、「公正としての正義」は、「道徳的な構想」ではあるが、「包括的な道徳的教説 comprehensive moral doctrine」ではない。(68)「包括的な道徳的教説」というのは、認知しうる全ての道徳的価値や徳を包摂する一つの体系を形成している（と自称する）教説、言い換えれば、（公的（政治的）領域／私的領域の区別なしに）人の生の全領域をカバーし、全体として正しい方向へと導こうとするような道徳的教説である。自らの適用領域を限定し、部分的妥当性しか持ち得ないことに満足しない教説と言ってもよい。**「公正としての正義」は、社会契約に基づいて行われる政治の領域における、市民たちの社会的協働の条件を制御しているだけであって、人生全般を導こうとするような包括性は持っていない。**

そうした包括性を志向する道徳理論は、立憲民主国家のためのリベラルな政治的構想とは相いれない。ただし、一般的にリベラリズムに分類されている道徳理論の中にも、包括性を志向するものがある。例えば、自律と個別性に関する包括的理想を掲げるカントやミルの理論がそれである。彼らの理論は、立憲体制の議論としては、過剰である。ロールズは、政治的構想としてのリベラリズムは、包括的な理想とは一定の距離を置き、その内のどれかを特権化すべきではないという立場を取る。[69]

特定の包括的な道徳的教説を追求する人々の間で、各人の包括的理想をいったん括弧に入れ、社会的協働のためのリベラルな構想についての公共的合意を成立させるための方策として、ロールズは**「重なり合う合意** overlapping consensus**」**論を提起している。「重なり合う合意」という言葉は、『正義論』の五九節の市民的不服従を論じる文脈で出てくる。この文脈でロールズは、**市民たちが抱いている正義の構想に違いがあり、それゆえ考え方の前提が異なっていても、各人の正義感覚に基づ**

いて、（市民的不服従が正当化されるような重大な不正が行われている）**当面の状況について同じ結論に至るのであれば、厳密な合意はなくとも、「重なり合う合意」は成立していると言えるのではないか、**と示唆している。[70] 考え方の筋道はそれぞれ違っても、結論は「重なり合う」わけである。

「公正としての正義――形而上学的ではなく政治的な」では、この概念を修正・拡張して、特定の包括的な道徳的教説を、正義に関するリベラルな政治的構想の基礎にしないですむことが可能であることを証明するために用いている。特定の道徳的教説を理論的基礎にしないで、正義に適った制度を構築することに関して合意が成立するのであれば、形而上学的なレベルでは対立し合う諸教説が、同じ政治的構想の下で、共存することが可能になるわけである。

ただ、ロールズは、自らの主張する「重なり合う合意」が、各人が生き残りのために便宜的に合意しているにすぎない、単なる「暫定協定 modus vivendi」ではないことを強調している。彼は、単なる「暫定協定」とは異なる理由として、二つ挙げている[71]

①「重なり合う合意」を支えとする「公正としての正義」が、人格と社会についての諸構想、権利や公正さ等の概念、正義の原理等を含む道徳的構想であること

「重なり合う合意」とは
前提ではなく，結論だけの
ゆるい合意のこと。

② 様々な哲学的・宗教的・道徳的な教説が、「公正としての正義」によって特定される正義の公共的諸理由(public reasons)を、それぞれ独自の視点から受け容れるように誘導されること

②について少し補足しておくと、「公正としての正義」は、社会的・政治的な協働ための道理に適った基礎を提供し、誠実さ、相互信頼、日常の協力関係における諸徳の必要性を示すものなので、言い換えると、宗教や世界観の違いを越えて、ほとんどの理性的(reasonable)な人たちが自らの正義感覚に従って当然のこととして受け容れている内容を論理的に再定式化したものにすぎないので、それぞれの包括的教説はそれを自らの体系の中に取り込んで、独自のやり方で根拠付けることができるわけである。

ロールズはその後、論文**「重なり合う合意という理念」**(一九八七)や**「政治的なものの領域と重なり合う合意」**(一九八九)で、この概念をより詳細に説明し、正当化することを試みている。「重なり合う合意」は、後期を代表する著作である『政治的リベラリズム』や『万民の法』の中心的概念になる。

〝政治的転回〟をなぜしたのか

このようにロールズが、「公正としての正義」は、「重なり合う合意」をベースとする「政治的」(かつ「道徳的」)な構想であることを強調するようになった思想戦略的背景については様々な見方

がある。しばしば指摘されるのは、サンデルなどのコミュニタリアンによる批判である。

サンデルは、『リベラリズムと正義の限界』で、「原初状態」におかれているロールズの「契約当事者」たちは一切の固有のアイデンティティや価値観を剥奪された「負荷なき自己 unencumbered self」であり、彼らが何を判断基準にして正義の原理を選択できるのか、という疑問を投げかけている。[72] サンデルにしてみれば、何ものでもない、のっぺらぼうな〝自己〟が、〝自ら〟の善（幸福）の追求のために最もふさわしい「正義の原理」を選択するというのは、理解できない話である。「正義の二原理」という特定の正義の構想を選択している以上、特定の「善の構想」を選好する主体が想定されているはずである。そのうえで、正義を探求するには、各人のアイデンティティの基盤となっている「共同体」と、共同体的な関係性の中で共有されている「目的 telos」としての「共通善」を視野に入れるべきことを強調する。[73] この意味で、サンデルは、ロールズの「善に対する正の優先」テーゼを否定する。[74]

ロールズがそうしたサンデルの批判を真剣に受け止めていたとすれば、「公正としての正義――形而上学的ではなく政治的な」での議論は、**「契約当事者」たちに関する想定に、特殊な人間本性論的な前提――例えば、カントの超越論的主体のような「自己」観――を含めていないことを確認すると共に、異なる「共通善」を奉じる人たちの間でも、「公正としての正義」を共有することが可能であることを――サンデルたちに対して――示す試みであった**、と見ることができる。[75]

政治思想史的文脈を外れて、当時のアメリカの政治・社会情勢から考えると、一九八〇年にロナルド・レーガン（一九一一―二〇〇四）が大統領に当選した前後から、聖書の教えに回帰することを訴えるキリスト教右派やアメリカ的伝統の復活を訴える保守派が台頭すると共に、福祉の拡大による再分配と差別是正に積極的取り組んできたリベラル（左）派の退潮が顕著になってきた、という背景的要因を挙げることができるかもしれない。[76] 格差原理を特徴とする「正義の二原理」に関して、全市民的な合意が成立していると示唆することが、以前よりも困難になった。

また、分析哲学者でありながらニーチェやハイデガー（一八八九―一九七六）を評価し、分析哲学を含む近代の認識論哲学一般を根本的に批判するという独特のスタンスで知られていたリチャード・ローティ（一九三一―二〇〇七）は、ロールズの政治的〝転回〟を積極的に評価している。特定の合理主義的な「哲学的人間学」を政治の基礎に据えようとする、啓蒙主義的な潮流に反発する彼は、アメリカ固有の哲学であり、特定の方法論・認識論に縛られることなく、実践的に思考する「プラグマティズム」の復興の必要性を主張していた。[77]

そうした視点から彼は、論文**「哲学に対する民主主義の優位」**（一九八八）で、特定の形而上学による基礎付け（foundation）なしに、（アメリカの）立憲民主主義制に適合する正義の構想を呈示しようとしたロールズの新たな試みを、プラグマティズム的なものと見なし、歓迎している。（普遍的な人間学に基づく自由主義理論ではなく）「アメリカ的な自由主義」の伝統を重視する彼は、コミュニタリアンに近いと見られがちだが、この論文では、人間の歴史的本性についての特定の教説に依拠した政治制度を再構築しようとするコミュニタリアンたちよりも、「アメリカ」自体を、（哲学的基礎付けなき）自由民主主義的な政治の「実験」と捉えるジェファソン（一七四三―一八二六）やデューイ（一八五九―一九五二）の伝統を引き継ぐロールズを高く評価している。[78]

いずれにしても、「公正としての正義——形而上学的ではなく政治的な」以降のロールズの仕事の重点は、［効用—自由—正義］の三者関係をめぐる功利主義やリバタリアニズムとの論争から、**価値や文化の多元性という事実と、自由民主主義をいかに両立させるかという、より古典的なテーマへとシフトしていくことになる。**

第4章

「正義」の射程はどこまでか

「政治的リベラリズム」の戦略

1 『政治的リベラリズム』の狙い

制度的実践をともなう思想として

ロールズの第二の主要著作『政治的リベラリズム』は、異なった時期に発表された、いくつかの論文・講義を、一冊にまとめたものである。最初の三つの講義（章）は、先に見た論文「道徳理論におけるカント的構成主義」の元になった一九八〇年にコロンビア大学で行った三つの講義を大幅に改稿したものである――第一講義（章）には、論文「公正としての正義――形而上学的ではなく政治的な」の内容も組み込まれている。この三つの講義と、テーマ的に関連した五つの論文（講義）が収められており、全体で八章構成になっている。既に見たように、ノージックの批判に応えた「主題としての基礎構造」が第七講義、ハートの批判に応えた「基本的諸自由とその優先性」が第八講義として収められている。九六年の増補版では、ドイツの社会哲学者ハーバマス（一九二九-）の論評に対する応答が第九講義として追加されている。ロールズの死後出された第三版（二〇〇五）には、ロールズが生前計画していた『政治的リベラリズム』全体の改訂と深く関係していたと思われる、論文**「公共的理性の理念　再考」**（一九九七）が付録として収められている。

「政治的リベラリズム」というタイトルは、一見「リベラリズム（自由主義）」を〝政治的〟に擁護するという、素朴なメッセージを伝えているように見えるが、先に見た、「公正としての正義――形而上学的ではなく政治的な」での議論から分かるように、ロールズは、「政治的」という言葉を、特定の形而上学的あるいは哲学的前提に依拠することなく、自由で平等な市民たちの民主的な合意に基づいている、というような意味合いで使っている。

この本でロールズは、**特定の価値観・世界観へのコミットメントと切り離した形で、自由で平等な市民たちの間での社会的協働のための枠組みを作りあげることを志向する「政治的リベラリズム」の特徴を示したうえで、自らが『正義論』で示した「公正としての正義」が、その最も有望なモデルであることを証明しようとしている。**そうした議論の大前提としてロールズは、**「政治的リベラリズム」を、単なる理想ではなく、宗教改革以降の西欧諸国において伝統的に形成され、政治文化の中にある程度根付いた制度的実践と見ている。**現に存在し、既に市民たちから――自覚的あるいは無自覚的に――受け入れられている「政治的リベラリズム」の〝最終目標〟を、シャープに定式化し、現行制度をより正義に適ったものへと変えて行くうえで、最も適切な戦略として、「公正としての正義」を位置付けることが試みられているのである。

『正義論』では、「原初状態」において選択される正義の原理の候補として、「正義の二原理」を、古典的効用原理、平均効用原理、卓越性原理などとそ

「政治的リベラリズム」
→ 前提の共有はめざさず、
結論の部分だけの合意をめざす

れぞれ比較し、前者の優位を示すことに重点が置かれていた。契約当事者たちの合理的選択の帰結が、「正義の二原理」を核とする「公正としての正義」であることを証明しようとしたわけである。『政治的リベラリズム』ではむしろ、現存する「政治的リベラリズム」の伝統の中に潜在的に見出される諸理念が、「公正としての正義」に対応することを示すことに重点が置かれている。言ってみれば、**歴史的・経験的な知見に訴えかける論証へと戦略的にシフトしているわけである。**

非自由主義的な思想といかにして折り合うか

「公正としての正義」の背景となるべき「政治的リベラリズム」を再発見・再定義することは、近代自由主義がその誕生の時点から抱えてきた難問に対する答えを呈示することにも繋がる。それは、**非自由主義的な宗教や思想に対してどう対処すべきか**、という問題である。

自由主義は、個人の基本的諸自由を保障することを前提に、法・政治制度を構築することを目指す。しかし、〝自由主義者〟たちが、自分たちの信念に基づいてそうした制度を構築しようとしている社会の中に、個人の自由以上に特定の教えに対する信仰やコミットメント、あるいは共同体への忠誠心等を重視すべきだという考え方を持つ人たちが存在する可能性がある。そうした人たちと、〝自由主義者〟が、人間観や世界観を共有したうえで、一緒に制度を構築することは困難である。〝自由主義〟者の間でも、制度の背景となる人間観や世界観のレベルでは大きな不一致があるかもしれない。

そのため〝自由主義者〟の〝多数派〟が、自分たちから見て最も確実に自由を保障してくれる、その意味で公正な制度を構築しようとしても、制度構築のための協力を〝少数派〟から取り付けることができない。それだけに留まらず、積極的にそれに抵抗し、阻止しようとする人たちがいるかもしれない。そうなると、安定した制度を構築できない。かといって、他の人たちに考え方を変えるよう強制することはできない。それは、〝自由主義〟の自己否定に繋がる。では、どうすればいいのか。

基本的な人間観・世界観を共有する〝自由主義者〟だけで「社会」を構成するというノージック的な考え方をすることもできるが、厳密に同じ考え方をしている人だけで集まるのは、困難であるし、その領域内に居住している人の中には、考え方を共有していない人もいるかもしれない。彼らをどうすればいいのか。逆に、〝自由主義者〟が形成しようとしている社会の外部に取り残された、潜在的な〝自由主義者〟たちが、非自由主義者たちに取り囲まれ、〝自由〟を否定されるという事態が生じた場合、〝自由主義者〟の社会はどう対処すべきか。

「自由（主義）」の定義と「価値の多元性」という事実の間の緊張関係[1]をめぐるこうした一連の問題に、すっきりした答えを出すのは困難である。**自由主義系の政治哲学は、これらに曖昧で折衷的な態度を取らざるをえない**。本書の第一章で見たように、ロールズは論文「憲法上の自由と正義の概念」で、不寛容な宗派の扱いをめぐる問題を提起し、具体的な危険が差し迫っていない限り、不寛容な宗派に対して「平等な自由」を否定することはできない、という見解を示している。『正義論』の三四～三五節でも、ほぼ同じ議論を繰り返している。[2] ただ、これは極めて限定的かつ消極的な問題設定である。

『正義論』の段階では、「公正としての正義」が、異なった宗派を平等に扱うよう要求するものであるので、自らがどのような道徳的確信を抱いているか分からなくなっている、「無知のヴェール」の下にある「原初状態」の「契約当事者」たちによって選択されるであろう、という見通しを示しているにすぎない。「個人間の差異は深刻で、理性によってそれにどういう折り合いをつけるのかは誰にも分からないとしても、人びとは――とにかく何かしらの原理に合意できるならば――原初状態の観点から平等な自由という原理に同意することができる」[3]。逆に言えば、「折り合い」の付け方については、まだ十分に考えていないわけである。

『政治的リベラリズム』では、「原初状態」で「正義の二原理」を核とする公正としての正義が社会的協働のための政治的・道徳的構想として採択された〝後〟の問題を扱っている。つまり、不寛容派を含めて、**異なる教説にコミットする人たちが、それぞれの教義や確信を保持しながら、お互いに折り合いを付けて、協働するためのプラットフォームとして「公正としての正義」がいかに機能しうるかを論じているわけである**。こうした観点から「公正としての正義」を擁護するに当たっては、西欧近代の自由民主主義諸国における寛容や憲法的諸自由をめぐる歴史的な経験が有力な論拠になるわけである。

この問題意識の延長線上で、国家間関係における正義を論じた『万民の法』では、非自由主義的な諸国との折り合いの付け方に重きを置く形で議論が展開されている。

2　偏りのない政治的構想をめざして

あまねく受け入れられる理念として

『政治的リベラリズム』の第一講義『**根本的諸理念**』の冒頭で、民主的社会における政治的正義の構想をめぐる二つの根本的な問いが呈示されている。一つは、「自由で平等であり、全人生にわたって完全に協力し合うメンバーと見なされる市民たちの間での、幾世代にもわたって継承されていく社会的協働の公正な条件を特定するのに最も適切な正義の構想は何か」、という問いである。もう一つは、自由な諸制度の枠内での、相互に和解不可能な様々な宗教的・哲学的・道徳的な諸教説の間での——それらの多くは道理的であるという前提の下での——寛容の基盤は何によって提供されるのか、という問いである。この二つの問いを併せると、以下のような形になる——「道理に適った宗教的・哲学的・道徳的な諸教説によって相互に深く分断されたままになっている自由で平等な市民たちから成る、正義に適った安定した社会が長期にわたって存在することはいかにして可能になるか(4)」。

最初の問いに対しては、「公正としての正義」が答えとして呈示される。ただし、『正義論』での議論を単純に再現するのではなく、第二の問いの答えも同時に提供できるような形で再提示することが試みられている。つまり、**「公正としての正義」は、当該の社会に存在する様々な宗教的・哲学的・道徳的教説のいずれも優先することなく、自由と平等を実現する基礎的諸制度を構築するためのガイドラインとして、全ての市民たちにとって最も受け入れやすい構想であることを示そうとするわけである。**

したがって、公正としての正義の目標は、実践的である。それは、推論によって導かれる(reasoned)、十分に情報に基づく、自発的な合意の基礎として、市民たちによって共有されうる正義の構想として呈示される。しかし、そうした共有された理由(reason)を獲得するには、正義の構想は、市民たちが支持している、相互に対立し、葛藤し合う哲学的・宗教的教説から可能な限り独立になるべきである。そうした構想を定式化するに際して、政治的リベラリズムは、寛容の原理を哲学それ自体に適用する。かつては社会の公言＝告白された基礎(professed basis of society)であった宗教的教説は、次第に、いかなる宗教的見解を持つかに関わらず全ての市民が支持することのできる立憲政体の諸原理に道を譲りつつある。同様に、包括的な哲学的・道徳的教説も、市民一般から支持されなくなっており、もはやかつてのように、社会の公言＝告白された基礎として機能しえなくなっている。(5)

このようにロールズは、西欧諸国における、宗教的寛容の原理の浸透と立憲政体の諸原理の発達によって、いかなる特定の包括的教説にも依拠しない形で、全ての市民が受け容れることのできる「正義」の在り方を探究する「政治的リベラリズム」が既定の路線になっていると見なしている。「政治的リベラリズム」は、諸宗教やそれに類した道徳的教説からの独立性を保持するだけでなく、自らの思考法自体が、特定の哲学の方法論に依拠することも避けようとする。それを前提としたうえでロールズは、自らが呈示する「公正としての正義」こそが、現状で考えられる限り最も適切な正義の構想だと主張する。

このことは、**「公正としての正義」もまた、特定の哲学の方法論に依拠していない、「自由 freestanding」な「正義の構想」であることを意味する。**『正義論』の段階でのロールズは、社会契約論の一形態としての「公正としての正義」が、包括的な道徳的・哲学的教説なのか、厳密に政治的領域に限定される正義の構想なのか、はっきり区別しないまま議論を進めていたきらいがある。ロールズ自身そのことを認めている[6]。『政治的リベラリズム』では、後者の意味での「正義の構想」であることを明言し、様々の異なった（道理に適った）教説にコミットする市民たちから、思想・信条の違いを越えて、支持されうることの証明に力を入れているわけである。

「公正としての正義」が、教説横断的に社会的協働を良く組織化できることを論証するために、ロールズは、改めて「原初状態」論を援用する。自らの善の構想を追求する能力と正義感覚のための能力という二つの道徳的な力を備えた「自由で平等な市民」たちの「代表」である「契約当事者」たちが、「無知のヴェール」の作用で自分自身がどのような教説にコミットしているのか分からない状態にあって、自分たちが二つの能力を備えた市民たちを「代表」しているという事実に基づいて「正義の二原理」を選択する見通しが高いとすれば、「正義の二原理」を核とする「公正としての正義」は、教説の違いを越えた、社会的協働の公正な条件を示していると見ることができよう。[7] 前章で、「公正としての正義——形而上学的ではなく政治的な」に即して見たように、（少なくとも〝転回〟後の）ロールズにとって「原初状態」は、人間の〝本来的な認識能力〟についての形而上学的な想定を反映しているわけではなく、むしろ、特定の教説への偏りを排して、（「契約当事者」として）非党派的＝公平な立場から判断するための「表象＝代表 representation」装置である。

各市民が、二つの道徳的能力を備えているという想定は、何らかの特殊な形而上学に基づいているわけではない。異なった考え方をしている市民たちの間での「社会的協働のための公正な条件」を導き出すうえで必要な、契約論上の約束事にすぎない。基本的には、私たちが民法上の契約を結ぶに際して、お互いが、合理的な思考ができ、かつ、ルールを遵守する意志のある主体であるかのように振る舞うのと同じ発想である。現実にはそうした能力がなさそうな相手でも、あるかのように接しないと、〝契約〟が成り立たない。

立憲民主制における「市民」の条件とは

こうした「公正としての正義」の「政治」的性格を強調する文脈で、ロールズは、立憲民主制の政治文化の中で活動する「市民」たちが自分たちを「自由な人格」と見なしているというのは具体的にどういうことか、三つの側面から描写している。「自由な人格」という想定は、形而上学的・存在論的な意味合い――例えば、物理的因果法則に囚われることのない絶対的な自律性とか、神によって各人に与えられた自由、といった意味――を帯びやすいので、「政治的リベラリズム」の立場を取るロールズとしては、**自らが語っている「自由な人格」が、政治的な約束事として成立する概念にすぎないことをはっきり示しておく必要があるわけである**。

第一に、市民たちは、自分自身あるいはお互いを「善の構想を持つための道徳的能力」を有していると見なしている点で自由である。彼らは、特定の善の構想に縛り付けられることなく、自らの望むように、自分の善の構想を修正し、変えることができる。ある宗派から別の宗派へ改宗することもできる。立憲民主制の社会では、どの宗教的教説を信奉しているかによって公共的・制度的アイデンティティが規定されているわけではないので、改宗しても、権利／義務関係は変わらない。

第二に、市民たちは、自分たちを、有効な要求の自己認証的な源泉（self-authenticating sources of valid claims）であると見なしている点で自由である。言い換えれば、自らの善の構想を促進するために――その善の構想が、公共的な正義の構想の許容範囲にある限り――社会的制度に対して要求を掲げる資格があると見なしている、ということだ。奴隷にはそのような要求をする資格は認められていない。

第三に、彼らは自らの目的に対して責任を取ることができる存在と見なされる、という意味で自由である。自らの目的を追求するには、その手段としての基本財が必要だが、基本財は社会から無条件に与えられるわけではない。正義の構想に基づく社会的協働に対して一定の貢献をすることが条件となる。当然、協働の枠から明らかにはみ出すような、要求は許容されない。自由な人格とは、正義の原理に鑑みて、自らの目的を調整し、社会的協働の枠組みと整合性があるような形へと調整することができる存在である(8)。

これら三つの意味での「自由」は、私たちがお互いを、主体的な判断力を備えた対等な市民として扱おうとする時に、意識するか否かに関わらず何らかの形で実際に想定していることであり、特定の形而上学的前提に訴えかけなくても、その実効性を証明できるように思われる。言ってみれば、**存在論な根拠を持つ自由ではなく、契約論的な対等の関係性と実践の中で間主観的に構成される「自由」である。**この意味での「自由」は、教派の違いを越えて、民主的社会のほとんどの市民によって受容されていると考えられる。

こうした「自由な人格」としての「市民」概念に対応する形で、「公正としての正義」によって制御される「良く秩序付けられた社会」の意味合いも変化する。ロールズは、「良く秩序付けられた社会」が、道理に適った包括的諸教説 (reasonable comprehensive doctrines) が「正義の公共的な政治的構想」の下で共存できる民主的社会であることを強調する。したがって、「正義」の政治的構想は、「原初状態」で暫定的に選択された後、「良く秩序付けられた民主的社会」の中に存在する、道理に適った包括的諸教説と衝突しないような形へと調整される必要がある。ただし、それは、基本財のリストの作成に関して、各教説を信奉する集団を具体的に念頭に置いて、それらの間の力の均衡を図るというようなことではなく、それらの教説にコミットする個々の道理的な市民の「自由な理性」の働きを考慮に入れる、ということである。(9) 尊重されるべきは、教説や教派ではなく、それらにコミットしている道理的な市民たちの「正義」に関する考え方である。

なにが「寛容さ」を可能にするのか

第二講義**「市民の力とその代表」**では、最初に、論文「道徳理論におけるカント的構成主義」での議論と同様の論旨で、「自由で平等な人格」に備わっている二つの能力に即して、「道理的／合理的」の違いが論じられている。そのうえで、主に「道理的なもの」の視点から、**「道理に適った多元性 reasonable pluralism」**と、政治的な正義の構想としての「公正としての正義」の関係が論じられている。「道理に適った多元性」というのは、単に様々な教説や見方が多元的に存在しているということではなく、**道理的に思考する市民たちに支持される道理に適った包括的諸教説が多元的に存在している**、ということである。

既に見たように、「道理的なもの」は、第一義的に、社会的協働のための公正な条件を提示し、他者もそうするという前提があれば、自らもそれに従おうとする用意があることを意味する。ここでは、それに加えて更に第二の特徴として、**各人が自らの理性を良心的に働かせ、自由な討論を続けたとしても、判断にかかってくる様々な重荷**(burdens)**のために、必ずしも道理に適った合意に**

到達できるわけではない、という現実を受け入れる用意がある、ということがある。重荷になるのは、引き合いに出される証拠の複雑さ、私たちの使っている概念の曖昧さ、各人の経験に基づく道徳的・政治的価値の重み付けの違い、諸価値を制度に取り込む際の優先順位付けの問題等である。[10]

そうした判断の重荷を自覚している道理的な人格は、複数の「道理に適った包括的教説」が存在しうること、そして、自分がコミットしているのと異なる教説にコミットしている人たちもまた「道理的」でありうることを十分に認識している。[11] 自分たちだけが、「判断の重荷」を免れて〝正しい判断〟をしているとは言えないことを分かっているのである。したがって彼らは、自分たちのそれとは異なる包括的見解を抑圧するために政治的権力を用いることを控えようとする。

道理的な諸人格は、判断の重荷が、他者に対して道理に適った仕方で(reasonably)正当化されうるものに対して制約を課すことを知っている。したがって彼らは、何らかの形態の良心の自由と思想の自由を推奨する。私たちにとって、非道理的ではない包括的教説を抑圧するために政治的権力を使うことは――たとえ私たちがそうした権力を所有していても、もしくは、他の人たちと共有していたとしても――道理に適ったことではないのである。[12]

道理的な市民たちはこのように理性を働かせて考えるわけであるから、「原初状態」における彼らの「代表」たちは、特定の市民、あるいは結社に、立憲的必須事項(constitutional essentials)あるいは正義の基本問題について決定する政治的権威を与えるような体制は選ばず、一定の形態の寛容と良心と思想の自由を基本とし、「道理に適った多元性」を許容する体制を提案すると考えられる[13]。「原初状態」で選択されるとされている第一原理、特に「良心と思想の自由」には、こうした意味での「寛容」が含意されている、と考えられる。

形而上学的前提からはなれて

第三講義「**政治的構成主義**」では、カント自身の構成主義と、「公正としての正義」の方法論である「政治的構成主義 political constructivism」の違い[14]が強調されている。論文「道徳理論におけるカント的構成主義」でも、「公正としての正義」の構成主義はカント主義的（Kantian）ではあるけれど、カントの見解そのものではないことは断っていたが、むしろ、両者の考え方の近さを強調していた[15]。ここでは逆に、違いの方を際立たせている。「政治的構成主義」の立場を取る「公正としての正義」は、**それ自体が包括的な道徳的教説ではなく、その点で、特定の教説にコミットしない自由な構想であることを示唆しているわけである。**

ロールズは四点の違いを列挙している。第一に、カントの教説は、自律という理想が人生全般に対して統制的（regulative）な役割を演じている点で、包括的な道徳的見解である。自律を核にしているという意味でリベラリズムに属する道徳理論ではあるが、包括的な教説であるため、そのままの形で、正当化の公共的基盤を与えるには適さない。包括的な教説に依拠しない、政治的構成主義に属する「公正としての正義」とは異なる。

第二に、両者にとって「自律」の意味が異なる。政治的構成主義にとって、ある政治的見解が「自律」しているというのは、その見解が「代表」する「政治的諸価値の序列 order of political values」が、外部から押し付けられたものではなく、(行為や制度の目的を設定する)「実践理性」の働きによって自発的に規定されたものと見なされうるということである。簡単に言うと、自由、平等、公正、安全……といった政治的価値を順位付けする独自の基準を有している、ということである。当該の「序列」が、実践理性の正しい働きに本当に依拠しているか否かを判定するのは困難だが、「政治的構成主義」はそこには拘らない。「二つの道徳的力を備えた人格」とか、「社会的協働の公正なシステムとしての社会」のような、「人格」と「社会」についての――民主的社会において公共的に受け入れられうるという意味で――適切な政治的構想と整合性がある「序列」を、独自の基準に従って示すことができれば、実践理性の働きに根ざした「自律的」な見解と見なす。それに対して、カントの道徳的構成主義は、実践理性によって構成される、道徳・政治的価値の正しい「序列」が実在するという前提に立ち、真の「序列」を明らかにすることに拘る。

第三に、カントの見解では、「人格」と「社会」の概念は、彼の超越論的観念論に基礎付けられるものだが、政治的構成主義にとっては、「政治的領域」において通用する概念であれば十分であり、それが、どのように哲学的に基礎付けられるかには関心を持たない。

そして第四に、両者の目標の違いを挙げることができる。政治的構成主義としての「公正としての定義」は、道理に適った多元性という事実を前提としたうえで、「政治的正義の諸問題についての正当化のための公共的な基盤」を明らかにすることを目指す。政治的正義の正当化は、他者に対して成されるものなので、少なくとも、その社会の市民たちに共有されていると想定できるもの、公共的な政治文化の中で潜在的に共有されている根本的諸理念を起点として議論を始める。そして、それらの諸理念から、自由で理性的な推論に基づく合意を獲得できるような政治的構想を導き出すことを目指す。それに対して、（ロールズの目から見た）カントの構成主義は、（道徳法則の存在に対する）「信仰」と（思考を批判的に統制する）「理性」の両立可能性を明らかにすることを目指す。[16]

このように、特定の形而上学的前提にコミットすることなく、自らの射程を「政治的領域」に限定する「政治的構成主義」は、様々な道理に適った包括的諸教説が「重なり合う合意」を形成し、社会的に協働することを可能にする。分かりやすく言えば、**価値観・世界観の違いを越えて、公共的な事柄に関して協働するためのプラットフォーム（だけ）を提供するわけである。**

各市民は、二つの道徳能力を備えている、「自律的な人格」と見なされるべきである、ということを「政治的構成主義」は提案する。しかし、どうしてその二つの道徳的能力を備えていると言えるのか、それは人間本性に属している普遍的能力なのか、一定の歴史的・文化的条件によって規定されているのか、それとも神から与えられたものなのか、といった問題について、自ら掘り下げて考えることはしない。というより、そうしないよう自制する。そういう「基礎付け foundation」の問題は、各人、各教派に任せる。カトリック、プロテスタント、カント主義者、ヘーゲル主義者、ミル型功利主義者などが、二つの能力について自らの教説に従って、どのような「基礎付け」を与えるかには、政治的構成主義は干渉しない。**考え方の筋道がどうであれ、基本的な問題について、同じ結論に到達すればいいのである。そうした形而上学的レベルでの相互寛容によって、「重なり合う合意」が可能になるのである。**

たとえ私たちが、政治的構成主義が、政治的問題に対する正当化の十分な公共的基礎を与えると考えるとしても、個人として、もしくは宗教あるいは他の結社のメンバーとして、事態を見る時には、政治的構成主義が、その原理や判断についての完全な物語を与えていないと考えるかもしれない。これらの更なる要請を、政治的構成主義は、肯定も否定もしない。(……)政治的構成主義は、道徳的判断の真理と妥当性についての宗教的、哲学、道徳的、形而上学的説明を批判することはない。道理性が政治的構成主義の正しさの基準であり、その政治的目標を所与としているので、それを越えて行こうとすることはない[17]。

このように基本的合意事項に関して、各市民あるいは教説が――私的な領域において――独自の基礎付けをする余地を残しておくことで、「政治的構成主義」は、「重なり合う合意」を可能にするのである。

3　安定した合意をめざして

「重なり合う合意」の戦略

第四講義「**重なり合う合意の観念**」では、「重なり合う合意」とはどのような性質の合意であり、どのように達成されるかについて改めて論じられている。

既に見たように、「重なり合う合意」は、単なる暫定協定ではなく、正義の政治的構想を形成することを目的としており、道徳的な性質を持っている。また、「社会」の概念、「人格」としての市民の概念、正義の諸原理、及び、それらの諸原理を人間の性格に具現し、公共的生活の中で表現するための政治的諸徳についての説明といった道徳的根拠に基づいて肯定される。したがって、それは単に、何らかの権威の受け入れや、利害関係の収斂に基づく一定の制度的取り決めに従うことではない。

これらに加えて第三の特徴として、**単なる暫定協定には見られない「安定性」**がある。それは、「重なり合う合意」に参加している、包括的諸教説の間の勢力のバランスが変化し、ある教説を信奉するグループが以前よりも政治的な力を増し、その社会の支配的な勢力になっても、合意の対象になっている「政治的構想」への支持を取り下げないと考えられることからくる「安定性」である。

単なる暫定協定であれば、勢力分布の変化によって、解体する恐れがあるが、「重なり合う合意」の場合は、そうはならない。なぜそう言えるのかというと、それぞれのグループは、自らの包括的教説に基づいて「政治的構想」を支えているからである。例えば、個人の良心の自由を、キリスト教の信者のグループは自らの信の自由の観点から擁護し、カント主義者やミル主義者はそれぞれの哲学的人間観から擁護するので、他のグループとの力関係によって、態度を変える必要はないわけである[18]。

では、どのようにすれば、そのように安定した「合意」へと到達できるのか。ロールズは、先ず**【立憲的合意** constitutional consensus**】**を達成してから、「重なり合う合意」へと進む二段階で、その過程をシミュレーションしている。

「立憲的合意」の段階の「憲法＝国家体制」は、政治的正義のための一定のリベラルな諸原理を充足するが、それらの原理はまだ、公共的に共有される「社会」や「人格」の概念によって基礎付けられているわけではない。暫定協定を拡充する形で、民主的な統治を実行するための手続きが定められているだけである。

立憲的合意においては、一定の基本的諸原理を充足する憲法＝国家体制が、社会の中の競合関係を調整するための民主的な選挙手続きを確立する。この競合関係には、階級や利害の対立だけでなく、どういう理由からであれ、あるリベラルな原理を他のものよりも優先する人たちの間の対立も含まれる。一定の基本的な政治的権利と自由――投票権、政治的言論及び結社の自由、そして何であれ民主的な選挙・立法プロセスに必要とされるもの――についての合意はあるものの、それらの権利と自由のより詳しい中身や境界線に関して、あるいは、それらに加えて他のどのような権利や自由が基本的なものと見なされ、憲法的ではないとしても法的な保護に値するかといったことに関しては、効力を有する諸原理の間の不一致がある。立憲的合意は深くなく、広くもない。射程は狭く、基礎構造は含んでおらず、民主的統治の政治的手続きだけを含んでいる[19]。

ロールズは、このような「立憲的合意」は、宗教改革以降の西欧諸国において、宗派間の暫定協定として寛容の原理が採用され、それを起点として、民主的統治のためのリベラルな正義の諸原理が発達してきたのと同じ様な過程を通して形成される可能性がある、という見通しを示している。最初は、際限のない闘争を終わらせるために、いやいや妥協して、お互いに受け容れることのできる最低限の正義の原理について暫定協定を結ぶだけであったとしても、それによって一定期間安定がもたらされると、「立憲的合意」へと発展していく可能性がある。

　そういう可能性があるのは、**人々が支持している包括的諸教説が、多くの場合、文字通り「包括的」ではなく、ある程度の緩さを含んでいるので、それぞれの教説ごとに、自分たちの見解と、合意に達した「正義の政治的諸原理」との間に整合性があるかのような理解を発達させることが可能**

だからである。合意されている「正義の政治的諸原理」自体は、特定の形而上学的目的を志向しているわけではないので、調整はやりやすいはずである。

それと並行して、これらの原理によって運営される政治的諸制度の下で、公正さの感覚や妥協の精神、相手に半分合わせる用意などが、政治的生活における徳として推奨されることになる。そのようにして、単なる多元性が、「道理に適った多元性」へと発展し、「立憲的合意」は達成される。**「立憲的合意」から「重なり合う合意」への移行には、「深さ depth」と「広さ breadth」、そして、その内容の特定化の三つの面での更なる発展が必要である。**[20]

「深さ」に関しては、政治的諸原理とその理想が、（「公正としての正義」において明らかになるような）「人格」と「社会」に関する根本的理念によって基礎付けられる必要がある。このような根本的理念による基礎付けは、公共的フォーラムにおいて政治的討議を行い、異なる包括的な教説にコミットしている相手に訴えかける際に、共通の通貨として必要となる。南北戦争後の復興期のアメリカにおける憲法の修正や解釈の過程では、実際、そうした新たな基礎付けが必要になった。そうした国家体制の転換期ではなくても、司法や立法のプロセスにおいて、憲法的な判断が求められる場合にも、そうした基礎付けが必要になる。

「広さ」は、単なる手続きに関する合意を越えて、人民の一体性と結合性を高めるべく、立憲的必須事項を充実させていくことに関わる。政治的な言論と思想の自由だけでなく、良心の自由と思想の自由を一般的に保障する基本的な立法、更には結社の自由や移動の自由を保障する立法が必要になる。また、全ての市民が政治的・社会的生活に参加できるよう、基本的ニーズを満たす措置が取られる必要がある。こうした憲法的必須事項が追加されていくにつれて、それぞれのグループは、自らの見解を首尾一貫した形で説明すべく、その社会の「基礎構造」全体をカバーする、より広い政治的構想を培うようになる。

特定化というのは、合意の内容をより厳密化していくことに関わっている。合意の内容を厳密化するには、その社会において市民たちが協働して実現すべき政治的正義の構想を絞り込んで行く必要がある。ロールズ自身は「公正としての正義」を標準的な例として推しているわけであるが、それと同じくらい、リベラルで有効な構想があるかもしれない。いずれの構想であっても、立憲体制の公共的文化の中で見出される社会と人格に関する根本的理念を起点とし、安定した基礎構造を作り出すようなものでなければならない。

善への対処

このように、「重なり合う合意」の視点から、政治的正義の構想としての「公正としての正義」を捉え直すと、『正義論』で強調されていた、「善に対する正の優先」という問題が再浮上してくる。『正義論』では、「公正としての正義」が、各人が追求する「善の構想」の中身に対しては中立性を保ちながら、各人の利害関係を調整して社会的協働を可能にすることを論じる文脈で、「善に対する正の優先」が主張されたが、『政治的リベラリズム』では、（道理に適った）包括的諸教説ごとの

「善の構想」に対する〝中立性〟が問題になる。**「重なり合う合意」の核となる、（「公正としての正義」を含む）政治的諸構想は、特定の教説の「善の構想」に党派的にコミットしてはならないが、その一方で、教説間の対立が「合意」を無効にすることがないよう調整する必要がある。**

第五講義**「正義の優先と善の諸理念」**では、この問題が取り上げられている。『正義論』では、他者の権利を侵害することで満足を得ようとする権利要求を認めることはできないので、「正および正義の諸原理は、どのような満足が価値を有するかの限界を定める。つまり、何が各自の善の妥当な（reasonable）構想だと言えるかについての制約条件を課す」[21]と述べられているが、ここではそれとパラレルに、**正義の諸原理（に従って形成される基礎構造）によって、包括的諸教説が追求する「善の構想」に一定の制約が課されること（＝「善に対する正の優先」）が指摘されている。**

正義の諸原理と基礎構造は、教説の中身に対しては中立性を保たねばならないが、結果的にある包括的教説とそれに結び付いた生き方を促進し、別のものを抑止するように作用する可能性はある。抑止されるパターンとして、二通り考えられる。一つは、その教説の共同の生き方が、正義の諸原理と直接対立する場合、もう一つは、たとえ許容可能であっても、正義に適った立憲体制の政治的・社会的条件の下で支持者を獲得できない場合である。最初のパターンの典型は、古代のアテネや南北戦争前の南部のように、人種的、民族的、あるいは卓越主義的な根拠に基づいて一部の人を抑圧したり、格下げしたりすることを要求せざるをえないような善の構想を追求している場合である。第二のパターンに当てはまるのは、国家装置を操縦して、不寛容の実践を行わないと生き残れないような善の構想を持っている宗教である。そういう宗教は、政治的リベラリズムの目指す良く秩序付けられた社会では、存在できなくなるか、極めて限られた少数派になると考えられる(22)。

このように、正義の諸原理が課す制約に耐えられない教説は次第に淘汰されることになるが、ロールズはそれがアンフェア（不公正）だとは考えない。いかなる政治的構想であっても、一部の教説にとって不利に作用することは避けられない。「重なり合う合意」は、道理に適った包括的諸教説の間で成立するのであって、あらゆる教説を許容するわけではないのである。逆に言えば、**自由で平等な市民たちの間の社会的協働を作りあげることに積極的に寄与しようとする、道理に適った包括的教説であれば、制約に適応して存続することができる**。

西欧では実際、異なる包括的諸教説を背景とする様々な伝統や生き方が、平等な基本的諸自由や相互の寛容などの、立憲体制の正義の諸原理のテストをパスし、多くの市民の支持を得ている。宗教や共同体の価値を肯定するような結社の発展が不可能になり、個人主義的な生き方でしかやっていけないというような状況になるのでない限り、政治的リベラリズムが、特定の包括的教説に対して不公正な偏見を抱いているとは言えない(23)。

ガイドラインとしての「公共的理性」

第六講義「**公共的理性の理念**」では、民主的社会における政治的意思決定のプロセスを制御する「**公共的理性** public reason」について論じられている。この場合の「理性 reason」というのは、**集団と**

して物事を決める際に用いられる論理・推論、理由付けというような意味である——英語の〈reason〉は、名詞としては、「理性」の他、「理由」「根拠」「弁明」「道理」といった意味があり、動詞としては、「推論する」という意味で使われることに注意。

ただし、全ての政治的意思決定に際して「公共的理性」が働くわけではない。教会、大学、学会、職業団体、その他の市民社会の中で活動する諸団体の内部では（〝公共的理性〟として）拘束力を持つが、市民一般、市民社会全体を拘束するわけではない「理性」は、「非公共的理性 nonpublic reason」である。[24] 非公共的理性は、団体の性格に従って様々な異なるものがありうるが、公共的理性は一つだけである。**「公共的理性」が管轄するのは、社会全体に関わる意思決定である。**「公共的」という形容詞には、三つの意味が含まれている。[25]

① 市民たちから成る公衆（the public）の理性である
② 公衆にとっての善と根本的正義を主題とする
③ その性質と中身が公然（public）のものとなっており、その社会の政治的正義の構想によって表明される諸理想と原理に照らして吟味されながら進行する

①〜③から分かるように、「公共的理性」は、全ての市民にとっての善や根本的正義に関する、全ての市民に開かれた政治的意思決定プロセスを制御する「理性」であるが、〝公共的事柄をめぐ

る政治的意思決定〟一般が、「公共的理性」による制約を受けるわけではない。**「公共的理性」によって制約を課されるのは、社会の「基礎構造」と「立憲的必須事項」[26]をめぐる論議である。具体的には、誰に投票権があるのか、どの宗教が寛容されるべきか、誰が公正な機会均等を保障されるべきか、所有権を持つべきか、といった政治的価値によってしか解決できない問題である。**租税立法、財産権関連の法律、環境保護・公害防止関連の法令、国立公園の設立、自然保護地域や動植物種の保護、博物館や芸術のための基金の創設など、具体的政策に関わる問題の多くは、「公共的理性」によって直接制約されるわけではない[27]。

「基礎構造」や「立憲的必須事項」をめぐる政治的意思決定において、「公共的理性」が中核的な役割を担うことは、「重なり合う合意」と密接に関係している[28]。「重なり合う合意」に参加している「道理に適った包括的諸教説」は、共通の「政治的構想」によって規定される「基礎構造」や「立憲的必須事項」に同意しているが、その解釈の仕方は一様ではない。先に述べたように、各教説は、「政治的構想」に含まれる正義の諸原理を自らの教説に取り込み、独自の仕方で解釈するための論理を発展させていると考えられる。そのため、「基礎構造」や「立憲的必須事項」に関わる、つまり全市民の生き方に関わる、重要な政治的・法的決定を行うに際して、教説ごとの解釈の違いが顕在化する可能性がある。大きな違いをそのままにして、強引に多数決で決定するようなことをすれば、「重なり合う合意」を維持することができなくなる恐れもある。

そこで、教説にコミットする集団の内だけで通用する非公共的理性ではなく、公共のフォーラムにおいて、教説の違いを越えて、全ての市民に通用する（はずの）「公共的理性」に依拠しながら討議を進め、「重なり合う合意」を再確認する必要が生じてくる。政治的価値が関わってくる決定を呼びかける人は、（自分のそれとは異なる、道理に適った包括的教説にコミットしている人たちも含めて）全ての市民が、道理に適ったこととして受け容れられるような公共的な言葉で、自らの提案を正当化しなければならない。逆に言えば、「公共的理性」が課す制約に従うことなく成された〝政治的決定〟には、（政治的リベラリズムの見地から見て）「正統性 legitimacy」がないことになる。

公共的理性の理想の要点は、市民たちが根本的な討論を、〝（自分以外の）他者たちも是認するであろうと無理なく＝道理的に（reasonably）期待できる政治的価値によって基礎付けられた正義の政治的構想である〟と各人が見なすものの枠内で行おうとすること、そして各人に、そのように理解された政治的構想を擁護する用意が出来ている、ということである。(29)

「公共的理性」は、「基礎構造」や「立憲的必須事項」に関連する市民たちの討論・探究が、「重なり合う合意」の核にある「正義の政治的構想」の枠内に留まるよう、制約を加えるガイドラインの役割を担っている。全ての市民が公然と受け入れることのできる「理由 reason」に従って、（「原初状態」に相当するものにおいて合意されたはずの）正義の諸原理が適切に適用され、それらの原理を最大限に現実化できる法律や政策が策定されるよう、「推論 reasoning」の過程を導くわけである。

制度的保証としての「最高裁判所」

無論、そうした「公共的理性」はあくまでも理念的な構築物であって、公共的な討論に際して、すべての市民が実際にこれによる制約に服すという保障はない。ロールズは、そのための制度的保障装置として、立憲政体における**「最高裁判所 supreme court」**に注目している。**「最高裁判所」の理性は、「公共的理性」の典型であるという。**

ロールズは、（西欧の）立憲民主主義諸国の「最高裁判所」がそういう特別な役割を担っている憲法理論上の根拠として、立憲民主制の二重構造を挙げている。人民が行使する憲法制定権力（constituent power）と、政府が行使する通常権力（ordinary power）、及び、それと対応する、高次の法（higher law）と立法機関が制定する通常の法（ordinary law）の二重構造である。[30] つまり、立法機関としての議会が、法的な最終審級と見なされるわけではなく、議会の決定を（憲法制定権力者である人民の視点から）審査する、より高次の審級が想定されている、ということである。

アメリカ等では、何らかの党派的利害のために暫定的に成立する、議会の多数派によって、高次の法が侵食されることがないよう保護するための制度的装置の一つとして、最高裁判所が機能するようになった。違憲審査に際して、最高裁判所が――憲法の中に含意されている政治的諸価値に――展開する推論は、「公共的理性」の典型的な一形態だと考えられる。

市民たちによって直接選出される議会での討論の方が、「公共的理性」のモデルとしてより適しているようにも思えるが、ロールズは、**裁判所の方が適している根拠として、裁判所での決定が「公共的理由」のみに基づかねばならない点を挙げている**。[31]一般の市民や議会の代表たちは、「立憲的必須事項」や「基礎構造」が問題にならない、通常の政治的決定プロセスにおいては、「公共的理由」に依ることなく、自らがコミットする包括的見解に基づいて投票することができる。それは何ら、憲法に反することではない。裁判所は、憲法が直接関わってくる裁判ではなくても、常に「公共的理性」のみに基づいて判断するよう要請されている。

裁判所が公共的理性の典型であると言うことはまた、憲法と憲法判例が要求するものは何であるかについての自らの知識を駆使して、自らの理性的に推論された意見（reasoned opinion）において、自らに可能な最善の憲法解釈を展開し、表現すべく努力することが、裁判官の課題であるということをも意味する。最善の解釈というのはここでは、関連する一連の憲法資料に最も適合しており、そのことを、正義の公共的な構想、あるいは、その道理に適った変種の見地から正当化する解釈ということである。そうした作業において裁判官たちは、憲法自体が公共的構想の政治的価値を明示的あるいは暗示的に引き合いに出している場面——例えば、権利章典における、信教の自由と法の平等な保護の保障——では常にそれらの価値に訴えかけてもよいし、まさにそうすることが期待されている。ここでの裁判所の役割は、理性の公共（公開）性（publicity）の一部であり、公共的理性の広い、教育的役割の一つの側面である。[32]

ここから分かるように、ロールズは、憲法訴訟における（最高裁判所の）裁判官たちの役割を、政治哲学的な視点から、かなり積極的に評価している。ロールズの見方では、裁判官たちは、法令や政策が、合憲か違憲か個別ケースごとにテクニカルに判断するだけでなく、**その判断に至る「推論」のプロセスを通して、憲法の中に含まれる「政治的諸価値」を、（「重なり合う合意」の核にある）「公共的な正義の構想」の見地から再定式化しているわけである。**そうした意味での「最善の解釈」の探究の場である裁判所は、**道理的かつ合理的な存在としての全ての市民たちがコミットすることが期待される、「政治的諸価値」を公共的に呈示する教育的役割を果たしていると言える。**

裁判所が、政治的諸価値を再定式化する役割を果たしているという見方は、ロールズの理論的盟友とも言うべき、リベラル系の法哲学者ドゥウォーキンの考え方とかなり近い。ただし、ドゥウォーキンが、裁判官がハード・ケース（難解な事案）での法解釈に際して、政治的諸価値だけでなく、道徳性にも訴えかける必要があることを示唆している(33)のに対し、ロールズは、訴えかけることができるのは、「正義の公共的な政治的構想」によってカバーされる「政治的諸価値」だけである、という、政治的リベラリズムにより忠実な立場を取っている(34)。

ロールズはこうした政治的・教育的役割に加えて更に、裁判所が、根本的な政治的問題に関して権威のある判断を下すことによって、公共的フォーラムにおける政治的諸価値に関する討議を活性化する役割を果たすことも指摘している。裁判所が憲法を明白かつ有効に解釈すれば、「公共的理性」の働きの模範を示したことになるし、それに失敗したらしたで、裁判所の判断は、政治的価値に依らなければ解決できない、政治的論議の中心に置かれることになる。そうした関係を例証するために、ロールズは憲法の修正条項をめぐる諸論争で、最高裁判所が果たした役割を引き合いに出している。[35]

現存する連邦最高裁判所を典型としていることから分かるように、ロールズの「公共的理性」論は、アメリカを始めとする西欧諸国の立憲主義的な諸制度をモデルとした、かなり現実的な議論になっている。

この第六講義を拡張した内容になっている、四年後の論文では、民主主義の本質は市民たちの――利害調整ではなく――公共的な問題に関する**「熟議 deliberation」**だと見なす**「熟議的民主主義 deliberative democracy」**を提唱したうえで、「公共的理性」をその中核に位置付けている。[36] 加えて、民主制におけるリベラルでない宗教と公共的理性の関係[37]や、公共的理性が（「基礎構造」の一部としての）「家族」や「ジェンダー」の問題にどう関わるか[38]についても論じられている。

4 ハーバマスとの対話

アメリカとドイツ、二つの戦後

『政治的リベラリズム』の刊行は、ドイツのリベラル左派系の社会哲学者ハーバマスとの直接対話のきっかけになった。戦後（西）ドイツの批判的社会理論をリードしてきたフランクフルト学派[39]の第二世代の代表格であるハーバマスは、教授資格論文である『**公共性の構造転換**』（一九六二）で、近代市民社会における公共圏の生成と変容について体系的に論じて以来、「公共性」と（その理論的根拠としての）「コミュニケーション的理性 die kommunikative Vernunft」をめぐる諸問題と取り組んでいる。一九八〇年代以降は、「理想的発話状況 die ideale Sprechsituation」での実践的討議（＝どう行為すべきかをめぐる討議）において普遍的合意を得ることのできる規範だけが、行為規範として妥当するという考え方を核とする「討議倫理学 Diskursethik」を提唱している[40]。

コミュニケーション的理性によって規制される討議の中で到達される普遍的合意によって規範が根拠付けられるという考え方は、「無知のヴェール」の下で正義の諸原理の選択をめぐる構成主義的な理論や、「重なり合う合意」と「公共的理性」を連動させる政治的リベラリズムの戦略と似ているように思える。しかし、両者がお互いの理論に対して真正面から論評し合うことは長い間なかった。ハーバマスの側は、自らの討議倫理学を他の理論との対比で説明する際に、ロールズを何度か引き合いに出しているが[41]、ロールズの側はハーバマスにはほとんど触れていない。

アメリカとドイツは同じ〝西側の国〟なので、両者の置かれた状況は似ているように思えるが、政治思想史的に見ると、かなり異なっている。自由と独立を標榜する革命によって誕生したアメリカでは、〝前近代的伝統〟への回帰を目指す本来の意味での保守主義も、マルクス主義のようなラディカルな左派思想も本格的に根付かず、（広い意味での）「自由主義」が政治哲学の大前提になっている。ロールズは、「自由主義」という土俵のうえで、功利主義、リバタリアニズム、コミュニタリアニズム等に対抗して、平等志向で弱者に優しい（狭義の）「リベラリズム」を哲学的に擁護することに力を注いだ。

それに対して、東西冷戦の最前線に位置する戦後の西ドイツでは、戦前の国民国家的な伝統を復興しようとする保守主義と、新旧のマルクス主義系左派の両極が無視できない勢力を形成していた。また、カント、ドイツ観念論などの伝統的哲学の影響が圧倒的であるため、政治哲学・社会哲学は、それらとどう向き合うか、自らの態度を明らかにする必要があった。七〇年代以降は、主体や価値、イデオロギーなどの主観的要素を徹底的に排して、社会をシステム的に捉える、ルーマン（一九二七–九八）のシステム理論が台頭してきた。[42] そうした複雑な状況の中にあって、「市民社会」を基盤とする公共性やコミュニケーションの意義を、脱観念論＋脱マルクス主義的な視点から体系的に論じることを試みてきたハーバマスの理論闘争の文脈は、ロールズのそれとはかなり異なっている。

ハーバマスがロールズを本格的に論評したのは、前者の法・政治哲学的著作であり、「熟議的民主主義」論の先駆けになったとされる『**事実性と妥当性**』（一九九二）においてである。ただし、否定的な評価である。この著作の第二章でハーバマスは、近代初期の法理論で支配的だった、「理性法 Vernunft」的な考え方が、一九世紀以降次第に衰退していることを指摘している。[43]「理性法」というのは、簡単に言うと、（万人の内に潜在的にあるはずの）普遍的理性から導き出される、アプリオリに正しい「法」ということである。近代初期の「理性法」の擁護者たちは、この「法」を青写真とすることで「正しい社会」を建設することができると考えた。ホッブズに始まる社会契約論の系譜は、「理性法」に基づく社会建設を正当化するための概念装置と見ることができる。

そうした理性法の伝統が、社会の中での「法」の機能を経験的に分析する社会学的法理論に取って替わられつつあるという歴史的流れをスケッチしたうえで、一九七〇年代以降、歴史の流れに逆らって、「理性法的規範主義 der vernunftrechtliche Normativismus」を復活させようとする、勢力が台頭していることに批判的に言及している。ハーバマスはその筆頭としてロールズを挙げている。ハーバマスからしてみれば、社会契約論の枠組みを援用して、原初状態において「正義の二原理」が理性的な主体たちによって選択されることを証明しようとするロールズの議論は、「理性法」的なものに他ならない。八〇年代以降のロールズの議論で、「重なり合う合意」論を中心に、多元的な社会における市民相互の公共的「討議」の役割が強調されるようになったことはそれなりに評価しているが、「討議」の位置付けが依然として曖昧であるとして、距離を取っている[44]。

合意に到達するまでの討議の「手続き Verfahren」の妥当性に焦点を当てて、討議倫理学と「熟議の政治 deliberative Politik[45]」を構築しようとしていたハーバマスにとって、**特定の正義の構想を、理性に適った唯一の解答として正当化しようとしているように見える、ロールズの議論は、「理性法」をめぐる形而上学的思考の産物に他ならなかったわけである。**既に見たように、ロールズ自身は「無知のヴェール」の下での選択という設定によって、目的論的な正義論である功利主義や卓越主義との違いを際立たせようとした。しかし、「討論」の「手続」に先行して実体的正義の原理を得ることはできないという前提に立つハーバマスの視点から見れば、ロールズの論法は、自らの理性法的な理想（＝目的）を正当化するために、〝手続き〟という形を利用しているにすぎない。ハーバマスの「コミュニケーション的理性」は、「討議」の過程を制御する理性であって、実体的正義を指し示すものではない。

二人の差異をめぐって

しかし、『政治的リベラリズム』でロールズが、**自らが掲げる「公正としての正義」が「政治的リベラリズム」の下で許容される唯一の解答ではないことを明言すると共に、手続き論的性格の強い「公共的理性」論を展開するようになったことで、ハーバマスとの距離はかなり縮まることになった。**実際、『ジャーナル・オブ・フィロソフィー』九二巻三号（一九九五）に掲載された論文「**理性の公共的使用による宥和**」でハーバマスは、『正義論』から『政治的リベラリズム』に至るまでのロールズの理論的歩みを大筋で肯定的に評価している。特に、カントの自律概念を間主観的に捉え直し、民主的法治国家における「市民の政治的自律」を基礎付けようとする彼の試みに共感を示している。[46]

そうやって両者の大筋での一致を確認したうえで、微妙な違いとして、以下の三点[47]について疑問を投げかけている。

①正義原理を非党派的に判定するための観点を確定するための思考実験装置としての「原初状態」のデザインは適切か
②『政治的リベラリズム』におけるロールズは、「正義の構想」が多元的社会においていかに受容され、安定化するかという問題に力をいれすぎるあまり、「正義」を含む道徳的価値の客観的な認知可能性を放棄しているのではないか
③自由主義的な基本権を民主的な正当化原理の上位に置いているせいで、両側面の調和に成功していないのではないか

①は、本書の第二章、三章で何度か間接的に言及した、ロールズの「原初状態」の設定では、「正義の二原理」が確実に選択されると言えないのではないか、という問題である。これは、功利主義系の倫理学者ヘア（一九一九―二〇〇二）など、英語圏のロールズ批判者たちからもしばしば問題にされ、詳細に論じられている点である。[48] ハーバマスは、「無知のヴェール」のように、情報制限する思考実験装置を使うのではなく、自らの討議倫理学のように、全ての他者のパースペクティヴから考えることを各参加者に要請しながら、強制のない開かれた討論を行うことを通して、一般化されるべき利害（generalizable interests）に対する共通のパースペクティヴを共同で構築するやり方の方が、理論的にすっきりしているのではないかと示唆している。[49] ②は、ハーバマス独自の視点から

の批判だが、ロールズの直接的な関心ではないところに焦点が当てられているように思われる。

両者の〝論争〟の真の争点になると思われるのは、③であろう。ハーバマスはこの問題を、自由主義的基本権に関わる「私的自律 private autonomy」と、民主的なプロセスを通しての集団的自己統治に関わる「公共的自律 public autonomy」の間の緊張関係として捉え直す。そのうえで、二つの自律が等根源的であり、弁証法的に相互作用しながら発展していく過程を描き出すには、「原初状態」での基礎構造の選択と、それ以降の政治的意思形成過程を分けて描き出すロールズのやり方よりも、二つの自律に関する決定を全般的に討議のプロセスに委ね、その手続きの正義を探究することに専念する自分のやり方の方が適しているのではないかと主張する。[50]

『ジャーナル・オブ・フィロソフィー』の同じ号に、ロールズの応答論文(＝『政治的リベラリズム』第九講義)が掲載されたが、彼はハーバマスの批判に真っ向から答えるというより、(相手の土俵にのることは避けながら)細かい〝誤解〟を正しつつ、『政治的リベラリズム』における自らの立場を再確認することに力を入れている――正面から対決する必要性はあまりなかったのかもしれない。彼は先ず、両者の立場の違いを二つの側面から説明している。第一に、ロールズの政治的リベラリズムは文字通り、「政治的」構想であるのに対し、『事実性と妥当性』等で展開されているハーバマスの政治哲学は、「コミュニケーション的行為」をめぐる彼の包括的教説に依拠しており、「政治」の範疇を越えた、形而上学的な内容を含んでいる、という。[51]

この第一の違いから、分析のための表象装置をめぐる第二の違いが生まれてくる。ロールズの

「原初状態」と、ハーバマスの「理想的対話状況」である。前者は、適切な政治的正義の構想とは何であるかについて推論するための装置であり、「無知のヴェール」を段階的に解除していって、それを実行に移した場合の不都合が判明すれば、もう一度、「原初状態」へと差し戻して、修正することが可能である。それに対して、後者は、判断の真理性や規範的な妥当性（validity）を吟味するためのものであり、そこでの討議は、前者より遥かに強い理性＝理由によって制御される必要がある——その強い想定の中に、ハーバマスの包括的見解が反映されていると考えられる。[52]

この違いを強調することで、ロールズは暗に、ハーバマス流の（包括的見解を背景とした）哲学的厳格さによって「原初状態」のデザインを吟味することにあまり意味はないと示唆し、①の疑問を片づけている。更にこの考え方の延長線上で、②についても、政治的リベラリズムは、立憲的必須事項や基礎構造について論じる際に、当該の判断が「道理に適っている」か否か、つまり道理的な市民たちがそれを社会的協力のための公正な条件として受け入れ、それに伴う判断の重荷を引き受け、合意できるのか否かを問題にするのであって、ハーバマスの言う真理性や妥当性を問題にするのではない、と明言している。[53]

③については、ロールズは基本的に、ハーバマスの提起する争点はそれほど決定的なものか、と疑問を返す形で答えている。ロールズに言わせれば、彼もまたハーバマスと同様に、私的自律と公共的自律が等根源的で、同じ重みを持っていることは十分認識しているし、両者を分離したうえでいずれかを上位に置くような論理を展開しているつもりはない。実際、「原初状態」で第一原理と

して選ばれる基本的諸自由には、私的自律に関するものだけでなく、公共的自律に関するものも含まれている。(54)

そのことを確認したうえで、ロールズはハーバマスの方こそ、「政治的＝公共的自律」に拘りすぎているのではないかと指摘する。ロールズに言わせれば、私的自律に関する諸自由は、政治的自律との関係においてのみ根拠付けられるわけではなく、各道徳的人格に備わっている、自らの「善の構想」を合理的に追求する、第二の道徳的力もその基盤になっている。具体的には、市民社会の中の文化的諸組織、学会、大学、教会、各種のメディアにおいて、それぞれの「善の構想」の追求のために市民たちが参加している多様な（私的）活動が、既に、各人の人格としての自由を、ある程度まで具現している。その意味で、「原初状態」で選択される第一原理によって保護されると想定されている基本的諸自由は、私的領域における自発的な活動によって、既に部分的に正当化されていると言える。ハーバマスも、そうした背景的文化の役割は十分に認識しているはずである。(55)

ロールズは更に、「手続的正義 procedural justice」と「実体的正義 substantive justice」をはっきり分けるハーバマスの論法に疑問を呈している。ロールズに言わせれば、両者は不可分に結び付いており、実体的正義を一切抜きにして、手続的正義について語ることはできない。手続的正義は、その手続からどのような帰結が生じるかという予想に何らかの形で依拠している。(56)

ロールズは例として、民主主義の本質をめぐる多数決主義者（majoritarian）と、多数決ルールに対して憲法的制約——三権分立、一定の問題に関する超過半数、人権憲章、違憲立法に対する司法審査等――を課すべきであると立憲主義者（constitutionalist）の論争を挙げている。両者は、政治的意思決定の手続きをめぐって論争しているわけだが、純粋に手続きだけに注目しているわけではなく、その帰結がどうなるか大雑把に予想しながら、それぞれの手続きの機能を評価しているわけである。(57)ハーバマス自身もいくつかの箇所で、帰結を念頭に置きながら、自らの民主的手続論を正当化しているように見える。

このようにロールズとハーバマスの〝論争〟は、**目指しているところはほぼ一致しているものの、理論上の道具立てが異なっているため、実体以上に違いが強調されて見える、ということを確認する形で終わった。**(58)

5 グローバルな正義をめざして

「政治的リベラリズム」から「万民の法」へ

一九九〇年代は、東西冷戦が終焉した後、湾岸戦争や旧ユーゴスラヴィアの内戦に代表される地域紛争が頻繁に生じ、アメリカが〝国際的正義〟の名の下にそれらに介入するようになった時期である。それに対応するかのように、ロールズは国際的な正義論を展開するようになる。

その最初の試みが、アムネスティ・インターナショナルがオクスフォード大学を会場にして毎年開催している、「オクスフォード・アムネスティ講義」の枠で、九三年に行った講義である。この年の共通のテーマは「人権について」であった。ローティやフランスのポストモダン系哲学者リオタール（一九二四-九八）等、他の六人の講師と共に招かれたロールズは、**「万民の法** The Law of Peoples**」**というタイトルで、**『正義論』における［原初状態―無知のヴェール］論を、国家間の正義の問題へと拡大することを試みている。**(59)

この講義の内容に手を加えた最終版が、六年後の一九九九年に単行本『万民の法』として刊行されている――この著作には、「公共的理性の理念　再考」も収められている。ロールズは先ずこの著作の狙いが、自らがこれまで国内レベルで追求してきた「相当程度に正義に適った立憲民主制社会 a reasonably just democratic constitutional society」＝「リベラルな社会 a liberal society」の理想を、「万民の法」を尊重する「相当程度に正義に適った民衆と良識ある民衆からなる社会 a society of reasonably just and decent peoples」のそれへと拡張する可能性について検討することであると述べている(60)――ロールズは「相当程度に正義に適った＝リベラルな民衆」と「良識ある民衆」を区別しているが、この区別についてはすぐ後で述べる。

『正義論』では、「社会的協働」に参加する行為主体（actor）は、自由で平等な人格としての「市民」であったが、『万民の法』では、**「諸民衆の社会** Society of Peoples**」に直接参加する行為主体として、「民衆」が想定されている。**(61)この場合の「民衆」は、「国家 state」とはイコールではない。伝統的な国際法・国際政治理論では、「国家」は、「国家」それ自体の利益（国益）を追求するために、交戦権や自国の人民と領土に対する排他的支配権等の主権的諸権能を持っているが、各国がそうした権能を保持したままでは、共通の正義の原理に基づいて国際的秩序を構築することはできない[62]。

ロールズが、「諸民衆の社会」の主要な担い手として想定しているのは、「リベラルで民主的な諸国の民衆 liberal democratic peoples」である。この場合の「リベラルで民主的」が意味するのは、以下の三つの特徴を持っていることである[63]。

① 民衆が選挙などを通してコントロール可能な「相当程度に正義に適った立憲民主政府」を持っていること

② ミルが「共通の諸共感 common sympathies」と呼んだ、言語、宗教、歴史的記憶に関する共通基盤と、同じ民主的政府の下にありたいという願望によって一体となっている

③ 合理的であると同時に道理的であり、公正な条件の下で協働するよう他国の民衆に対して提案する用意がある

「万民の法」
→（諸国民ではなく）諸民衆 peoples を法の主体として
多国間における「正義」をめざす

原初状態の二段階化

ロールズは、**こうした「リベラルな諸国の民衆** liberal peoples**」が、二段階の「原初状態」での選択を経て、「万民の法」へと至る過程をシミュレーションする。**第一段階は、国内的な「政治的な正義の構想」を選択するための「原初状態」である。『政治的リベラリズム』での議論と同様に、道理に適った包括的教説が多元的に存在する社会が想定され、それらの教説が「無知のヴェール」の背後におかれた状態で、自由で平等な市民を代表する契約当事者たちが、社会的協働ための公正な条件を規定する、正義の諸原理を選択する。それによって、「重なり合う合意」の核が得られることになる。(64)

「第二の原初状態」は、第一の「原初状態」で得られた、「正義の政治的構想」を、「万民の法」へと拡張するために用いられる仮想の状態である。「第二の原初状態」において、契約当事者として「万民の法」をめぐって討議するのは、既に「正義の政治的構想」を選択し、「良く秩序付けられた社会」の中で生きている「リベラルな民衆」の「代表」である。「無知のヴェール」によって、各国の民衆の間の「公正さ」が確保されると想定される。この場合の「無知のヴェール」で遮断される情報は、人口、領土の広さ、天然資源の埋蔵量、経済発展の段階などである。その一方で、当事者たちは、「リベラルな社会」のメンバーであり、自分たちの社会は、立憲民主制が可能である、相当好ましい条件にあることは知っている。「リベラルな社会」は、国内的には、道理に適った包括的教説にコミットする人々がいたとしても、社会全体としてはいかなる包括的教説も持っていない。[65] 当事者たちは、「リベラルな社会」同士の関係であることを前提として、協働のための公正な条件を考えるわけである。

「第二の原初状態」の下で、リベラルな民主的社会にだけ当てはまる「万民の法」が練り上げられ、各国民衆間の平等性に関する諸原理が選択される。ロールズは、**各国民衆の間の協働の形態として、統一政府を持った「世界国家 world-state」ではなく、「結社 association」もしくは「連邦 federation」が選ばれるであろうと予測する。**なぜ、「世界国家」が選ばれないのかと言えば、カントが**『永遠平和のために』**（一七九五）で論じたように、**地球規模の専制政府が生まれるか、様々な地域や民衆が政治的自由と自律を求めて頻繁に内乱を起こすようになるか、いずれかになると考えられるからである。**中央政府の代わりに、人権問題や貿易の公正などに関して、各国間の協働を調整する、一定の権限を持った機関が創設される可能性はある。[66]

ロールズは、「第二の原初状態」では、以下の八つの原理が、パッケージで選択されるであろうと推測する。これらは、国際的な正義の原理に関する伝統的な諸見解を要約する形で、定式化したものである。[67]

①　各国民衆は自由かつ独立であり、その自由と独立は、他国の民衆からも尊重されなければならない

②各国民衆は条約や協定を遵守しなければならない
③各国民衆は平等であり、拘束力を有する取り決めの当事者となる
④各国民衆は不干渉の義務を遵守しなければならない
⑤各国民衆は自衛権を有しているが、自衛以外の理由のために戦争を開始するいかなる権利も有するものではない
⑥各国民衆は諸々の人権を尊重しなければならない
⑦各国民衆は戦争の遂行方法にかんして、一定の制限事項を遵守しなければならない
⑧各国民衆は、正義に適った、ないしは良識ある政治・社会体制を営むことができないほどの、不利な条件の下に暮らす他国の民衆に対し、援助の手を差し伸べる義務を負う

あまりロールズらしさが感じられない極めて常識的なまとめ方であるが、そこから逆に、ロールズが、**国際政治の現実を念頭に置いて、かなり現実主義的な発想をしていることが窺える。**⑤と⑦は、戦争が起こる可能性を前提にしている――後で見るように、ロールズは「良く秩序付けられた民衆」同士の戦争は想定しない。⑧の援助義務（duty of assistance）は、分配的正義に関して、「格差原理」とは異なった考え方を示唆しているように思える。実際、**ロールズは、「格差原理」を「万民の法」に組み込むべきだとは考えていない。**

「第二の原初状態」を想定するのであれば、当然、「第一の原初状態」と同様に、「格差原理」を

含む第二原理が選択されるのではないか、と考えたくなる。ロールズの影響を受けた国際政治学者のチャールズ・ベイツ（一九四九－　）は、格差原理を応用して、天年資源の埋蔵量の偏りを是正するための「資源再分配原理 the resource redistribution principle」と、生産活動のグローバル化に伴って事実上既に成立しているグローバルな協働システムの中で生じている格差を是正するための「グローバルな分配原理 global distribution principle」を提唱しているし、(68) トーマス・ポッゲ（一九五三－　）も、グローバルな不平等を是正するための財源として、資源保有国や消費国に対してグローバルな資源税(Global Resources Tax: GRT) をかけることを提案している。(69)

それに対して、ロールズは、民衆同士の関係を規定する前者では、異なった論理が働くと考える。彼は、資源の不平等が国の間の格差の根源であると見るベイツの前提に対しては、その国がうまくやっていけるのは資源の種類や量ではなく、主としてその国の政治文化、その国の構成員の有する政治的・市民的徳性にあるという見解を示して、「資源分配原理」は斥けている。

「グローバルな分配原理」についてはその意義は認めるが、援助による改善の達成目標を定めることなく、格差が存在する限り、援助を続けるのは、受け容れがたい帰結を招くとしている。例えば、同じくらいの人口規模で、もともとは同じくらい豊かな二つのリベラルな——あるいは良識ある——国の間で、経済に対する考え方の違いによって、時が経つ内に、大きな格差が生じる可能性があるが、自発的にのんびりした社会になることを選んだ国に対して、豊かになった国が援助し続けなければならないのか。ポッゲ等の言うグローバルな平等主義原理に基づく場合、そういうことになってしまう[70]。

そうした見地から、ロールズは**「援助義務」**を、**「重荷に苦しむ社会 burdened societies」**が**「諸民衆の社会」の完全な一員となり、自分たちの未来の道筋を自ら決められるようになるために手助けすることに限定している。**「重荷に苦しむ社会」というのは、拡張主義的でも好戦的でもないけれど、「良く秩序付けられた社会」を形成するのに必要な政治的・文化的伝統、人的資源とノウハウ、そして多くの場合、物質的・技術的資源を欠いている社会である。**「援助義務」は、経済水準の相互調整を目指すわけではないのである**[71]。

このように「援助義務」を限定的に捉えることで、ロールズは、**援助すべき立場になる先進諸国が受け容れやすい現実主義的なスキームを呈示しているように見える。**当然のことながら、格差原理をグローバル化することを試みていた、〝急進的なロールズ主義者〟たちは反発する。ポッゲ等は、ロールズは国内とグローバルな場面で異なった正義の基準を適用する二重基準を用いていると批判している[72]。〝急進的なロールズ主義者〟たちにとっては、ロールズの現実主義は、西欧先進資本主義国の現状との妥協であり、『正義論』で見せた、普遍的正義を追求する姿勢からの著しい後退であるようだ。

共存できる非リベラルな民衆の条件とは

ロールズは、この世界に存在する民衆の類型として、「リベラルな民衆」の他に、①「良識ある諸国の民衆 decent peoples」②「無法国家 outlaw state」③「重荷に苦しむ社会」④「仁愛的絶対主義 benevolent absolutism」の社会の四つを想定している。[73] ③については、先に見た通りである。④は、諸々の人権は尊重されているが、その構成員が政治的意思決定に、意味ある仕方で寄与できない社会、簡単に言うと、民衆が政治参加しておらず、絶対的支配者の仁愛によって統治されている社会である――これについては、ロールズはあまり多く語っていない。

先に見たように、③はまだ「諸民衆の社会」の正式なメンバーになれる状態ではない。②には、当然その資格はない。政治参加が欠如している④も、その資格はない。しかし、①は、「リベラルな民衆」と並んで、「良く秩序付けられた社会」を形成しており、全てではないにしても、その内のいくつかは、「諸民衆の社会」のメンバーになれる資格を有すると考えられる。「良識ある decent」というのは、この場合、「その基本的な諸制度が政治的な正しさ（right）や正義に関する一定の特定された諸条件を満たしている[74]」、という意味合いである。

ロールズは、「良識ある民衆」の内、「良識ある諮問階層制 decent consultation hierarchy[75]」を社会の基本構造として採用しているものに焦点を当てながら議論を進めている。「諮問階層制」というのは、その社会の構成員が、公共的生活において、各種の結社的な集団に属しているものと見なされ、かつ、それらの集団が、当該社会の法システムの中で、何らかの機関を通して「代表」されている、ということである。[76] 分かりやすく言うと、**宗派、民族、氏族、職業、階層、地域などを単位として組織される諸団体が、それぞれそのメンバーの意見を吸い上げて、国政に反映するようなシステム**

が出来上がっているということである。

こうした「諮問階層制」を採用する「良識ある民衆」の社会は、「諸民衆の社会」の良好なメンバーになる条件を充たしている。それは、以下のような基準である。(77)

① 他の社会に対して侵略的ではなく、貿易や外交など他の手段によって自らの目的を追求する

② 「正義に関する共通善的観念」に従って、民衆に生存権、自由権、財産権、正義に関する形式的平等などの人権を保障している

③ 領域内の全ての人格に対して道徳的な権利と義務を課し、政治的・社会的協働のための枠組みを作りあげている

④ 法システムを執行する裁判官や他の官僚が、道理に反しない形で「法は本当に正義の共通的観念に導かれている」と信じている

①は、対外的基準、②〜④は国内的基準である。

ロールズは、そうした条件を充たしている、「カザニスタン」という――名前からして恐らく、中央アジアに位置する――仮想のイスラム国を描き、それが「諸民衆の社会」の一員たるにふさわしいことを示そうとする。

カザニスタンの法システムは、政教分離を確立していない。イスラム教が格別に優遇された宗教としてあり、イスラム教徒だけが、政治的権威の面でより高い地位に就くことができ、外交を含む政府の主要決定や政策に影響を与えることができる。だが、それでも、イスラム教徒より高位の政治的・法的官職を手にする権利は別として、それ以外の様々な宗教も寛容に受け入れられ、恐怖にさらされる心配もたいていの公民的権利を剥奪される心配もなく、これを実践することが許されている（……）。イスラム教徒以外の宗教や結社も、豊かな文化的生活を送り、より広範な社会の公民的文化に参画するよう奨励されているのである。(78)

カザニスタンでは、非イスラム教徒であるマイノリティにも、信教の自由を始めとする各種の人権が認められている。諮問階層制を通して、マイノリティを含む人々の多様なニーズが政策決定に取り入れられる。最高の意志決定機関も、諮問を行った各機関の見解や要求を比較考量することが義務付けられている。そのためマイノリティも、社会を積極的に支えるメンバーになっている。女性の権利と役割に関する種々の改革も行われている。

このカザニスタンのような「良識ある民衆」は、第一段階をスルーして、第二段階の「原初状態」に参加し、「諸民衆の社会」の一員として迎え入れられる可能性がある。第一段階は、国内的正義に関するリベラルな観念であり、「良識ある民衆」の社会はこれに当てはまらない。しかし、

「良識ある民衆」は他国の民衆を侵略せず、他国民衆の公民的秩序と一体性を尊重するので、リベラルな民衆と公正な協働関係を築くことを期待できる。[79] 国際社会における一つの行為主体として見た場合、先に見た「万民の法」の八つの原理を受け入れることも無理ではなかろう。

無論、このようにして **〝リベラルでない民衆〟を受け入れた場合、「諸民衆の社会」が全体として、あまりリベラルでなくなるのではないかとの疑問が出てくる。** しかしロールズに言わせれば、リベラルな社会の間でも様々な制度的な違いがあり、例えば、平等主義の度合いは国ごとにかなり異なっているのだから、リベラルな国内正義の原理によるのではないのであれ、各種の人権を実質的に保障している「良識ある民衆」が採用している制度も許容できないわけではない。[80] ロールズの描写する、カザニスタンのような社会であれば、少なくとも、奴隷状態や隷属からの自由、良心の自由（必ずしも良心の平等な自由ではないが）、大量虐殺やジェノサイドからの民族集団の安全保障といった差し迫った権利に関して、リベラルな民衆の社会と協働歩調を取ることが可能である。[81]

グローバルな意思決定のあり方

では、「諸民衆の社会」における政治的意思決定はどのようになされるべきか。統一国家は想定していないので、現行の西欧の立憲民主制国家と同じ様な仕組みにならないことは確かである。ロールズは、具体的な機関として、各国民衆間の公正な貿易を保障する機関、協働的金融制度からの各国民衆の借款を可能にする制度、現在の国連に相当する役割を担う、「万国民衆連合 Confederation of Peoples」が考えられるとしているが、それらの役割について詳細に論じているわけではない[82]。

彼が強調しているのは、**これらの機関を中心に行われる意思決定が、「公共的理性」に基づかねばならないという点である**。諸民衆の相互関係についての討議を制御する、「諸民衆の社会」の公共的理性は、立憲的必須事項や基本構造をめぐる討議を制御する、国内的な「公共的理性」とは若干性質が異なる。しかし、討議に参加する代表たちが、「あれこれの社会で幅を利かせるような、真理や正しさにかんする包括的教説の言葉ではなく、相異なる様々な諸国の民衆が共有できる言葉[83]」で自らの主張を正当化する必要があるという最も肝心な点では通底している。

「諸民衆の社会」の「公共的理性」は、当然のことながら、「良識ある諸民衆」に対して、リベラルな立憲民主制を一方的に押し付けることなく、寛容な態度を取ることを「リベラルな民衆」に要請する[84]。その意味では、「良識ある諸民衆」に好意的であるように見えるが、見方を変えれば、彼らが「諸民衆の社会」の中で自らの主張を通そうとすれば、国内の「諮問階層制」で通用している、包括的教説を反映した言葉ではなく、「リベラルな民衆」に通じる、「公共的理性」の言葉へと変換しなければならないことになる。変換し切れない概念もあるかもしれない。**「公共的理性」は、実質的に、第一段階の「原初状態」を経ることで「正義」に関する諸概念を既にかなり共有している西欧諸国に有利に働く可能性がある[85]。**

「無法国家」との対峙

「公共的理性」に基づいて決定されるべき事項の中に、「諸民衆の社会」に参加していない民衆、とりわけ、「無法国家」にいかに対処すべきか、という問題が含まれている。「諸民衆の社会」は、全ての民衆が、「良く秩序立った社会」を形成し、自分たちのプロジェクトに参加するよう働きかける。「重荷に苦しむ社会」に対する援助は、その一環である。「無法国家」に対しても、体制を変革しない限り、経済援助や、互恵的協働実践への参加を拒絶するといった条件を示すことで、変革を促すことになる。[86] しかし、彼らがそうしたオファーを受け容れず、逆に、「諸民衆の社会」のメンバーに戦争を仕掛けてくるのであれば、自衛のための交戦権を行使することになる。

その際に、それを正義に適った戦争、「正戦 just war」にすべく、戦争の遂行方法を制約する六つの原理をロールズは示している。[87]

① 正義に則った永続的な平和を打ち立てることを目的とすること
② 良く秩序付けられた社会の安全、自由な諸制度を脅かしてくる諸国に対してのみ戦争を行うこと
③ 戦争遂行に際して、無法国家の指導者、兵士、民間人を注意深く区別すること
④ 敵側の構成員の人権を可能な限り尊重すること

⑤ 可能であれば、戦争遂行中も、自分たちの目指す平和がどのようなものであり、どのような関係を築こうとしているのか明らかにすること
⑥ 目的-手段的な思考に必要以上に囚われることなく、戦争計画と戦略、戦闘行為が、①〜⑤で示される戦争遂行の諸規範の範囲内に厳格に収まるようにすること

ロールズが示している諸原理と、その運用に関する議論は、西欧諸国で長年にわたって形成されてきた「正戦論」と大筋で一致する、かなり常識的なものである。アメリカの政治哲学者による「正戦論」としては、コミュニタリアン左派の論客と目されるウォルツァーの著作『正しい戦争と不正な戦争』（一九七七）[88]が知られている。これは、コミュニタリアンの正戦論というよりは、伝統的な「正戦論」と接続する形で、戦時国際法や人道的介入、戦争犯罪などをめぐるアクチュアルな諸問題を体系的に捉え直し、戦争における「正義」の条件を示すことを試みた著作である。ロールズは、この著作でのウォルツァーの見方と自らのそれとの間に大きな違いはないと明言している[89]。ロールズらしさがあるとすれば、⑤で強調されているように、「諸民衆の社会」の理想と、戦争遂行の目的をリンクさせている点だろう。あるいは、**「諸民衆の社会」の理想を実現するために、伝統的な「正戦論」を取り込もうとするスタンスに、ロールズの現実主義がはっきり現われていると見るべきかもしれない。**

「カザニスタン」に象徴される、穏健で親西欧的なイスラム諸国を可能な限り取り込み、外交交

渉や経済制裁でその行動を抑制することが困難な「無法国家」に対しては、「正戦」の準備をするというロールズの両面作戦は、湾岸戦争後のアメリカを盟主とする西欧諸国の戦略をなぞっているようにも思える。

終章

「正義」のゆくえ

ロールズが切り開いた地平から

“第三の道”としてのリベラリズム

ここまで見てきたロールズの哲学的な歩みと、彼を中心に展開した様々な論争は、第二次大戦後のアメリカの「リベラリズム」が直面した課題に対応しているように思える。大げさな言い方をすれば、**ロールズの中に「リベラリズムの葛藤」が凝縮されている。**

（建国以来、一貫して「自由」の国であり続けたはずの）アメリカで、殊更「リベラリズム（自由主義）」と呼ばれているのは、公共投資や福祉政策を通じての財の再分配や、エスニシティやジェンダー、宗教による差別の是正など、「弱者に優しい政治」を志向する、穏健左派の政治思想である。「自由で平等」な社会を実現することは目指すが、公権力が価値中立性を守り、個人の自由を憲法や法律で保護することが大前提になる。一九三〇年代のニューディール政策以降、二大政党の内の民主党（左派）が、こうした意味での「リベラル」を代表する政党になった。[1] ロールズは、このアメリカ的意味での「リベラリズム」を代表する哲学者と見られることが多い。

ロールズが哲学者として本格的に活動するようになった五〇年代は、米ソ冷戦が本格化し始めた時代である。私有財産の廃止と生産手段の公有化を通じて、経済的・社会的に平等な社会を実現することを標榜する社会主義陣営が攻勢を強めてくる中で、アメリカを盟主とする西側の「自由主義」諸国は、戦略的な選択を迫られることになった。市場での個人の自由な活動を保障することを通して、経済発展を促進する、古典的な自由主義に徹すべきか。それとも、社会福祉や労働政策等で平等主義的な要素をある程度取り入れることで、平等を求める人たちの気持ちを繋ぎ留めるべきか。

「リベラリズム」は、後者の路線を志向したわけであるが、(広義の)「自由主義」の枠内で、経済的平等をある程度実現しようとすると、どうしても折衷的で、曖昧な政治的スタンスにならざるをえない。そこで、**「リベラリズム」に哲学的バックボーンを与えるものとして期待されたのが、「原初状態」と「無知のヴェール」という道具立てによって、格差原理を正当化することを試みた、ロールズの「公正としての正義」である。**

本書の前半で見たように、「公正としての正義」が直接の主要論敵として想定したのは、功利主義である。一九世紀半ばに、功利主義者の政治・道徳哲学者で経済学者でもあったミルが、功利主義的な視点から「自由」を擁護する議論を展開して以降、(新旧の)古典派経済学、功利主義、政治的自由主義の三者は密接に結び付いてきた。自由主義的な経済政策によって、社会の富が急速に増大している時代には、三者の繋がりは比較的に安定していたが、ある程度豊かになり、もはや急速な成長が望めなくなった社会において、「平等」を求めることが強くなると、三者の結び付きをそのままの形で維持するのは難しくなる。「自由」か「平等」か、「功利性原理」か「個人の権利」か、といった問いを突きつめて考えざるをえなくなる。

「公正としての正義」は、功利性原理に代わって、**「正義の二原理」をリベラルな政治哲学の基本原理にすることによって、「自由」「平等」「(経済的)効率性」の三要素を体系的に組み合わせる方**

法を呈示した。「無知のヴェール」の下での「契約当事者」たちの〝自由〟な選択によって「正義の二原理」が選択されるという彼の論法は、合理的な選択のための画期的な理論であるように見えた。**これによって、古典的自由主義と、社会主義の両極の間で埋没することのない、第三の道が切り開かれたと見て、強く刺激を受けたリベラルの論客は少なくなかった。**

「無知のヴェール」という仮想の情報装置は実在しないので、ロールズの提案はあまりに現実離れしているようにも思えるが、この装置の本質が、私たちの生に不可避的につきまとう不確実性にいかに制度的に対処すべきか、各人に考えさせることにあるとすれば、それほど非現実的な考え方ではない。現代社会には、不確実性やリスクを分散化すべく、お互いに支え合うための様々の仕組みが現に存在する。その中には、「最も不遇な立場」の人のことを考慮に入れて制度設計されているものもある。

その典型が、保険や年金などである。例えば、火災保険の掛け金は、実際に火事に遭わない大多数の加入者にとっては、掛け損になってしまうが、加入者たちは、自分も火事に遭うという「最も不遇な立場」に立つ可能性はゼロではなく、しかもその確率ははっきり計算できないと考えて、自発的に加入する。その掛け金が、実際に「最も不遇な立場」に立った人のために使われる。つまり、各人がリスク・コントロールのために行っている合理的な選択が、結果的に「最も不遇な人」を助けることになるのである。強制加入の健康保険や介護保険、年金制度など、国家による社会保障制度が、多くの市民から支持されて継続しているのは、各人の内に、部分的に「無知のヴェール」にかかった判断が行われているからではないか、と考えられる[2]。

社会保障の他にも、国や地方自治体が、各種の危険を回避するために取っている、災害対策などを目的とした公共投資、医療政策、食糧備蓄、治安など、多くの政策が、各人に内在する「無知のヴェール」的な発想によって支えられていると見ることができる。見方によっては、国家を始めとする公権力の機関を創設し、維持しようとする私たちの営み、「政治」という営みそれ自体が、私たちの内なる「無知のヴェール」に支えられているのかもしれない。

ロールズの議論は、伝統的な「社会契約論」の根底にあり、様々な道徳的・社会的慣習を成り立たしめている、［集団的リスク・コントロール↓社会的協働］という発想を、「無知のヴェール」という形で、分かりやすく可視化したものと見ることができる。そのような見方をすれば、**彼の正義論は、「最も不遇な人」に共感し、常に利他的に振る舞う聖人になることを私たちに強いるものではなく、個人の自己中心的な選択を社会的協働のための諸制度の樹立へと誘導している、私たちに自然と備わっている社会的想像力を、〝もう少しだけ〟拡張することを要請する、ささやかな提案なのである。**その意味で、アメリカ的な意味での「リベラル」にふさわしい。

論争をつうじて

無論、「無知のヴェール」によって平等主義的な要素を「自由主義」に自然に（見える仕方で）取り込むことに成功したからといって、それだけで万人が納得するわけではない。資本主義と結び付いたブルジョワ的なエゴイズムの克服を掲げるマルクス主義者や、近代的主体性や合理性の虚構性を暴き出し、普遍的「人間」概念さえも解体しようとするポストモダン左派からしてみれば、特殊な概念装置によって「正義の二原理」を導き出す、「格差」を正当化する誤魔化しである。(3) ロールズの議論が巧みであっただけに、彼は、そうしたラディカルな左派からの、「ブルジョワ自由主義」批判のターゲットになった——「無知のヴェール」という用語の響きから、単純に誤解した人たちも少なくないと思われる。

また、現代社会に見合うように哲学的に洗練した社会契約論によって、〝再分配的正義〟を正当化したロールズの議論は、国家による再分配を否定し、法や政治は各人の「所有権」を保証することに専念すべきだと考える古典的な自由主義者たちを刺激した。彼らの中から、ロールズやドゥウォーキンとは別のやり方で「自由」の本質を捉え直し、「ラディカルに自由な社会」を構想する「リバタリアン」と呼ばれる論客たちが登場する。その代表が、ロールズと同様に「社会契約論」を利用しながら、「最小国家」を正当化する結論を引き出したノージックである。「リベラリズム」と「リバタリアニズム」の哲学的対決は、オイルショック以降の西欧諸国で激しくなった、「大きな政府か小さな政府か」、あるいは「ケインズ主義か新自由主義か」をめぐる、経済・政治的論争を象徴していると思える。

第三章で見たように、ロールズが論敵として最も意識したのは、アロー、ハーサニ、ハートなどの功利主義系の論者である。「正義の二原理」を導き出すための概念装置の不備を細部にまで踏み込んで指摘する彼らとの論争を通じて、ロールズは「原初状態」の想定を徐々に変更し、カント主義的な人格論に依拠するようになった。そのため、彼の議論は理論防御的性格が強くなり、分配的正義論としてのシャープさを失ったようにも見える。

しかし、それでもロールズは、自らの正義論の〝売り〟だった「格差原理」には拘り続け、生前の最後の著作になった『公正としての正義　再説』では、「格差原理」が「生産的協働」の枠組みとして適切であることを示すための新たな説明も試みている。[4] **彼にとって、「格差原理」は、単に分配の基準を示すだけでなく、生産活動に従事する人々にやる気を出させる、現実的な政策指針でもあったことが伺える。**

この著作ではまた、政治的・経済的・社会的諸制度を完備した五つの種類の政体――（a）自由放任型資本主義（b）福祉国家型資本主義（c）指令経済を伴う国家社会主義（d）財産私有型民主制（property-owning democracy）（e）リベラルな（民主的）社会主義――を区別したうえで、「公正としての正義」が適合するのは（d）だとしている。[5]（b）と（d）の違いは、（b）は、福祉支給においてはかなり気前が良く、社会的ミニマムは満たされているものの、生産用資産と天然資源の所有に多くの不平等を残しているがゆえに、経済及び政治的生活が少数者によって支配される傾向があるのに対し、（d）では、富と資本の所有が分散化され、公正機会均等が実質的に確保されている点である。（e）だと、生産手段が社会的に私有されることになる。（b）ではなくて（d）だということは、（少数の富裕者を中心とする）生産活動に得られた財を福祉の形で再分配するよりも、各人が自らの資産を元手に主体的に生産活動に従事し、生じた格差を事後的に調整する方が好ましいということである。

自由主義の枠内で、社会・経済的な「平等」を保障するための「公正」な方法を探求し続けるロールズの姿勢は、彼の方法論の不備を批判した厚生経済学者たちにも影響を与え、両者の接点から、新たなタイプの正義論が誕生している。ロールズ亡き後の現代のリベラルな平等論をリードする、経済学者・経済哲学者のセンは、ロールズの影響を強く受けながらも、人々の合意を得られる「公正な制度」を特定し、それを実現することを正義と考える社会契約論的アプローチの限界を指摘する。そのうえで、制度自体のアプリオリな公正さよりも、自らが価値あると認めることを行うことのできる「潜在能力 capability」(=ケイパビリティ・アプローチ)を実際にどれだけ向上させるかに着目して、政策の選択肢を比較評価するアプローチ(ケイパビリティ・アプローチ)を提案している。(6)

三章後半から四章で見たように、八〇年代後半以降のロールズは、議論の重点を、価値観や文化的アイデンティティが異なる人々が生活する多元的な社会の中で「重なり合う合意」をいかに形成するかに移す。それに伴って、**「公正としての正義」を、〝哲学的な正解〟というより、市民たちの社会的協働を促進し、安定をもたらしうる「リベラルな政治的構想」の〝一つ〟**——ただし、ロールズにとっては最も有力な選択肢——**として位置付けるようになる。**

八〇年代のアメリカでは、キリスト教原理主義などの保守派が勢いを増す一方で、近代市民社会の中で抑圧・不可視化されてきた、女性、性的マイノリティ、民族・人種的マイノリティのアイデンティティの解放を標榜する「差異の政治」派も台頭する。両極の間で、宗教、教育、家族などの在り方をめぐって、「文化戦争」が展開されるようになった。「アメリカ的とはどういうことか？」という問いが改めてクローズアップされた。(7)

そうした政治情勢を背景として、政治哲学の分野では、共同体ごとに培われる「共通善」を重視する、「コミュニタリアニズム」が、(「リベラリズム」だけでなく、リバタリアニズムやミルのヴァージョンの功利主義なども含む) 広義の「自由主義」の代表としてのロールズにターゲットを絞って論争を仕掛けてきた。コミュニタリアンにとっては、ロールズの「無知のヴェール」論法は、共同体的な価値や文脈を捨象されて、何の個性もなくなった、のっぺら坊の個人たち (＝負荷なき自己) から成る社会の建設を目指すものであり、受け容れがたかったわけである。

そういう状況にあってロールズは、価値の多元性を許容する「政治的リベラリズム」という思考の大枠を示そうとした。異なった (道理に適った) 包括的教説にコミットしている人たちが「重なり合う合意」を形成し、「公共的理性」の制御の下で政治を行うことが可能であることを前提として、「良く秩序付けられた社会」を実現するための「政治的な正義の構想」を探求するのが、「政治的リベラリズム」である。

コミュニタリアンや保守派は、「自由主義」は、共同体的な価値や伝統を抑圧して、〝価値中立的 (中性的)〟な社会を作ろうとしているかのように想定しているが、ロールズが三十年戦争以降の西欧の政治史から再発見した「政治的リベラリズム」は、決してそんな窮屈で狭量な思想ではない。

むしろ、**異なった価値観を持つ諸個人や集団が、互いに対して寛容になり、それぞれの幸福のために協働する共通基盤（＝政治的な正義の構想）を提供してきたのである。**

「リベラリズム」の未来

「政治的リベラリズム」を再発見しようとするロールズの試みは、様々な文化共同体の共存を可能にする体制を模索する「多文化主義 multiculturalism」と親和性があるように見える。カナダの哲学者で、コミュニタリアンと目されるチャールズ・テイラー（一九三一− ）は、九〇年代に入った頃から、カナダの多文化主義的な憲法や政策をモデルにしながら、各人の人格形成に不可欠な共同体的な文化を保持するうえで、文化共同体ごとの自治が必要であるとする論を積極的に展開している。テイラーは、そうした多文化主義の視点から、〝価値中立性〟の建前を取ってきた、伝統的な「自由主義」の限界を指摘する。[8] そうした「多文化主義＋コミュニタリアニズム」の攻勢に対して、ロールズの「政治的リベラリズム」論は、**「多文化主義」を推進するためにも、「寛容」を基本とする「自由主義」の下での「重なり合う合意」や「政治的な正義の構想」が不可欠だということを改めて強調している**ように思える。

ロールズの影響を受けて、「リベラリズム」の枠内での「多文化主義」の可能性、「リベラルな多文化主義」[9] とでも言うべきものを追求しているのが、テイラーと同じカナダの政治哲学者キムリッカ（一九六二− ）である。キムリッカは、「文化的メンバーシップ cultural membership」を「基本財」

と捉えたうえで、[10] 文化的マイノリティに言語や文化へのアクセスに関する特別な権利を付与することは「リベラルな諸原理」と矛盾するわけではないという議論を展開し、多文化主義的コミュニタリアニズムとは一線を画している。[11] ただし彼は、**西欧諸国における、カトリックとプロテスタントの間の寛容原理をモデルにしているロールズ理論の弱点も指摘している。** 彼の理解では、ロールズは、公的領域での「政治」に関しては、「市民」の自律を前提にしているものの、私的領域に関しては、必ずしも「自律」の重要性を強調していない。そのため、私的領域において、「自律」を重視せず、場合によっては敵視する宗派や文化集団が、その構成員の〝自由な生き方〟を制約する余地を残している。西欧諸国の多くでは、宗教的寛容を起点とする「良心の自由」の原則が社会に浸透し、私的領域における「自律」もある程度確保されてきたが、国内に非自由主義的マイノリティを抱えている国においては、私的領域における「自律」の問題を、単純に、リベラルな政治の管轄外に置くことはできない。[12]

　現実の世界では、「道理に適っていない包括的教説」にコミットする集団の存在を無視して、「公共的理性」に基づく政治を行うことはできない。初期の論文「公正としての正義」以来、ロールズ自身も意識し続けた、**〝非自由主義的な集団の自由〟をめぐる問題は、今後も、「自由主義」の政治哲学にとって避けて通れない難問であり続けるだろう。**

　九〇年代初頭に冷戦構造が終焉し、湾岸戦争や旧ユーゴスラヴィア内戦に象徴されるような地域紛争が、世界各地に勃発するようになると、ロールズの関心も、国際的正義に向かう。彼は、「公正としての正義」と「政治的リベラリズム」の枠組みをグローバルに拡張する形で、「万民の法」を中心に、「リベラルな民衆」と「良識ある民衆」が協働する、「諸民衆の社会」を構想した。これは、ポスト冷戦時代における「リベラリズム」の課題に対応する壮大な構想にも見えた。

ただし、「良識ある民衆」を取り込むために、人権に関する規定を緩めたり、格差原理を採用せずに、「援助義務」に留めたことについては、彼の影響を受けた〝ロールズ主義者〟たちからも批判が出ている。ロールズの〝現実主義〟に不満なポッゲたちは、徹底してグローバルな正義論を展開している。

理論的な厳格さを追求すると同時に、現実的な適用の可能性も視野に入れた、ロールズの「リベラリズム」擁護の戦略は、様々な論争を巻き起こしてきた。彼の議論が体系的で、緻密に構築されている分、体系的な齟齬を発見し、反証しようとする論客は少なくない――どちらかと言うと、純粋なロールズ主義者よりも、ロールズ批判者の方が目立っている。しかし、半世紀にわたるロールズの一連の試みは、現代の自由主義系の政治哲学が取り組むべき問題系の大枠を規定し続けていることだけは間違いない。

注

序論

（1） こうしたロールズ受容の背景事情については、以下の拙著で論じた。仲正昌樹『集中講義！アメリカ現代思想』NHK出版、二〇〇八年、特に、六四頁以下参照。

（2） ロールズの議論が、法哲学の正義論に与えたインパクトについては、田中成明『現代法理学』有斐閣、二〇一一年、三七七頁以下を参照。政治哲学に対するインパクトについては、藤原保信『増補版　政治哲学の復権』新評論、一九八八年、二三頁以下、及び一七三頁以下を参照。規範的経済学、特に再分配論や福祉国家論に対するインパクトについては、塩野谷祐一『経済と倫理』東京大学出版会、二〇〇二年、六八頁以下を参照。

（3） M. Sandel, *Justice: What's the Right Thing to Do?*, Penguin Books, 2009, pp. 244ff.（鬼澤忍訳『これからの「正義」の話をしよう』早川書房、二〇一〇年、三一五頁以下）を参照。

（4） ロールズについての包括的な概説書として、川本隆史『ロールズ』講談社、二〇〇五年、渡辺幹雄『ロールズ正義論の行方〔増補版〕』春秋社、二〇〇〇年、同『ロールズ正義論再説』春秋社、二〇〇一年、堀巌雄『ロールズ――誤解された政治哲学』春風社、二〇〇七年等、藤川吉美『公正としての正義の研究』成文堂、一九八五年、同『ロールズ哲学の全体像』成文堂、一九九五年、等を挙げることができる。

（5） こうした背景については、前掲拙著『集中講義！アメリカ現代思想』で論じた。

第1章

（1）英語圏におけるメタ倫理学の発展の概観として、岩崎武雄『現代英米の倫理学』勁草書房、一九六三年、及び、高頭直樹「メタ倫理学」、小坂国継・岡部英男編『倫理学概説』ミネルヴァ書房、二〇〇五年、二三五‐二四六頁を参照。

（2）G. E. Moore, *Principia Ethica*, revised edition, ed. by Thomas Baldwin, Cambridge University Press, 1993, pp. 53ff.（泉谷周三郎・寺中平治・星野勉訳『倫理学原理』三和書籍、二〇一〇年、一〇三頁以下）を参照。

（3）分析哲学の発展史については、竹男治一郎『分析哲学の発展』法政大学出版局、一九九七年を参照。分析哲学への包括的な入門書としては、竹男治一郎『分析哲学入門』世界書院、一九九九年がある。分析哲学の発展史に即したより平易な入門書として、青山拓央『分析哲学講義』筑摩書房、二〇一二年が、分析哲学が実際にどのような問題にどのようにアプローチしているかについての具体例に即した解説として、八木沢敬『分析哲学入門』講談社、二〇一一年がある。

（4）価値相対主義とメタ倫理学の理論的な関係については、田中成明『現代法理学』、三四五‐三五四頁を参照。

（5）『フィロソフィカル・レビュー』に掲載されたこの論文は、彼の博士論文である「倫理的知識の基盤の研究　A Study in the Grounds of Ethical Knowledge」（一九五〇）を要約・修正したものである。両者の関係については、池田誠「『正義論』以前のロールズ　ロールズの博士論文「倫理的知識の基盤の研究」（一九五〇）を読む」『研究論集（北海道大学大学院文学研究科）』第一一号、一七‐三六頁を参照。博士論文そのものについては、堀巌雄『ロールズ』、二三頁以下を参照。

（6）J. Rawls, Outline of a Decision Procedure for Ethics, in *Collected Papers*, ed. by Samuel Freeman, Harvard University Press, 1999, pp. 13ff.（守屋明訳「倫理上の決定手続の概要」田中成明編訳『公正としての正義』木鐸社、一九七九年、二

七七頁以下）を参照。

（7）*Ibid.*, p. 1, p. 9（同右、二五五頁、二七一頁）を参照。

（8）*Ibid.*, p. 13（同右、二七八頁）.

（9）G. E. Moore, *Principia Ethica*, pp. 196ff.（『倫理学原理』、二八一頁以下）、及び、*Ethics*, Oxford University Press, 1966, pp. 88ff.（深谷昭三訳『倫理学』法政大学出版局、二〇一一年、一三一頁以下）を参照。ムーアが行為の正／不正に関して功利主義的なスタンスを取っていることについては、岩崎武雄『現代英米の倫理学』、六八頁以下を参照。

（10）J. Rawls, Outline of a Decision Procedure for Ethics, in *Collected Papers*, p. 14.（守屋明訳「倫理上の決定手続の概要」『公正としての正義』、二七九頁）を参照。

（11）*Ibid.*, pp. 14-16（同右、二八〇–二八二頁）を参照。この箇所でのロールズ自身の定式の仕方はやや詳細すぎて分かりにくいので、要約して短いセンテンスにまとめた。

（12）「明白かつ現在の危険の基準」については、松井茂記『アメリカ憲法入門〔第七版〕』有斐閣、二〇一二年、二三二頁以下、及び、同『マス・メディア法入門〔第四版〕』日本評論社、二〇〇八年、四二頁以下を参照。

（13）J. Rawls, Outline of a Decision Procedure for Ethics, in *Collected Papers*, p. 17（守屋明訳「倫理上の決定手続の概要」『公正としての正義』、二八五頁）を参照。

（14）塩野谷祐一は、倫理学の三大基本概念である「善」「正」「徳 virtue」は、それぞれ個人の行為、社会的制度、個人の存在や性格を主要な対象にしているとしたうえで、ロールズの理論は、社会の基礎構造を規定する「正（義）」の理論だとしている。『経済と倫理』、二一一頁以下参照。

（15）S. E. Toulmin, An Examination of the Place of Reason in *Ethics*, Cambridge University Press, 1960, p. 38を参照。

（16）J. Rawls, An Examination of the Place of Reason in *Ethics* by Stephen Edelston Toulmin, in *Philosophical Review*, Vol.60. No.4 (1951), pp. 572-580、特に、p. 574及びp. 578を参照。

（17）ベンサムの功利主義の基本的考え方については、西尾孝司『ベンサムの幸福論』晃洋書房、二〇〇五年を参照。ベンサムの法理論の特徴については、戒能通弘『世界の立法者、ベンサム』日本評論社、二〇〇七年を参照。

（18）直観主義や義務論との対立を軸とする、功利主義の歴史については、児玉聡『功利と直観』勁草書房、二〇一〇年を参照。

（19）ミルの政治思想全般については、山下重一『J・S・ミルの政治思想』木鐸社、一九七六年を参照。

（20）シジウィックの倫理学については、奥野満里子『シジウィックと現代功利主義』勁草書房、一九九九年を参照。

（21）J. Rawls, *Lectures on the History of Political Philosophy*, ed. by Samuel Freeman, The Belknap Press of Harvard University Press, 2007, pp. 250-316, pp. 375-415〔斎藤純一他訳『ロールズ政治哲学史講義II』岩波書店、二〇一一年、四四五–五六八頁、六七九–七五五頁〕を参照。

（22）哲学・思想史的な背景を含めた、ミルの経済学の包括的研究として、馬渡尚憲『J・S・ミルの経済学』御茶の水書房、一九九七年を参照。

（23）シジウィックの経済思想については、中井大介『功利主義と経済学』晃洋書房、二〇〇九年を参照。

（24）ケンブリッジ学派については、伊藤宣宏『現代経済学の誕生』中央公論新社、二〇〇六年を参照。

（25）功利主義のケンブリッジ学派への影響については、松嶋敦茂『功利主義は生き残るか』勁草書房、二〇〇五年、特に、二九頁以下を参照。

（26）厚生経済学の概要については、熊谷尚夫『厚生経済学』創文社、一九七八年等を参照。創始者であるピグーと功利主義の関係については、山崎聡『ピグーの倫理思想と厚生経済学』昭和堂、二〇一一年を参照。

（27）R. F. Harrod, Utilitarianism Revised, in *Mind*, Vol.45, No.178 (1936), pp. 137-156. 功利主義の理論的な精緻化に対するハロッドの貢献については、児玉聡『功利と直観』、一三六–一四〇頁を参照。

（28）M. Sandel, *Justice*, pp. 31ff.〔『これからの「正義」の話をしよう』、四四頁以下〕を参照。

（29） J. Rawls, Two Concepts of Rules, in *Collected Papers*, pp. 24-25（深田三徳訳「二つのルール概念」『公正としての正義』所収、二九五頁）

（30） J. Rawls, Two Concepts of Rules, in *Collected Papers*, pp. 21-23（深田三徳訳「二つのルール概念」『公正としての正義』所収、二九〇―二九三頁）を参照。

（31） *Ibid*., p. 24（同右、二九五頁）.

（32） *Ibid*., pp. 29-33（同右、三〇一―三〇八頁）を参照。

（33） *Ibid*., pp. 33-36（同右、三〇九―三一二頁）を参照。

（34） *Ibid*., pp. 36-39（同右、三一二―三一八頁）を参照。

（35） ロールズは、後に書いた論文「公正としての正義」の注の一つで、「実践」という用語をこのように定義している。 J. Rawls, Justice as Fairness, in *Collected Papers*, p. 47（田中成明訳「公正としての正義」『公正としての正義』、六七頁）.

（36） 児玉聡『功利と直観』、一四〇頁以降を参照。

（37） 「行為功利主義者」としてのスマートの基本的立場については、以下を参照。 J. J. C. Smart, Extreme and Restricted Utilitarianism, in *Philosophical Quarterly*, Vol. 6, No.25 (1956), pp. 344-354.

（38） 「ルール功利主義者」としてのブラントの基本的立場については、以下を参照。 R. B. Brandt, Ethical Theory, Prentice-Hall, 1959, pp. 380-406.

（39） J. O. Urmson, The Interpretation of the Moral Philosophy of J. S. Mill, in *The Philosophical Quarterly*, Vol.3, No.10 (1953), pp. 33-39.

（40） J. Rawls, Justice as Fairness, in *Collected Papers*, p. 47（「公正としての正義」『公正としての正義』、三二頁）を参照。

（41） *Ibid*.（同右）を参照。

(42) *Ibid.*, p. 48（同右、三三頁）を参照。

(43) *Ibid.*, pp. 49-50（同右、三五頁）を参照。

(44) *Ibid.*, pp. 50-51（同右、三六頁）を参照。

(45) *Ibid.*, p. 52（同右、三八－三九頁）を参照。

(46) *Ibid.*, p. 59（同右、四七－四八頁、一部改訳）.

(47) *Ibid.*, p. 60（同右、四九－五〇頁）を参照。

(48) *Ibid.*, pp. 64-65（同右、五五－五六頁）を参照。

(49) *Ibid.*, pp. 67ff.（同右、五八頁以下）を参照。

(50) J. Piaget, *Le jugement moral chez l'enfant*, Presses Universitaires de France, 1932（大伴茂訳『臨床児童心理学Ⅲ――児童道徳判断の発達』同文書院、一九五四年）を参照。

(51) J. Rawls, Sense of Justice, in *Collected Papers*, pp. 100-110（岩倉正博訳「正義感覚」『公正としての正義』、二二七－二四二頁）を参照。この想定は、ピアジェによる、権威の道徳（＝義務と服従の道徳）と、相互尊重の道徳（＝善と自律の道徳）の区別から着想を得たものである。J. Piaget, *Le jugement moral chez l'enfant*, pp. 259ff.（大伴茂訳『児童道徳判断の発達』、四七五頁以下）を参照。

(52) J. Rawls. Sense of Justice, in *Collected Papers*, p. 106（岩倉正博訳「正義感覚」『公正としての正義』、二三六頁、一部改訳）.

(53) Ibid., p. 97, p. 99, pp. 112-113（同右、二二三、二二五頁、二四五－二四六頁）を参照。

(54) カントの「善意志」の概念についてのコンパクトな解説として、石川文康他編『カント事典』（弘文堂、一九九七年）の「善意志」の項を参照。ロールズ自身による解説として、J. Rawls, *Lectures on the History of Moral Philosophy*, ed. by Barbara Herman, Harvard University Press, 2000, pp. 152-161〔久保田顕二他訳『ロールズ哲学史講義上』みすず書房、二〇〇五年、二三一–二四三頁〕を参照。

（55）I. Kant, Grundlegung zur Metaphysik der Sitten, in *Kant's Gesammelte Schriften*, hrsg. v. der Königlichen Preuβischen Akademie der Wissenschaften, Bd. 4, 1911, p. 393〔平田俊博訳「人倫の形而上学の基礎づけ」、坂部恵・有福孝岳・牧野英二編『カント全集7』岩波書店、二〇〇〇年、一三頁〕を参照。

（56）*Ibid.*, pp. 437-439〔同右、七七–八一頁〕を参照。

（57）J. Rawls, Sense of Justice in *Collected Papers*, p115（岩倉正博訳「正義感覚」『公正としての正義』、二四九頁、一部改訳）.

（58）I. Kant, *Gesammelte Schriften*, Bd. 4, pp. 437-438〔『カント全集7』岩波書店、七七–七八頁〕を参照。

（59）ロールズの「カント主義」の意味するところについては、長岡成夫「ロールズのカント主義　一九七一–八〇」『新潟大学教育学部紀要　人文・社会科学編』三六巻二号、二五七–二六六頁を参照。ロールズは後に、論文「道徳哲学におけるカント的構成主義」（一九八〇）で、自らの正義論をカント哲学の視点から再考しているが、この論文で呈示された、「公正としての正義」を構成する手続的方法論としての「カント的構成主義」について詳しくは、福間聡『ロールズのカント的構成主義』勁草書房、二〇〇七年を参照。

（60）J. Rawls, Constitutional Liberty and the Concept of Justice, in *Collected Papers*, p. 74〔田中成明訳「憲法上の自由と正義の概念」『公正としての正義』、八〇頁、一部改訳〕.

（61）*Ibid.*, p. 89〔同右、一〇五頁、一部改訳〕.

（62）こうしたハイエクの憲法観については、拙著『いまこそハイエクに学べ』春秋社、二〇一一年、特に、九七頁以下、一七〇頁以下、二一三頁以下を参照。

（63）J. Rawls, Constitutional Liberty and the Concept of Justice, in *Collected Papers*, pp. 80-86〔田中成明訳「憲法上の自由と正義の概念」『公正としての正義』、九〇–一〇〇頁〕を参照。

(64) *Ibid.*, pp. 89ff.〔同右、一〇五頁以下〕を参照。

(65) *Ibid.*, pp. 91-92〔同右、一〇九–一一〇頁〕を参照。ルソーの見解については、J. J. Rousseau, Contrat Social, in *Œuvres complètes* III, Éditions Gallimard, 1964, p. 469〔作田啓一訳「社会契約論」『ルソー全集第五巻』白水社、一九七九年、二五〇–二五一頁〕を参照。

(66) J. Rawls, Constitutional Liberty and the Concept of Justice, in *Collected Papers*, pp. 92-94〔田中成明訳「憲法上の自由と正義の概念」『公正としての正義』、一一一–一一四頁〕を参照。

(67) J. Rawls, Distributive Justice, in *Collected Papers*, pp. 134-135〔田中成明訳「分配における正義」『公正としての正義』、一二八頁〕を参照。この問題についてのヒュームの議論は主として、『人間本性論』第三篇（一七四〇）で展開されている。D. Hume, *A Treatise of Human Nature*, 2nd Edition, ed. by L. A. Selby-Bigge, Oxford University Press, 1978, pp. 484ff.〔大槻春彦訳『人性論（四）』岩波文庫、一九五二年、五五頁以下〕を参照。この点に対するロールズの解説として、*Lectures on the History of Moral Philosophy*, pp. 51-68〔『ロールズ哲学史講義 上』、九三–一一八頁〕、及び、*Lectures on the History of Political Philosophy*, pp. 174-187〔斎藤純一他訳『ロールズ政治哲学史講義I』、二〇一一年、三一五–三四〇頁、六七九–七五五頁〕を参照。

(68) この点については、拙著『いまこそハイエクに学べ』、一一六–一二一頁を参照。

(69) パレートは、新古典派経済学の始祖の一人であるワルラス（一八三四–一九一〇）の影響を強く受け、ローザンヌ大学でワルラスの後任として経済学講座の教授に就任している。パレートの経済学と思想の概要、及びその影響については、松嶋敦茂『経済から社会へ——パレートの生涯と思想』みすず書房、一九八五年を参照。

(70) V. Pareto, *Manuale di Economia Politica*, Verlag Wirtschaft und Finanzen, 1992, pp. 337ff. を参照。

(71) J. Rawls, Distributive Justice, in *Collected Papers*, p. 137〔田中成明訳「分配における正義」『公正としての正義』、一三一–一三二頁〕。

（72） *Ibid.*, p. 138〔同右、一三三頁、一部改訳〕.
（73） *Ibid.*, pp. 138-140〔同右、一三五－一三七頁〕を参照。
（74） *Ibid.*, pp. 141-144〔同右、一三九－一四三頁〕を参照。
（75） カルドア自身の考え方については、N. Kaldor, *An Expenditure Tax*, Routledge, 2003〔時子山常三郎監訳『総合消費税』東洋経済新報社、一九六三年〕を参照。
（76） J. Rawls, Distributive Justice, in *Collected Papers*, pp. 144-145〔田中成明訳「分配における正義」『公正としての正義』、一四四頁〕を参照。
（77） *Ibid.*, pp. 145-147〔同右、一四五－一四九頁〕を参照。
（78） 世代間正義の問題は、新古典学派経済学と厚生経済学の源流になったケンブリッジ学派にとっても重要なテーマである。ケンブリッジ学派とロールズの関係については、二〇〇六年、鈴村興太郎「世代間衡平性の厚生経済学」、鈴村興太郎編『世代間衡平性の論理と倫理』東洋経済新報社、二〇〇六年、三頁以下を参照。初期の厚生経済学における世代間正義の問題については、西沢保「創設期の厚生経済学と将来世代」、同右、二二九頁以下を参照。
（79） J. Rawls, Distributive Justice, in *Collected Papers*, pp. 148-150〔「分配における正義」『公正としての正義』、一五〇－一五四頁〕を参照。
（80） J. Rawls, Distributive Justice : Some Addenda, in *Collected Papers*, pp. 158-164〔岩倉正博訳「分配における正義――若干の補遺」『公正としての正義』、一六七－一七六頁〕を参照。
（81） *Ibid.*, pp. 165-166〔同右、一七七－一七九頁〕を参照。
（82） *Ibid.*, pp. 166-167〔同右、一七九－一八〇頁〕を参照。
（83） 「市民的不服従」の思想史については、寺島俊穂『市民的不服従』風行社、二〇〇四年を参照。
（84） 公民権運動の主な流れについては、ジェームズ・M・バーダマン／水谷八也訳『黒人差別とアメリカ公民権運動』集英社、二〇〇七年を参照。

(85) 「市民的不服従の正当化」も収められている以下の論集では、公民権運動と並んで反戦運動に関連する市民的不服従の問題も取り上げられており、キング牧師や哲学者のラッセル、言語学者のチョムスキー等、様々な立場の人が寄稿しており、それぞれの議論の背景もコンパクトに解説されている。H. A. Bedau (ed), *Civil Disobedience: Theory and Practice*, *Pegasus*, 1969. また、ハンナ・アーレント（一九〇六–七五）が以下の論文で、公民権運動をめぐる議論の状況を概観している。H. Arendt, Civil Disobedience, in *Crises of the Republic*, Harcourt Brace, 1972, pp. 49-102〔山田正行訳『暴力について』みすず書房、二〇〇〇年、四七–九五頁〕.

(86) ロールズの報告を含む、このシンポジウム全体の記録が刊行されている。S. Hook (ed.), *Law and Philosophy: a symposium*, New York University Press, 1964.

(87) J. Rawls, Legal Obligation and the Duty of Fair Play, in *Collected Papers*, p. 118を参照。ラテン語に由来する〈prima facie〉という形容句は、通常、「一見したところ」あるいは「（一見しただけで）明白な」という意味で用いられる。法学では、後者の意味で使われることが多い。刑法用語の〈prima facie evidence（明白な証拠）〉は、反証が挙げられない限り、それ単独で問題になっている事実の証明に十分な、明白な証拠を意味する。英国の倫理学者のW・D・ロス（一八七七–一九七一）は、『正と善』（一九三〇）で、完全な義務の基準を追求するカントやムーアの理想主義に対して、友人同士とか同国人同士、貸し手と借り手、夫と妻、親と子といった、具体的な関係においてその都度生じると思われる〈prima facie duties〉の検討から始めるしかないという現実主義的な態度を示している。W. D. Ross, *The Right and the Good*, Oxford at the Clarendon Press, 1930, pp. 18ff. を参照。ロールズは、ロスと近い意味で、〈prima facie〉という言葉を使っていると思われる。

(88) J. Rawls, Legal Obligation and the Duty of Fair Play, in *Collected Papers*, p. 123を参照。

(89) この報告に対する反応、論文「市民的不服従の正当化」が公刊されるまでの経緯、この問題に対するロールズの個人的コミットメントについては、川本隆史『ロールズ』、一〇二-一一〇頁を参照。

(90) J. Rawls, The Justification of Civil Disobedience, in *Collected Papers*, p. 176〔平野仁彦訳「市民的不服従の正当化」『公正としての正義』、一九七頁、一部改訳〕.

(91) *Ibid.*, p. 178〔同右、二〇〇頁〕を参照。

(92) *Ibid.*, p. 180〔同右、二〇四頁〕を参照。

(93) *Ibid.*, p. 181〔同右、二〇五-二〇六頁、一部改訳〕.ロールズはこの箇所に対する注で、自らの「市民的不服従」の定義は、哲学者ヒューゴ・アダム・ベドー(一九二六-)のそれに準拠していると述べている。H. A. Bedau, On Civil Disobedience, in *The Journal of Philosophy*, Vol.58, No.21 (1961), pp. 653-665を参照。

(94) ロックの抵抗権論については、菅野喜八郎『抵抗権論とロック、ホッブズ』信山社出版、二〇〇一年、二三-六二頁を参照。

(95) J. Rawls, The Justification of Civil Disobedience, in *Collected Papers*, pp. 183ff.〔平野仁彦訳「市民的不服従の正当化」『公正としての正義』、二〇九頁以下〕を参照。

第2章

(1) コンスタンの思想全般については、堤林剣『コンスタンの思想世界』創文社、二〇〇九年を参照。特に、主権制限論については、七八頁以下を参照。

(2) トクヴィルの思想全般については、宇野重規『トクヴィル――平等と不平等の思想家』講談社、二〇〇七年を参照。特に、「民主的専制」に関しては、八三頁以下を参照。

(3) この方面でのミルの議論として、J. S. Mill, *On Liberty*, Rowman & Littlefield, 2005〔斎藤悦則訳『自由論』光文社、二〇一二年〕がある。この邦訳に付された筆者(仲正)による解説「「間」の思想家としてのミル」(同、二七八-

二九三頁）でも、この問題を中心的に取り上げた。

（4） 渡辺幹雄は、ロールズ理論の最大の成果は、リベラリズムと功利主義の蜜月期に終止符を打ったことであるとしている。渡辺幹雄『ロールズ正義論の行方〔増補版〕』、九頁以下を参照。

（5） 『正義論』の第一四節では、「基礎構造」は、「諸活動の枠組みを規定するルールの公共システム」であり、「人間が力を合わせて便益の総量を拡大生産するように彼らを誘導し、かつ収益の取り分に対する一定の権利要求を承認のうえ各人に割り当てる」と述べられている。J. Rawls, *A Theory of Justice*, revised edition, The Belknap Press of Harvard University Press, 1999, p. 74〔川本隆史・福間聡・神島祐子訳『正義論　改訂版』紀伊国屋出版、二〇一〇年、一一六頁〕を参照。『正義論』は、七一年の初版と、九九年の改訂版では微妙に異なっているところがある。以下、必要に応じて特記する場合を除いて、改訂版の頁を示すことにする。

（6） 伝統的な「社会契約」論の論理と、『正義論』におけるロールズの方法論の関係について詳しくは、堀巌雄『ロールズ』、一六七–一八六頁を参照。

（7） 「良く秩序付けられた社会」の定義については、以下の箇所を参照。J. Rawls, *A Theory of Justice*, pp. 4-5〔『正義論　改訂版』、七–八頁〕.

（8） この点について詳しくは、渡辺幹雄『ロールズ正義論の行方〔増補版〕』、三五五頁以下を参照。

（9） J. Rawls, *A Theory of Justice*, p. 10〔『正義論　改訂版』紀伊国屋出版、一六頁〕.

（10） *Ibid.*, p. 11〔同右、一八頁、一部改訳〕

（11） 「正義の女神」の目隠しの意味について詳しくは、G. Radbruch, *Vorschule der Rechtsphilosophie*, Verlag Scherer, 1948, pp. 86-88〔阿南成一訳『法哲學入門』弘文堂、一九五〇年、一二一–一二四頁〕、森征一・岩谷十郎編『法と正義のイコノロジー』、慶應大学出版会、一九九七年、二–八五頁等を参照。

（12） J. Rawls, *A Theory of Justice*, p. 11〔『正義論　改訂版』、一八頁〕.

(13) *Ibid.*, p. 22〔同右、三五–三六頁〕.

(14) *Ibid.*, p. 22, pp. 285ff.〔同右、三六頁、四三一頁以下〕を参照。卓越主義について詳しくは、以下を参照。Th. Hurka, *Perfectionism*, Oxford University Press, 1993. 共同体の中での「卓越」を目指すアリストテレスと、共同体的な規範に囚われない個体としての卓越を目指すニーチェを、背景説明なしに同じ範疇に入れるのは、粗っぽいと私（＝仲正）には思われる。二つの〝卓越主義〟がどういう関係にあるかについての詳細な検討として、以下を参照。A. McIntyre, *After Virtue: A Study in Moral Theory*, 3nd edition, 2007, pp. 109ff.〔篠先榮訳『美徳なき時代』みすず書房、一九九三年、一三四頁以下〕.

(15) 功利主義の視点からの「幸福」と「快楽」の区別についての簡単な解説として、児玉聡『功利主義入門』筑摩書房、二〇一二年、一三一頁以下を参照。

(16) J. Rawls, *A Theory of Justice*, p. 24〔『正義論　改訂版』、三八頁〕

(17) *Ibid.*, p. 15〔同右、三九頁〕

(18) *Ibid.*, pp. 24-25〔同右、三九–四〇頁〕.

(19) *Ibid.*, p. 28〔同右、四四頁〕を参照。

(20) M. Sandel, *Liberalism and the Limits of Justice*, 2nd Edition, Cambrdige University Press, 1998, pp. 1ff.（菊池理夫訳『リベラリズムと正義の限界（原著第二版）』勁草書房、二〇〇九年、一頁以下）、及び、小林正弥『サンデルの政治哲学』平凡社、二〇一〇年、一一〇頁以下を参照。

(21) J. Rawls, *A Theory of Justice*, p. 25〔『正義論　改訂版』、四一頁〕を参照。

(22) *Ibid.*, p. 48f〔同右、二四頁、七七頁以下〕を参照。ロールズ理論における「公共性」の位置付けについては、堀巌雄『ロールズ』、二五四頁以下を参照。

(23) J. Rawls, *A Theory of Justice*, p. 26〔『正義論　改訂版』四二頁〕を参照。

（24）『功利と直観』、三一―三七頁以降を参照。
（25）同右、一二七頁以下を参照。
（26）この点について詳しくは、渡辺幹雄『ロールズ正義論再説〔増補版〕』、一一頁以下、堀巌雄『ロールズ』、二〇六頁以下を参照。
（27）J. Rawls, *A Theory of Justice*, p. 30〔『正義論　改訂版』、四八頁〕.
（28）*Ibid.*, pp. 34-35〔同右、五六―五七頁〕を参照。
（29）H. Sidgwick, *The Methods of Ethics*, Dover Publications, 1966, pp. 96-104, pp. 373-407〔山辺知春・太田秀穂訳『倫理学説批判』大日本出版、一八九八年、一七八―二〇一頁、七二四―七五九頁〕を参照。
（30）J. Rawls, *A Theory of Justice*, pp. 37ff.〔『正義論　改訂版』、五九頁以下〕を参照。
（31）J. Rawls, *A Theory of Justice*, p. 53〔『正義論　改訂版』、八四頁、一部改訳〕.
（32）*Ibid.*, p. 54〔同右、八五頁以下〕を参照。
（33）この点について詳しくは、大日方信春『ロールズの憲法哲学』有信堂、二〇〇一年、四一頁以下を参照。
（34）この点について詳しくは、H. L. A. Hart, *Essays in Jurisprudence and Law*, Oxford University Press, 1983, pp. 226ff.〔中谷実訳「自由とその優先性についてのロールズの考え方」矢崎光圀・松浦好治他訳『法学・哲学論集』みすず書房、一九九〇年、二五八頁以下〕を参照。
（35）J. Rawls, *A Theory of Justice*, p. 54〔『正義論　改訂版』、八六頁〕を参照。
（36）*Ibid.*, p. 72〔同右、一一四頁〕.
（37）*Ibid.*, pp. 118ff., pp. 123ff.〔同右、一八五頁以下、一九二頁以下〕を参照。
（38）*Ibid.*, pp. 130ff.〔同右、二〇四頁以下〕を参照。
（39）ロールズが注で言及している文献として、W. J. Baumol, *Theory and Operations Analysis*, 2nd edition, Prentice-Hall,

1965, pp. 529ff., pp. 552ff.〔松田武彦・横山保監訳／福場庸訳『経済分析とＯＲ（下）』丸善株式会社、一九六六年、五三八頁以下、五六四頁以下〕、及び、R. D. Luce and H. Raiffa, *Games and Decisions, Introduction and Critical Survey*, Dover Publications, 1957, pp. 278ff.を参照。

（40） *Ibid.*, p. 133n.〔同右、二〇九頁〕を参照。この箇所については、初版と、一九九九年版での記述の仕方が若干異なっている。初版では、注ではなく、本文中で説明されている。J. Rawls, *A Theory of Justice*, 1st edition, The Belknap Press of Harvard University Press, 1971, pp. 153-154を参照。変更した背景についての説明として、亀本洋『格差原理』成文堂、二〇一二年、一〇〇–一〇一頁を参照。

（41） J. Rawls, *A Theory of Justice*, pp. 134ff.〔同右、二〇八頁以下〕を参照。

（42） 亀本洋は、マクシミン・ルールは正義原理を選択する際に当事者を拘束するルールではなく、契約当事者が考慮すべき論点を発見するための装置であると指摘している。亀本洋『格差原理』、九九頁以下を参照。

（43） J. Rawls, *A Theory of Justice*, p. 18, p. 42〔同右、二八頁以下、六八頁〕を参照。

（44） 渡辺幹雄は、反省的均衡は、正義の契約を演繹する契約当事者と、熟慮を経た道徳的判断を行う主体としての私たち、そして、メタ倫理学的視点から初期状況の説明を与える「私たち」の三項関係の中で進行すると指摘している。渡辺幹雄『ロールズ正義論の行方〔増補版〕』、一七五頁以下を参照。

（45） J. Rawls, *A Theory of Justice*, pp. 41-42.〔『正義論　改訂版』、六六–六七頁〕を参照。

（46） 堀巌雄は、ロールズの方法論が、言語学・言語哲学における語用論（pragmatics）を背景としていることを指摘している。堀巌雄『ロールズ』、一四九頁以下を参照。

（47） J. Rawls, *A Theory of Justice*, pp. 397ff.〔『正義論　改訂版』、五九四頁以下〕を参照。

（48） *Ibid.*, p. 43ff.〔同右、六九頁以下〕を参照。

（49） *Ibid.*, pp. 42-43〔同右、六八–六九頁〕を参照。

（50） *Ibid.*, p. 109〔同右、一六九―一七〇頁〕を参照。この点に対する批判として、藤川吉美『公正としての正義の研究』成文堂、一九八九年、六五頁以下を参照。リストを呈示することの意味についてのロールズに好意的な評価として、堀巌雄『ロールズ』、一八七頁以下を参照。
（51） J. Rawls, *A Theory of Justice*, pp. 112ff.〔『正義論　改訂版』、一七五頁以下〕を参照。
（52） *Ibid.*, pp. 143-144〔同右、二二三―二二五頁〕を参照。
（53） *Ibid.*, pp. 153-154〔同右、二三九―二四〇頁〕を参照。
（54） *Ibid.*, pp. 154-156〔同右、二四〇―二四三頁〕を参照。
（55） I. Kant, *Kant's Gesammelte Schriften*, Bd. 4, pp. 427-430〔『カント全集7』、六二―六五頁〕を参照。
（56） J. Rawls, *A Theory of Justice*, pp. 156-157ff.〔『正義論　改訂版』、二四三―二四五頁以下〕を参照。
（57） *Ibid.*, pp. 172ff.〔同右、二六七頁以下〕を参照。
（58） *Ibid.*, pp. 179-180〔同右、二七七―二七八頁〕を参照。
（59） *Ibid.*, pp. 198-199〔同右、三〇六頁〕.
（60） 土地所有を基盤とするハリントンの理想の共和国の構想については、浅沼和典『近代民主主義の源流――ジェイムズ・ハリントンの生涯と思想』人間の科学社、二〇〇一年を参照。
（61） 亀本洋は、第一原理と第二原理の管轄範囲を論じる文脈で、格差原理が適用される〝以前〟に、第一原理と公正な機会均等原理によって、ある程度の所得の再分配が行われるのではないかとの解釈を示している。亀本洋『格差原理』、三六頁以下を参照。
（62） この点については、『政治哲学史講義』の中の「ルソー講義」で論じられている。J. Rawls, *Lectures on the History of Political Philosophy*, pp. 244ff.〔『ロールズ政治哲学史講義Ｉ』、四三五頁以下〕を参照。
（63） J. Rawls, *A Theory of Justice*, pp. 201ff.〔『正義論　改訂版』、三一〇頁以下〕を参照。

（64）*Ibid.*, pp. 249-251〔同右、三七八–三八一頁〕を参照。ロールズが参照しているヴィクセルの議論として、K. Wicksell, *Finanztheoretische Untersuchungen: Nebst Darstellung und Kritik des Steuerwesens Schwedens*, Thoemmes Press, 1992, pp. 110ff.〔池田浩太郎・杉ノ原保夫・池田浩史訳『財政理論研究』千倉書房、一九九五年、一七七頁以下〕を参照。

（65）J. Rawls, *A Theory of Justice*, pp. 249-251, pp. 247-249〔『正義論　改訂版』、三七六–三七八頁以下〕を参照。

（66）*Ibid.*, pp. 258〔同右、三九一頁〕.

（67）J. M. Keynes, *The Collected Writings of John Maynard Keynes Volume II: The Economic Consequences of the Peace*, Macmillan St Martin's Press for the Royal Economic Society, 1971, pp. 11ff.〔早川忠訳『ケインズ全集第2巻　平和の経済的帰結』東洋経済新報社、一九七七年、一三頁以下〕を参照。

（68）J. Rawls, *A Theory of Justice*, pp. 214ff.〔『正義論　改訂版』、三二九頁以下〕を参照。

（69）*Ibid.*, pp. 266〔同右、四〇二–四〇四頁、一部改訳〕.

（70）*Ibid.*, p. 97〔同右、一五一–一五二頁〕を参照。

（71）*Ibid.*, pp. 293-294〔同右、四四二頁〕を参照。

（72）*Ibid.*, pp. 301ff.〔同右、四五三頁以下〕を参照。

（73）ロールズは、必ずしも多数派の正義感覚への訴えかけを意図しておらず、また、政治原理ではなく、宗教原理など他の原理に依拠して兵役や納税等を拒否する、「良心的拒否 conscientious refusal」を、「市民的不服従」と区別して論じているが、煩瑣になるので、本文中の記述では省略した。これについての解説として、藤川吉美『公正としての正義の研究』、二八一頁以下を参照。

（74）J. Rawls, *A Theory of Justice*, p. 320〔『正義論　改訂版』、四八〇頁〕.

（75）*Ibid.*, pp. 326ff.〔同右、四九〇頁以下〕を参照。

(76) *Ibid*., pp. 336-337〔同右、五〇四–五〇五頁、一部改訳〕.

(77) *Ibid*., p. 347ff.〔同右、五一八頁以下〕を参照。

(78)『正義論』全体の中での第三部の位置付けと、その後のロールズの思索の関係については、渡辺幹雄『ロールズ正義論とその周辺』春秋社、二〇〇七年、五五頁以下を参照。第三部の個別の項目についての詳細な紹介と批判的検討として、藤川吉美『公正としての正義の研究』、三〇一頁以下を参照。

(79) J. Rawls, *A Theory of Justice*, p. 374〔『正義論　改訂版』、五六一頁〕を参照。ロールズが依拠しているアリストテレス解釈として、G. C. Field, *Moral Theory*, Methuen, 1966, pp. 76-78.

(80) J. Rawls, *A Theory of Justice*, p. 374〔『正義論　改訂版』、五六〇頁〕.

(81) *Ibid*., pp. 386〔同右、五七七頁以下〕を参照。

(82) *Ibid*., p. 408〔同右、六一二頁〕を参照。

(83) *Ibid*., pp. 412-413〔同右、六一八–六一九頁〕を参照。

(84) *Ibid*., p. 419〔同右、六二七–六二八頁〕を参照。

(85) *Ibid*., pp. 491-505〔同右、七三七–七六〇頁〕を参照。

第3章

(1) アローの不可能性定理の分かりやすい紹介として、佐伯胖『「きめ方」の論理——社会的決定理論への招待』東京大学出版会、一九八〇年、五五頁以下、及び、高橋昌一郎『理性の限界——不可能性・不確定性・不完全性』講談社、二〇〇八年、五〇頁以下を参照。

(2) アローのロールズ批判についてより詳しくは、渡辺幹雄『ロールズ正義論の行方〔増補版〕』、三一六–三三七頁を参照。

(3) J. Arrow, Some Ordinalist-Utilitarian Notes on Rawl's Theory of Justice, in *Social Choice and Justice*, The Belknap Press of Harvard University Press, 1983, p. 101.

(4) *Ibid*., p. 102

(5) *Ibid*., pp. 102-103.

(6) J. Rawls, *A Theory of Justice*, pp. 136-137〔『正義論　改訂版』、二一四頁〕を参照。

(7) この論文は最初、カリフォルニア大学バークレー校の経営科学研究センターのワーキング・ペーパー（報告書）として執筆され、二年後に『アメリカン・ポリティカル・サイエンス・レヴュー』の五九巻に掲載されている。

(8) ハーサニによるロールズ批判の意義について詳しくは、渡辺幹雄『ロールズ正義論の行方〔増補版〕』、二三八–二四三頁を参照。

(9) J. C. Harsanyi, Can the Maximian Principle Serve as a Basis for Morality?: A Critique of John Rawls's Theory, in *Essays on Ethics, Social Behavior, and Scientific Explanation*, D. Reidel Publishing Company, 1976, p. 39を参照。

(10) *Ibid*., p. 41を参照。

(11) J. Rawls, Some Criterion for Maximin Criterion, in *Collected Papers*, p. 226を参照。

(12) J. Rawls, *A Theory of Justice*, pp. 277-285〔『正義論　改訂版』、四一九–四三一頁〕を参照。

(13) J. Rawls, Some Criterion for Maximin Criterion, in *Collected Papers*, pp. 228-229を参照。

(14) Ibid., pp. 229-230を参照。

(15) Ibid., pp. 230-231.

(16) J. Rawls, *A Theory of Justice*, p. 92, p. 156〔『正義論　改訂版』、一四五頁及び二四三頁〕を参照。

(17) J. Rawls, Reply to Alexander and Musgrave, in *Collected Papers*, p. 247を参照。

(18) ノージックによるロールズ批判の要点については、C. Kukathas and P. Petit, *Rawls: A Theory of Justice and its Critics*,

1990, pp. 74-91（山田八千子・嶋津格訳『ロールズ――『正義論』とその批判者たち』勁草書房、一九九六年、一一一―一三七頁）を参照。また、ノージックの「最小国家」論についての権利論的な側面からの詳しい検証として、亀本洋『法哲学』成文堂、二〇一一年、一六六―二一三頁を参照。

（19） R. Nozick, *Anarchy, State and Utopia*, Basic Books, Inc., 1974, p. 151〔嶋津格訳『アナーキー・国家・ユートピア』木鐸社、二〇〇六年、二五六頁、一部改訳〕.

（20） 貢献度と分配の関係は、ロールズがその後も一貫して拘り続けた問題である。この点について詳しくは、亀本洋『格差原理』、特に、四四―八五頁、及び、一七一―一九八頁を参照。

（21） R. Nozick, *Anarchy, State and Utopia*, p. 198〔『アナーキー・国家・ユートピア』、三三一頁〕.

（22） J. Rawls, *A Theory of Justice*, p. 274〔『正義論　改訂版』、四一四―四一五頁〕を参照。

（23） *Ibid*., p. 274〔同右、四一五頁〕. なお、アリストテレス以来の伝統的正義論、及び、ロールズにおける「功績」の位置付けについては、亀本洋『法哲学』、四九〇頁以下を参照。

（24） R. Nozick, *Anarchy, State and Utopia*, p. 214〔『アナーキー・国家・ユートピア』、三五五頁〕を参照。

（25） *Ibid*., p. 227〔同右、三七五頁〕を参照。

（26） ロールズが「無知のヴェール」によって排除しようとしている「偶然性」の内訳と、「集合的資産」論の関係については、大日方信春『ロールズの憲法哲学』、有信堂、二〇〇一年、一三六―一六二頁を参照。

（27） R. Nozick, *Anarchy, State and Utopia*, p. 229〔『アナーキー・国家・ユートピア』、三七八―三七九頁〕を参照。

（28） R. A. Musgrave, Maximin, Uncertainty, and the Leisure Trade-Off, in *The Quarterly Journal of Economics*, Vol.88, No4(1974), pp. 630-632を参照。

（29） J. Rawls, *Political Liberalism*, Expanded Edition, Columbia University Press, 2005, p. 265.

（30） R. Nozick, *Anarchy, State and Utopia*, p. 163〔『アナーキー・国家・ユートピア』、二七五―二七六頁、一部改訳〕.

(31) J. Rawls, *Political Liberalism*, Expanded Edition, pp282-283. これに相当する部分は、一九七七年のオリジナルのヴァージョンにもあり、大きな変更は加えられていない。J. Rawls, The Basic Structure as Subject, in *American Philosophical Quarterly*, Vol.14, No.2 (1977), pp. 163-164を参照。

(32) J. Rawls, *Justice as Fairness: A Restatement*, ed. by Erin Kelly, Harvard University, 2001, p. 158〔田中成明・亀本洋・平井亮輔訳『公正としての正義 再説』岩波書店、二〇〇四年、二七八頁〕.

(33) ハートの「法」概念についての分かりやすい解説として、橋爪大三郎『言語ゲームと社会理論――ヴィトゲンシュタイン・ハート・ルーマン』勁草書房、一九八五年、七七-一五八頁を参照。

(34) H. L. A. Hart, Rawls on Liberty and Its Priority, in *Essays in Jurisprudence and Philosophy*, Clarendon Press, 1983, p. 231〔中谷実訳「自由とその優先性についてのロールズの考え方」、矢崎光圀他訳『法学・哲学論集』みすず書房、一九九〇年、二六二-二六三頁〕を参照。

(35) J. Rawls, *A Theory of Justice*, 1st edition, p. 203. これに相当する箇所は、改訂版では以下のように、かなり慎重な表現になっている。「第一に、基本的諸自由は全体として、一つの体系として評価されるよう留意しなければならない。そうした自由の価値は通常、他の諸自由がいかに特定されるかにかかっている。第二に、これらの諸自由を規定するにあたり、適度に好ましい条件下では、それぞれの自由が狙いとする最も中心的な適用領域を同時に確保し、かつそれぞれの自由の最も根本的な利害関心を保護するやり方が、必ずあると想定する。あるいは、二原理とそれに関連する優先事項が一貫して守られているならば、少なくともそのことは可能であると想定する。最後に、基本的諸自由に関する以上の明確な説明をもってするならば、制度あるいは法律が実際に基本的諸自由を制限するのか、それとも単に調整するだけなのかは、大部分において明らかであると想定される」(J. Rawls, *A Theory of Justice*, p. 178〔『正義論 改訂版』、二七五-二七六頁、一部改訳〕)。

(36) J. Rawls, *A Theory of Justice*, p. 178〔『正義論 改訂版』、二七六頁〕を参照。

(37) H. L. A. Hart, *Essays in Jurisprudence and Philosophy*, p. 238〔『法学・哲学論集』、二六九―二七〇頁〕を参照。

(38) J. Rawls, *A Theory of Justice*, p. 132〔『正義論　改訂版』、二〇七頁〕を参照。ハートは、これと同趣旨の議論として『正義論』初版の八二節のある箇所(J. Rawls, *A Theory of Justice*, 1st edition, pp. 542-543)も参照しているが(H. L. A. Hart, *Essays in Jurisprudence and Philosophy*, p. 244〔『法学・哲学論集』、二七五頁〕)、該当する箇所は、改訂版では大幅に削減され、代わりに、「自由で平等な道徳的人格」である市民が第一原理を求めることを強調する議論が、挿入されている。J. Rawls, *A Theory of Justice*, pp. 474-477〔『正義論　改訂版』、七一〇―七一四頁〕を参照。初版の該当箇所では、以下のような議論が展開されている。「そこで自由の優先の基礎は、大凡以下の通りである。文明の条件が改善されるに従って、私たちの更なる経済的・社会的便益の限界的な意義が、自由の利益に対して相対的に減少する。その反対に自由の利益は、平等な諸自由の行使のための諸条件がより完全に実現されるに従って、より強力になっていく。ある点を越えれば、より多くの物質的手段と職務上の便宜のためにより少ない自由を認めることは、原初状態の視点から見て不合理になり、そうであり続ける。何故そうなるのか注記しておこう。第一に、(最も恵まれない人たちが期待できる基本財の指標によって示される)福利の一般的水準が上昇するにつれて、より緊急性の低い必要性だけが――少なくとも、人間の必要性が、制度や社会的諸形態によって広範に創出されるものでないという前提の下では――更なる進歩によって充たされるべきものとして残るようになる。それと同時に、平等な諸自由の行使への障害は減少し、私たちの精神的・文化的利益をより強く主張することが肯定されるようになる」。

(39) Rawls, *A Theory of Justice*, 1st edition, p. 543.

(40) H. L. A. Hart, *Essays in Jurisprudence and Philosophy*, p. 246〔『法学・哲学論集』、二七七頁〕.

(41) *Ibid*., p. 247〔同右、二七八頁〕.

(42) http://tannerlectures.utah.edu/lectures/documents/rawls82.pdfを参照。

(43) このロールズの応答に対する批判的な検討として、渡辺幹雄『ロールズ正義論の行方〔増補版〕』、三五九―三八〇頁を参照。

(44) J. Rawls, *Political Liberalism*, p. 305を参照。

(45) *Ibid.*, p. 306を参照。

(46) *Ibid.*, pp. 310-315を参照。

(47) 「社会連合」については、『正義論』の七九節でも論じられているが、この段階ではまだ、「原初状態」における基本的諸自由とその優先性の問題と結び付けて論じられていない。J. Rawls, *A Theory of Justice*, pp. 456-464〔『正義論 改訂版』、六八一―六九四頁〕を参照。

(48) J. Rawls, *Political Liberalism*, pp. 315-324を参照。

(49) *Ibid.*, pp. 324-325.

(50) *Ibid.*, p. 370を参照。

(51) 修正第一条の条文は以下の通り。「連邦議会は、国教を定めまたは自由な宗教活動を禁止する法律、言論または出版の自由を制限する法律、ならびに国民が平穏に集会する権利および苦痛の救済を求めて政府に請願する権利を制限する法律は、これを制定してはならない」(http://aboutusa.japan.usembassy.gov/j/jusaj-constitution-amendment.html)

(52) J. Rawls, *Political Liberalism*, p. 362.

(53) J. Rawls, *Political Liberalism*, p. 5, p. 291を参照。

(54) 渡辺幹雄は、ロールズの思想の発展史を、初期（〜一九五八）、前期（一九五八〜七一）、中期（一九七一〜八五）、後期（一九八五〜）の四期に分けたうえで、中期の後半、「道徳理論におけるカント的構成主義」を出してからの数年間、カント的修正主義の傾向を示していたとしている。渡辺幹雄『ロールズ正義論再説』、二三二―二三四頁参照。

(55) 哲学・数学史の中での、「直観主義」と対比される「構成主義」の位置付けについては、渡辺幹雄『ロールズ正義論の行方〔増補版〕』、一八二頁以下、及び、堀巌雄『ロールズ』、三七四頁以下を参照。

(56) J. Rawls, Kantian Constructivism in Moral Theory, in *Collected Papers*, p. 304.

(57) 「カント的」の意味するところのより詳細な検討として、福間聡『ロールズのカント的構成主義』、一八頁以下を参照。

(58) J. Rawls, Kantian Constructivism in Moral Theory, in *Collected Papers*, p. 312を参照。

(59) *Ibid*., pp. 316-317を参照。

(60) I. Kant, Die Kritik der praktischen Vernunft, in *Kant's Gesammelte Schriften*, Bd.5, 1908, pp. 30ff.〔坂部恵・伊古田理訳「実践理性批判」『カント全集7』、一六五頁以下〕を参照。

(61) J. Rawls, Kantian Constructivism in Moral Theory, in *Collected Papers*, p. 319.

(62) K. Arrow, *Social Choice and Justice*, pp. 103-105を参照。

(63) J. Rawls, Social Unity and Primary Goods, in *Collected Papers*, p. 370.

(64) クカサスとペティットは、ロールズはカントを捨てたと明言している。C. Kukathas and P. Petit, *Rawls: A Theory of Justice and its Critics*, pp. 139ff.（『ロールズ――『正義論』とその批判者たち』、二一一頁以下）を参照

(65) J. Rawls, Justice as Fairness: Political not Metaphysical, in *Collected Papers*, p. 388.

(66) *Ibid*., p. 395.

(67) *Ibid*., pp. 402-403.

(68) *Ibid*., p. 408を参照。

(69) *Ibid*., p. 409を参照。

(70) J. Rawls, *A Theory of Justice*, p. 340〔『正義論　改訂版』、五〇九−五一〇頁〕を参照。

(71) J. Rawls, Justice as Fairness: Political not Metaphysical, in *Collected Papers*, pp. 410-411を参照。

(72) M. Sandel. *Liberalism and the Limits of Justice*, pp. 178ff.〔菊池理夫訳『リベラリズムと正義の限界（原著第二版）』勁草書房、二〇〇五頁以下〕を参照。

(73) *Ibid*., pp. 172-177, p. 183〔同右、一九八―二〇三頁、二一〇頁〕を参照。

(74) *Ibid*., pp. 133ff.〔同右、一五三頁以下〕を参照。

(75) ロールズの路線変更に対するサンデルの批判の影響を重視する見方として、小林正弥『サンデルの政治哲学』、一五四頁以下を参照。こうしたサンデルとの関係を否定し、両者の議論はすれ違いに終わっていて、論争として成立していないとする見方として、渡辺幹雄『ロールズ正義論とその周辺』、九一―一六二頁を参照。また、ロールズとサンデルの「自己」観を比較する議論として、堀巌雄『ロールズ』、三四四―三五二頁を参照。

(76) この点について、拙著『集中講義！アメリカ現代思想』、一四九頁以下を参照。

(77) 分析哲学の中でのローティの位置付けについては、岡本裕一朗『ネオプラグマティズムとは何か』ナカニシヤ出版、二〇一二年、五一―九四頁を参照。

(78) R. Rorty, The Priority of democracy to philosophy, in *Objectivity, relativism, and truth*, Cambridge University Press, 1991, pp. 175-196〔冨田恭彦訳『連帯と自由の哲学』岩波書店、一九九九年、一六三―二一六頁〕を参照。ローティのロールズへの関わり方についての詳しい分析として、渡辺幹雄『リチャード・ローティ――ポストモダンの魔術師』講談社、二〇一二年、二五一―一五七頁を参照。

第4章

(1) この問題について掘り下げて論じた論考として、濱真一郎『バーリンの自由論』勁草書房、二〇〇八年、特に、一―二〇九頁を参照。

（2） J. Rawls, *A Theory of Justice*, pp. 186-194〔『正義論　改訂版』、二八八-三〇〇頁〕を参照。
（3） *Ibid*., p. 193〔同右、二九九頁〕.
（4） J. Rawls, *Political Liberalism*, pp. 3-4を参照。
（5） *Ibid*., pp. 9-10.
（6） *Ibid*., p. XVを参照。
（7） *Ibid*., pp. 15-28を参照。
（8） *Ibid*., pp. 29-35を参照。
（9） *Ibid*., pp. 35-40を参照。
（10） *Ibid*., pp. 54-58を参照。
（11） *Ibid*., p. 60を参照。
（12） *Ibid*., p. 61.
（13） *Ibid*., p. 62を参照。
（14） 両者の違いについての哲学史的な見地からの考察として、堀巌雄『ロールズ』、三八八-三九一頁を参照。
（15） J. Rawls, Kantian Constructivism in Moral Theory, in *Collected Papers*, p. 304を参照。
（16） J. Rawls, *Political Liberalism*, pp. 99-101を参照。
（17） *Ibid*., p. 127.
（18） *Ibid*., pp. 147-148を参照。
（19） *Ibid*., pp. 158-159.
（20） *Ibid*., pp. 164-168を参照。
（21） J. Rawls, *A Theory of Justice*, p. 27〔『正義論　改訂版』、四四頁、一部改訳〕.

(22) J. Rawls, *Political Liberalism*, pp. 196-197を参照。

(23) *Ibid*., pp. 198-199を参照。

(24) *Ibid*., pp. 220-222を参照。「公共的理性／非公共的理性」の区別は、カントの論文「啓蒙とは何か」（一七八四）における「理性」の「公的使用 der öffentliche Gebrauch／私的使用 der Privatgebrauch」の区別に触発されたものである。I. Kant, Beantwortung der Frage: Was ist Aufklärung?, in *Kant's Gesammelte Schriften*, Bd. 8, 1912/23, pp. 36-38〔福田喜一郎訳「啓蒙とは何か」『カント全集14』、二七-二九頁〕を参照。

(25) J. Rawls, *Political Liberalism*, p. 213を参照。

(26) ロールズは、「立憲的必須事項」には、以下の二種類があるとしている（*Ibid*., p. 227）。

(a) 政府の一般的構造と政治的プロセスを特定する根本的諸原理――立法、行政、司法の三権、多数決ルールの範囲等

(b) 立法部の多数派が尊重すべきシティズンシップの平等な基本的権利と自由――投票及び政治に参加する権利、良心の自由、思想と結社の自由、法の支配の保護等

(27) *Ibid*., p.214を参照。

(28) *Ibid*., pp. 217-218及びpp. 224-225を参照。

(29) *Ibid*., p. 226.

(30) *Ibid*., pp. 233-234を参照。

(31) *Ibid*., pp. 235-236を参照。

(32) *Ibid*., p. 236.

(33) R. Dworkin, Hard Cases, in *Taking Rights Seriously* , Duckworth, 2005, pp. 181-130（木下毅・小林公・野坂泰司訳『権利論〔増補版〕』木鐸社、二〇〇四年、九七-一六八頁）及びLaw's Empire,The Belknap Press of Harvard University Press,

1986, pp. 225-275（『法の帝国』未来社、一九九五年、三五二―四三〇頁）を参照。

（34） J. Rawls, *Political Liberalism*, pp. 236nf.

（35） *Ibid*., pp. 237ff.

（36） J. Rawls, The Idea of Public Reason Revisited, in *Political Liberalism*, pp. 447-450（中山竜一訳「公共的理性の観念・再考」『万民の法』岩波書店、二〇〇六年、二〇二―二〇四頁）を参照。「熟議的民主主義」と「公共的理性」の関係について詳しくは、齋藤純一「デモクラシーにおける理性と感情」齋藤純一・田村哲樹編『アクセス デモクラシー論』日本経済評論社、二〇一二年、一八一頁以下を参照。

（37） J. Rawls, *Political Liberalism*, pp. 458-462（中山竜一訳『万民の法』、二一六―二二一頁）を参照。

（38） *Ibid*., pp. 466-474（同右、二二六―二三七頁）を参照。

（39） フランクフルト学派の社会理論の全般的特徴については、拙著『現代ドイツ思想講義』作品社、二〇一二年を参照。

（40） ハーバマス思想全般については、中岡成文『ハーバーマス』講談社、二〇〇三年を参照。討議倫理学について詳しくは、遠藤克彦『コミュニケーションの哲学』世界書院、二〇〇七年等を参照。

（41） J. Habermas, *Erläuterungen zur Diskursethik, Suhrkamp*, 1991, pp. 55ff., pp. 122ff.〔清水多吉・朝倉輝一訳『討議倫理』法政大学出版局、五八頁以下、及び、一四七頁以下〕等を参照。

（42） ルーマンのシステム理論の全般的な紹介として、村中知子『ルーマン理論の可能性』恒星社厚生閣、一九九六年を参照。ハーバマスとの関わりについては、中岡成文『ハーバーマス』、一〇〇頁以下を参照。

（43） J. Habermas, *Faktizität und Geltung*, Suhrkamp, 1998, pp. 62ff.（河上倫逸・耳野健二訳『事実性と妥当性〔上〕』未来社、二〇〇二年、六三頁以下）を参照。

（44） *Ibid*., pp. 78ff.（同右、七九頁以下）を参照。

（45）*Ibid.*, pp. 349ff.（河上倫逸・耳野健二訳『事実性と妥当性（下）』、二〇〇三年、九頁以下）を参照。

（46）J. Habermas, Reconciliation through the Public Use of Reason: Remarks on John Rawls's political Liberalism, in *The Journal of Philosophy*, Vol . 92, No. 3, pp. 109-110（高野昌行訳『他者の受容』法政大学出版局、二〇〇四年、六二―六三頁）を参照。

（47）*Ibid.*, pp. 110-111（同右、六四頁）を参照。

（48）渡辺幹雄『ロールズ正義論再説』、一一七頁以下を参照。

（49）J. Habermas, Reconciliation through the Public Use of Reason: Remarks on John Rawls's political Liberalism, in *The Journal of Philosophy*, Vol. 92, No. 3, pp. 117-119（高野昌行訳『他者の受容』、七三―七四頁）を参照。

（50）*Ibid.*, pp. 126-131（同右、八五―九二頁）を参照。ハーバマスの討議理論における「私的自律」と「公共的自律」の相関関係について詳しくは、内村博信『討議と人権』未来社、二〇〇九年、特に、八二―一六一頁を参照。

（51）J. Rawls, *Political Liberalism*, pp. 373ff.を参照。

（52）*Ibid.*, pp. 381ff.を参照。

（53）*Ibid.*, pp. 394-395を参照。

（54）*Ibid.*, pp. 412ff.を参照。

（55）*Ibid.*, pp. 420-421を参照。

（56）*Ibid.*. pp. 421-422を参照。

（57）*Ibid.*, pp. 423-424を参照。

（58）両者の違いについてのより詳細な検討として、齋藤純一「憲法と公共性」、長谷部恭男他編『岩波講座　憲法3　ネーションと市民』岩波書店、二〇〇七年、一一一―一三四頁を参照。

（59）J. Rawls, The Law of Peoples, in *Collected Papers*, pp. 529-564〔中島吉弘・松田まゆみ訳「万民の法」『人権につい

て』みすず書房、一九九八年、五一-一〇一頁〕を参照。

(60) J. Rawls, *The Law of Peoples*, p. 12〔中山竜一訳『万民の法』、一七頁〕を参照。

(61) *Ibid.*, pp. 23〔同右、三一頁〕を参照。

(62) *Ibid.*, pp. 25-30〔同右、三四-三九頁〕を参照。

(63) *Ibid.*, pp. 23-25〔同右、三一-三四頁〕を参照。ミルの「共通の共感」は、『代議制統治論』（一八六一）の一六章の、代議制統治の基盤としてのナショナリティを論ずる文脈で出てくるフレーズである。J. S. Mill, *Considerations on Representative Government*, The Liberal Arts Press, 1958, p. 229（水田洋訳『代議制統治論』岩波書店、一九九七年、三七四頁）を参照。

(64) J. Rawls, *The Law of Peoples*, p. 30-32〔中山竜一訳『万民の法』、三九-四二頁〕を参照。

(65) *Ibid.*, pp. 32-34〔同右、四二-四六頁〕を参照。

(66) *Ibid.*, pp. 35-36〔同右、四八-四九頁〕を参照。この点についてのカントの議論は、I. Kant, Zum ewigen Frieden, in *Kant's Gesammelte Schriften*, Bd. 8, p. 354, p. 367〔遠山義孝訳「永遠平和のために」『カント全集14』、二六八-二六九頁、及び、二八七-二八八頁〕を参照。

(67) J. Rawls, *The Law of Peoples*, p. 37〔中山竜一訳『万民の法』、四九-五〇頁〕を参照。

(68) C. Beitz, *Political Theory and International Relations*, Princeton University Press, 1979, pp. 136-153〔進藤榮一郎訳『国際関係と正義』岩波書店、一九八九年、二〇六-二二七頁〕を参照。

(69) T. Pogge, An Egalitarian Law of Peoples, in *Philosophy & Public Affairs*, Vol.23, No.3, pp. 199ff. を参照。

(70) J. Rawls, *The Law of Peoples*, pp. 117ff.〔中山竜一訳『万民の法』、一七〇頁以下〕を参照。

(71) *Ibid.*, pp. 105ff.〔同右、一五四頁以下〕を参照。

(72) 主な批判として、T. Pogge, *World Poverty and Human Rights*, 2nd edition, Polity Press, 2008, pp. 110ff.〔立岩真也監訳

『なぜ遠くの貧しい人への義務があるのか』生活書院、二〇一〇年、一七一頁以下〕、及び、井上達夫『世界正義論』筑摩書房、二〇一二年、一七七頁以下を参照。

(73) J. Rawls, *The Law of Peoples*, p. 4〔中山竜一訳『万民の法』、四頁〕を参照。

(74) *Ibid*., p. 59〔同右、八四頁、一部改訳〕.

(75) *Ibid*., p. 63〔同右、九一頁〕.

(76) *Ibid*., p. 64〔同右、九二頁〕を参照。

(77) *Ibid*., pp. 64-67〔同右、九二-九六頁〕を参照。

(78) *Ibid*., pp. 75-76〔同右、一〇九頁〕を参照。

(79) *Ibid*., pp. 68-70〔同右、九九-一〇二頁〕を参照。

(80) *Ibid*., p. 84〔同右、一二二頁〕を参照。

(81) *Ibid*., pp. 78-79〔同右、一一四頁〕を参照。

(82) *Ibid*., pp. 42-43〔同右、五七-五八頁〕を参照。

(83) *Ibid*., p. 55〔同右、七六頁〕.

(84) *Ibid*., pp. 122-123〔同右、一七八-一八一頁〕を参照。

(85) この点についての詳細な検討として、渡辺幹雄『ロールズ正義論の行方〔増補版〕』、四三八頁を参照。

(86) J. Rawls, *The Law of Peoples*, pp. 92-93〔中山竜一訳『万民の法』、一三六-一三八頁〕を参照。

(87) *Ibid*., pp. 94-97〔同右、一三八-一四二頁〕を参照。

(88) M.Walzer, *Just and Unjust Wars*, Basic Books, 2006〔荻原能久監訳『正しい戦争と不正な戦争』風行社、二〇〇八年〕を参照。

(89) J. Rawls, *The Law of Peoples*, p. 95n〔中山竜一訳『万民の法』、二九四頁〕を参照。

終章

（1）こうした関係については、拙著『集中講義！アメリカ現代思想』、特に、二四‐三七頁、六四‐八四頁を参照。

（2）社会保障制度をロールズ的に解釈する見方と、それに対する批判的検討として、広井良典「リスクと福祉社会」、橘木俊詔他編『リスク学入門1　リスク学とは何か』岩波書店、二〇〇七年、一二一‐一二六頁を参照。

（3）マルクス主義的視点からのロールズ批判として、R. Miller, Rawls and Marxism, in *Reading Rawls*, Norman Daniels (ed), Stanford University Press, 1989, pp. 206-230を、ポストモダン左派による批判として、C. Mouffe, *The Return of the Political*, Verso, 1993, pp. 41-59〔千葉眞・土井義徳・田中智彦・山田竜作訳『政治的なものの復興』日本経済評論社、一九九八年、八一‐一一九頁〕を参照。

（4）J. Rawls, *Justice as Fairness: A Restatement*, pp. 61ff.〔田中成明・亀本洋・平井亮輔訳『公正としての正義　再説』、一〇五頁以下〕を参照。

（5）*Ibid*., pp. 136-140〔同右、二四二‐二五〇頁〕を参照。ロールズが、「財産私有型民主制」に最初に言及したのは、『正義論』のフランス語版（一九八七）の「序文」においてである。J. Rawls, Preface for the French Edition of A Theory of Justice, in *Collected Papers*, p. 419を参照。

（6）A. Sen, *The Idea of Justice*, The Belknap Press of Harvard University Press, 2011, pp. 52-113, pp. 225-290〔池本幸生訳『正義のアイデア』明石書店、二〇一一年、九九‐一七八頁、三二七‐四一六頁〕を参照。

（7）こうした流れについては、拙著『集中講義！アメリカ現代思想』、一四六頁以下を参照。

（8）C. Taylor et al., *Multiculturalism. Examining the Politics of Recognition*, ed. by Amy Gutmann, Princeton University Press, 1994, pp. 25-73〔佐々木毅・辻康夫・向山恭一訳『マルチカルチュラリズム』岩波書店、二〇〇七年、三七‐一一〇頁以下〕を参照。

（9）「リベラルな多文化主義」の全般的な動向については、松元雅和『リベラルな多文化主義』慶應大学出版会、二〇〇七年を参照。

（10）W. Kymlicka, *Liberalism, Community and Culture*, Clarendon Press, 1991, pp. 166-178を参照。

（11）W. Kymlicka, *Contemporary Political Theory: An Introduction*, 2nd Edition, 2002, pp. 336-343〔千葉眞・岡崎晴輝他訳『新版　現代政治理論』日本経済評論社、二〇〇五年、四八七–四九六頁〕を参照。

（12）W. Kymlicka, *Multicultural Citizenship*, Oxford University Press, 1996, pp. 155ff.〔角田猛之・石山文彦・山崎康仕監訳『多文化主義の市民権』晃洋書房、一九九八年、二三一頁以下〕を参照。

とする思想地図

〈八〇年代前半まで〉

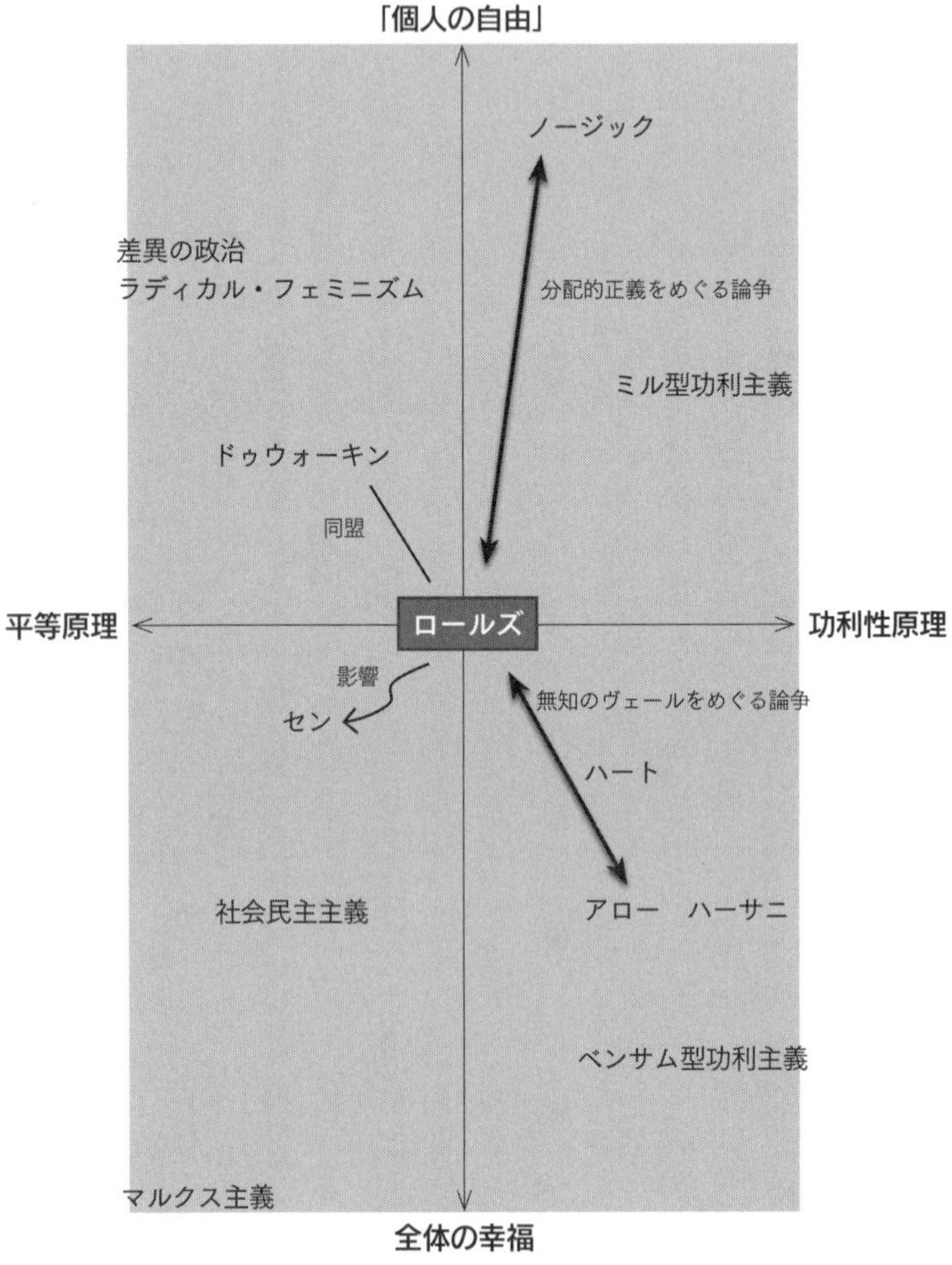

ロールズを中心

〈八〇年代後半以降〉

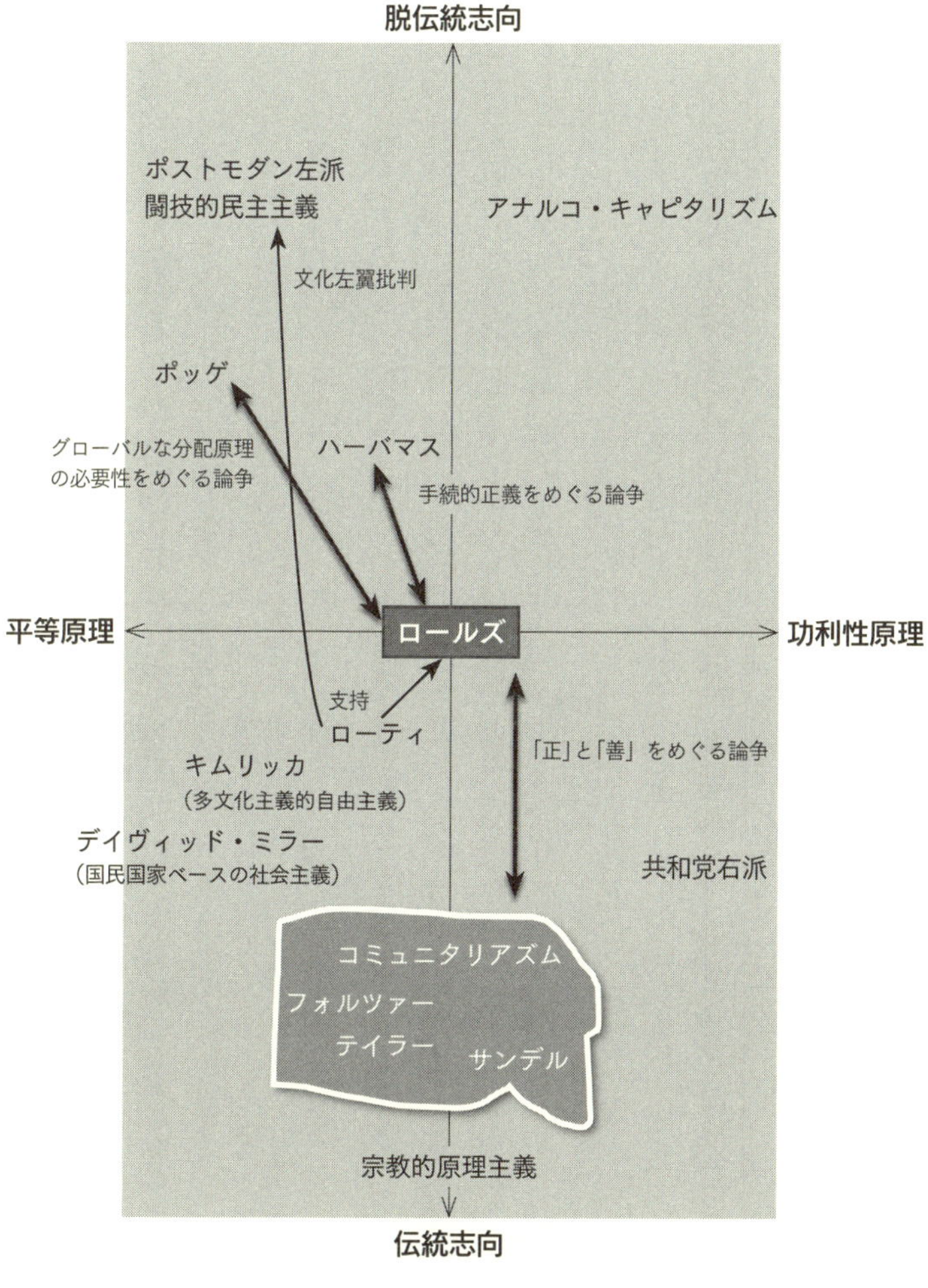
脱伝統志向
ポストモダン左派
闘技的民主主義
アナルコ・キャピタリズム
文化左翼批判
ポッゲ
グローバルな分配原理
の必要性をめぐる論争
ハーバマス
手続的正義をめぐる論争
平等原理
ロールズ
功利性原理
支持
ローティ
「正」と「善」をめぐる論争
キムリッカ
（多文化主義的自由主義）
デイヴィッド・ミラー
（国民国家ベースの社会主義）
共和党右派
コミュニタリアズム
フォルツァー
テイラー
サンデル
宗教的原理主義
伝統志向

関連年表

	ロールズの生涯とその関連	世界の出来事
一九二一	ロールズ誕生	ソ連、新経済政策（NEP）採択
一九二三		関東大震災
一九二四		英国で初の労働党内閣成立
一九二六		ケインズ「自由放任の終焉」
一九二八		ケロッグ＝ブリアン条約 ソ連、第一次五カ年計画
一九二九		ニューヨーク株式市場での株価大暴落→世界大恐慌
一九三〇		ロンドン海軍軍縮条約 ラスキ『近代国家における自由』 ケインズ『貨幣論』
一九三一		フーヴァー・モラトリアム 満州事変勃発
一九三二		アメリカ大統領選でF・ローズヴェルト当選
一九三三		ニューディール開始 ドイツでナチス政権成立
一九三五		アメリカでワグナー法と社会保障法成立
一九三六		ケインズ『雇用・利子及び貨幣の一般理論』

一九三九	**プリンストン大学入学**	ハロッド「修正された功利主義」 第二次世界大戦勃発
一九四一		ローズヴェルト、「四つの自由」演説 大西洋憲章発表 太平洋戦争開始 フロム『自由からの逃走』
一九四二		英国、ベヴァリッジ報告
一九四三	**プリンストン大学卒業** **陸軍入隊**	
一九四四		ブレトンウッズ協定 ハイエク『隷属への道』
一九四五	**除隊**	第二次世界大戦終結
一九四六	**プリンストン大学大学院に進学**	ニュルンベルク国際軍事裁判開始 チャーチル、「鉄のカーテン」演説
一九四七		トルーマン・ドクトリン発表 マーシャル・プラン発表 コミンフォルム創設
一九四八		第一次中東戦争
一九四九		東西ドイツ建国
一九五〇	**論文「倫理的知識の基盤の研究」で博士号取得**	朝鮮戦争勃発

一九五一	**プリンストン大学哲学講師** トゥールミン『倫理学における理性の位置の検討』 「倫理的決定手続きの概要」 アロー『社会的選択と個人の評価』	「マッカーシー旋風」始まる リースマン『孤独な群衆』 サンフランシスコ講和条約 アーレント『全体主義の起源』
一九五二	**フルブライト奨学生としてオクスフォード大学に留学**	アメリカ大統領選でアイゼンハワー当選
一九五三	**コーネル大学助教授** アームソン「J・S・ミルの道徳哲学の解釈」	ダレス国務長官、「巻き返し」演説 ケルゼン『正義とは何か』
一九五四		ブラウン判決
一九五五	「二つのルール概念」	第一回アジア・アフリカ会議 ワルシャワ条約機構結成
一九五六	**コーネル大学准教授**	ハンガリー動乱
一九五七		リトルロック事件
一九五八	ロールズ「公正としての正義」	アーレント『人間の条件』 バーリン「二つの自由概念」 ガルブレイス『豊かな社会』
一九五九		キューバ革命
一九六〇		アメリカ大統領選でケネディ当選 OECD創設 ハイエク『自由の条件』

一九六〇	**マサチューセッツ工科大学教授**	
一九六一	ハート『法の概念』	ベルリンの壁建設
一九六二	**ハーヴァード大学教授** ハーバマス『公共性の構造転換』	キューバ危機 M・フリードマン『資本主義と自由』
一九六三	「正義感覚」 「憲法上の自由と正義の概念」	人種差別撤廃を求めるワシントン行進 ケネディ暗殺 アーレント『革命について』 『イェルサレムのアイヒマン』
一九六四	「法律上の責務とフェアプレーの義務」	ジョンソン大統領、貧困に対する闘いを宣言 公民権法制定
一九六五		米軍、ベトナムで北爆開始
一九六六		全米女性機構（NOW）結成
一九六七	「分配的正義」	欧州共同体（EC）発足 第三次中東戦争
一九六八	「分配的正義――若干の補遺」 ハーバマス『認識と関心』	南ベトナムでテト攻勢 プラハの春→チェコ事件 キング牧師暗殺 アメリカ大統領選でニクソン当選
一九六九	「市民的不服従の正当化」	SPD中心の中道左派政権成立

一九七一	『正義論』	ニクソン・ショック
一九七二		ニクソン訪中
一九七三	アロー「ロールズ正義論についての若干の序数主義的功利主義者的な覚書」 ハーサニ「マクシミン原理は道徳性の基礎になり得るか？」 ハート「自由とその優先性についてのロールズの考え方」	オイルショック ロー対ウェイド判決 ハイエク『法と立法と自由 I』 D・フリードマン『自由のためのメカニズム』
一九七四	「道徳理論の独立性」 ノージック『アナーキー・国家・ユートピア』	ウォーターゲート事件
一九七五	「カント的な平等観」 ダニエルズ編『ロールズを読む』	ベトナム戦争終結 アーレント死去
一九七六	ハーバマス『史的唯物論の再構成』	アメリカ大統領選でカーター当選 ロッキード事件 ハイエク『法と立法と自由 II』
一九七七	ドゥウォーキン『権利論』 ウォルツァー『正しい戦争と不正な戦争』 セン『不平等の経済学』	
一九七八	ロールズ「主題としての基礎構造」	サイード『オリエンタリズム』
一九七九	ベイツ『国際関係と正義』 ローティ『哲学と自然の鏡』	英国、サッチャー政権発足 ソ連、アフガニスタン侵攻

一九八〇	セン『集合的選択と社会的厚生』 「道徳理論におけるカント的構成主義」	ハイエク『法と立法と自由 III』 アメリカ大統領選でレーガン当選
一九八一	ハーバマス『コミュニケイション的行為の理論』 マッキンタイア『美徳なき時代』	
一九八二	「基本的諸自由とその優先性」 「社会的統一性と基本財」 サンデル『リベラリズムと正義の限界』 セン『貧困と飢饉』	
一九八三	ウォルツァー『正義の領分』 ハーバマス『道徳意識とコミュニケイション的行為』	
一九八五	「公正としての正義——形而上学的ではなく政治的な」	プラザ合意 ソ連でペレストロイカ開始
一九八六	ドゥウォーキン『法の帝国』『原理の問題』	
一九八七	「重なり合う合意という理念」	ブルーム『アメリカン・マインドの終焉』
一九八八	ローティ「哲学に対する民主主義の優位」 マッキンタイア『誰の正義？ 誰の合理性？』	
一九八九	「政治的なものの領域と重なり合う合意」 ポッゲ『ロールズを現実化する』 テイラー『自我の源泉』 キムリッカ『リベラリズム、共同体、文化』	ベルリンの壁崩壊 フクヤマ「歴史の終わり」

一九九〇	キムリッカ『現代政治理論』	イラクのクウェート侵攻 東西ドイツ統一
一九九一	**ハーヴァード大学名誉教授** テイラー『「ほんもの」という倫理』 ハーバマス『討議倫理学』 コノリー『アイデンティティ／差異』	湾岸戦争勃発
一九九二	ハーバマス『事実性と妥当性』 セン『不平等の再検討』	ソ連崩壊 アメリカ大統領選でクリントン当選 マーストリヒト条約調印 ユーゴスラヴィア連邦共和国解体 フクヤマ『歴史の終わり』 ハイエク死去
一九九三	『政治的リベラリズム』 「万民の法」 ドゥウォーキン『ライフズ・ドミニオン』 ムフ『政治的なるものの再興』	
一九九四	テイラー他『マルチカルチュラリズム』	
一九九六	キムリッカ『多文化時代の市民権』 ドゥウォーキン『自由の法』 ハーバマス『他者の受容』	ハンチントン『文明の衝突』
一九九七	「公共的理性の理念 再考」	

一九九八	ローティ『アメリカ 未完のプロジェクト』	
一九九九	『万民の法』 『正義論 改訂版』	
二〇〇〇	『哲学史講義』 ドゥウォーキン『平等とは何か』	ネグリ＋ハート『〈帝国〉』
二〇〇一	『公正としての正義 再説』	九・一一NY同時多発テロ 米英軍、アフガニスタン侵攻
二〇〇二	**死 去** ノージック死去	
二〇〇七	『政治哲学史講義』	

あとがき

二〇一一年の夏に、春秋社からハイエクについての本を出した後、同書の編集を担当した山田氏から、今度はロールズの解説書を書いてみませんかという誘いがあった。ロールズにはもともと関心があったし、ハイエクの本の最後の方で、ロールズとハイエクの意外な近さに言及したこともあったので、すぐに承諾して、執筆作業に取りかかった。

ロールズについては、既にいろんなところで書いているし、勤務校である金沢大学の政治思想史の授業でも毎年かなり大きく扱っているので、すいすい書き進めて、一気に完成できると当初は思っていたが、意外と難渋した。

ロールズの議論は、「格差原理」「無知のヴェール」「反省的均衡」「重なり合う合意」「政治的リベラリズム」「公共的理性」「良識ある民衆」「諮問階層制」……といったキーワードごとに分解すると、明晰で分かりやすい。しかし、それらのキーワードは、テクストの中で相互に複雑な結び付き方をしているし、時期によって意味が変わっているものも少なくない。同じテクストの中で、叙述の進行に合わせて、言葉の定義を段々厳密にしている場合もある。そのため一冊の解説書の中で、一貫性を持った形で説明しようとすると、結構骨がおれる。下手に省略すると、辻褄が合わなくなる。かといって、微妙なニュアンスをきちんと再現しようとすると、あっという間に複雑になって、入門的解説書の域を越えてしまう。分量も多くなる。バランスを取るのが、結構難しいのである。

そうやって少々難渋しながら書き進めている内に、ロールズの思考の特徴について、考えてみた。ロールズは、理論的想像力を喚起するような、新しい言葉を作り出す名人であるが、決して作りっぱなしにしない。自分が生みだした言葉の微妙なニュアンス、相互の連関、従来の政治哲学・道徳哲学や経済理論の言葉との繋がりを徹底的に説明しようとする。だから、同じテクストの中で、徐々に言葉の意味がシフトしていく。加えて、様々な方向からの批判に対して詳細に反論し、自らの立場を再定式化する中で、自分の言葉を再解釈して、新たな意味を見出し、それを新たな問題へと繋げていく。新たな問題にシフトするのに伴って、想定論敵も変化する。

そうやって、自らの概念を少しずつ修正し、より洗練したものにする、細かな作業を続けながら、体系的な正義論を構築しようとする企てを放棄しないので、どんどん議論が複雑になっていく。まるで、ロールズ自身の内で、ロールズ用語の弁証法的な発展の運動が進行しているかのようである。同じ様に、理論的造語の名人でありながら、想定論敵を絞り込んで、よりコンパクトで効果的な攻撃を相手に加えるべく、分かりやすい論理を展開するハイエクとは対照的である。ハイエクであれば、より適切な言葉、問題設定を見つければ、自らの概念装置をあっさりと作り替える。ロールズは、言葉遣いに関して、やたらとしつこい。

それで、ちゃんと解説しようとすると疲れる訳だが、ロールズ的なしつこさに惹かれる研究者も少なくない。失礼な言い方になるが、ロールズを専門的に研究する人、あるいは専門的見地から彼を批判する人には、異様なまでに細かい言葉遣いに拘るマニアックな人が多い。本書を書き始める前までは、正直、「どうしてこんなオタクっぽくて、うるさい人ばかりなんだろう」、と思っていた。本書を書いている内に、その手の人たちの気持ちが、多少は分かった気がする。ロールズのしつこさは、ファン目線から見ると、より完成された理論を求め続ける、〝哲学への飽くなき意志〟の現われのように思えてくる。そこに魅せられて、彼の思想の引力圏内に引き込まれていく人がいるのも不思議ではない──私の場合、ミイラ取りがミイラになるまでには至らなかったわけだが。

専門的な政治哲学研究者でない読者には、細かすぎてついていけないという感じがしたかもしれないが、「自由主義」の意味するところが大きく変貌しつつある現代社会において、「リベラルな正義論」を確立すべく、理論的に精進し続けた彼の真面目さだけは伝わったのではないかと思う。アメリカ的な意味での「リベラリズム」が根付いたことがない日本において、敢えて〝リベラル〟であろうとする人は、ロールズの思想を一度はちゃんと学んでおくべきだろう。

〝リベラル〟絡みで、多少時事的な話をして、締めくくりとしよう。二〇一二年末の総選挙では、自民党が大勝し、維新の党やみんなの党など、広い意味で「保守」に分類される政党が議席を伸ばす一方で、民主党や(旧)未来の党など、「リベラル」と呼ばれる(こともある)政党が大幅に議席を減らした。そのためマスコミや論壇では、「リベラル」の退潮と、再編・復活に向けての戦略が話題になっている。日本に二大政党制を定着させるには、「保守」に対抗する「リベラル」の結集が不可欠だというわけだ。

しかし、民主党や、未来の党を実質的に継承した生活の党が、本来の意味での「リベラル」だと言えるのかかなり疑問である。本書で見てきたように、「リベラリズム」の本場であるアメリカで、「リベラル」と呼ばれているのは、私有財産制の廃止や無政府主義など、体制や人間本性の変革を掲げるラディカルな左派と違って、自由主義経済の枠内に留まりながら、社会・経済的な弱者に優しい政治を展開する、現実志向の左派である。そうした「リベラル」の理念を政治哲学的に体系化したのが、ロールズの正義論だ。

五五年体制が長く続いた日本では、共産党や旧社会党（現、社民党）のように、（少なくとも表向きは）体制変革を掲げるラディカルな左派政党はあったが、明確に「リベラル」な性格を持つ政党は存在しなかった。その代わり、「保守」である自民党の内部に、公共事業や農業保護政策などを通して実質的に再分配を行おうとする、擬似リベラル的な勢力が形成された。高度成長のおかげで、「保守」がリベラル的な役割を果たすことが可能だった。

九〇年代以降、経済成長の停滞のため、自民党を頂点とする利益配分システムが機能不全に陥る中で、脱自民を掲げる非ラディカル左派の政党がいくつか誕生し、「民主党」へと結集し、一度は本格的な政権交代を成し遂げた。しかし、それは思想・政策的に一致したうえでの結集ではなかった。官僚機構や業界団体と結び付いて既得権益を守ろうとする体質の強い自民党では、真の行政改革・規制緩和はできないと考えるグループと、連合や労働の支持を受けて、大きな政府を維持しようとするグループが混在していた。両方を時に応じて使い分けようとするグループもいた。「リベラリズム」を新たな理念としてまとまっていたわけではない。外交・教育政策でタカ派傾向を強める自民党との違いを出すため、何となく〝リベラル〟を演じていたふしはある。

そのため政権交代までは、「反自民」でまとまっていたものの、政権を取ると、党としてのアイデンティティが不明確になった。鳩山内閣の退陣以降、非主流派になった小沢・鳩山グループが、〝現執行部＋自民党〟との違いを際立たせるべく、消費税、原発、ＴＰＰなどの重要政策で一見ラディカルな左派と見まがうような主張を展開し、それを執行部が宥めようとしたため、余計にアイデンティティが不鮮明になった。選挙の結果は、「リベラル」の衰退ではなく、擬似リベラルな集合体の自己崩壊と言うべきである。

民主党の参議院議員会長等は、自公に対抗するための野党の再結集を呼びかけており、〝リベラル〟の衰退を嘆くマスコミの一部にも、大同団結を支持する声が挙がっている。〝反権力〟リベラル〟を自認する政治家や知識人たちが、そういう雑な〝政治〟を続ける限り、日本に「リベラリズム」が定着することはないだろう。

こういう時期だからこそ、ロールズをじっくり読むべきである。

二〇一三年三月
金沢大学角間キャンパスにて

仲正昌樹（なかまさ・まさき）
1963年、広島県生まれ。東京大学総合文化研究科地域文化研究博士課程修了（学術博士）。現在、金沢大学法学類教授。文学や政治、法、歴史などの領域で、アクチュアリティの高い言論活動を展開している。著書に、『いまこそハイエクに学べ』（春秋社）、『いまを生きるための思想キーワード』（講談社現代新書）、『集中講義！ アメリカ現代思想』（NHKブックス）、『日本とドイツ 二つの戦後思想』（光文社新書）、『「不自由」論』（ちくま新書）、『知識だけあるバカになるな！』（大和書房）、『カール・シュミット入門講義』（作品社）などがある。

いまこそロールズに学べ
「正義」とはなにか？

2013年 4月20日 第1刷発行

著者――――仲正昌樹
発行者――――澤畑吉和
発行所――――株式会社 **春秋社**
〒101-0021 東京都千代田区外神田2-18-6
電話 03-3255-9611（営業）
03-3255-9614（編集）
振替 00180-6-24861
http://www.shunjusha.co.jp/
印刷――――株式会社 シナノ
製本――――株式会社 三水舎
装幀――――岩瀬聡
イラスト――――かわらいポメット
イラスト文字――――辻加那子

Printed in Japan, Shunjusha
ISBN978-4-393-61112-8 C0031
定価はカヴァー等に表示してあります